UNIVERSITÉ DE LYON

DE LA [...]

EN MATIÈRE DE

DÉLITS DE PRESSE

THÈSE POUR LE DOCTORAT

Présentée et soutenue le lundi 20 novembre 1899

PAR

Louis BÉNÉ

AVOCAT A LA COUR D'APPEL

PARIS

LIBRAIRIE NOUVELLE DE DROIT ET DE JURISPRUDENCE

ARTHUR ROUSSEAU, ÉDITEUR

14, RUE SOUFFLOT ET RUE TOULLIER, 13

1899

THÈSE
POUR LE DOCTORAT

BIBLIOTHÈQUE NATIONALE
RF
IMPRIMÉS

8° F
11650

UNIVERSITÉ DE LYON

FACULTÉ DE DROIT

MM.

CAILLEMER, O. ❀, C. ✠, I. ✿, doyen, professeur de Droit civil, correspondant de l'Institut.

MABIRE, ❀, I. ✿, professeur honoraire.

THALLER, I. ✿, professeur honoraire, professeur à la Faculté de droit de Paris.

GARRAUD, I. ✿, professeur de Droit criminel.

APPLETON (Charles) I. ✿, professeur de Droit romain.

FLURER, I. ✿, professeur de Droit civil, assesseur du doyen.

ROUGIER, I. ✿, professeur d'Économie politique.

COHENDY, ❀, I. ✿, professeur de Droit commercial.

PIC, A. ✿, professeur de Droit international.

BARTIN, I. ✿, professeur de Droit civil.

SOUCHON, I. ✿, professeur d'Histoire des doctrines économiques.

APPLETON (Jean), professeur de Droit administratif.

LAMBERT, agrégé, chargé des cours d'Histoire du Droit.

BOUVIER, agrégé, chargé des cours de Science et de Législation financières.

LAMEIRE, agrégé, chargé du cours d'Histoire du Droit public.

JOSSERAND, agrégé, chargé du cours de Procédure civile.

GUERNIER, chargé du cours d'Histoire des Doctrines économiques.

BECQ, A. ✿, secrétaire.

JURY DE LA THÈSE

MM. GARRAUD, *Président.*
LAMBERT, agrégé } *Suffragants.*
JOSSERAND, agrégé

UNIVERSITÉ DE LYON. — FACULTÉ DE DROIT

DE LA PRESCRIPTION

EN MATIÈRE DE

DÉLITS DE PRESSE

THÈSE POUR LE DOCTORAT

Présentée et soutenue le lundi 20 novembre 1899

PAR

Louis BÉNÉ

AVOCAT A LA COUR D'APPEL

PARIS

LIBRAIRIE NOUVELLE DE DROIT ET DE JURISPRUDENCE

ARTHUR ROUSSEAU, ÉDITEUR

14, RUE SOUFFLOT ET RUE TOULLIER, 13

—

1899

DE LA PRESCRIPTION

EN MATIÈRE DE DÉLITS DE PRESSE

PREMIÈRE PARTIE

CHAPITRE PREMIER

HISTORIQUE.

§ 1. — Droit romain.

En droit romain, l'action en injures se prescrivait par
un an : *Cùm injuriarum actio annuo tempore præscripta sit,
ob injuriæ admissum conveniri non potes*, dit la loi 5 C. 1.
IX, t. XXXV, *De inj*.

Mais, au dire de certains interprètes du droit romain, la
loi 5 au Code n'aurait eu en vue que la prescription à
raison de l'injure verbale, le *convicium* : *Injuriæ verbalis,
at non realis et scriptæ seu libello scripturæve propositæ*,
dit la Glosse, sous la loi 5. On doit donc distinguer le *convicium* et le *libellus famosus* ; le *convicium* étant l'injure
faite simplement par la parole, tandis que le *libellus fa-*

mosus était l'infraction commise par l'écriture. L'action à raison du premier était l'*injuriarum actio* qui se prescrivait par un an, soit à cause du peu d'importance du délit, soit parce que ce délit était seulement puni par le droit prétorien. *In honorariis actionibus sic esse definiendum Cassius ait, ut quæ rei persecutionem habeant : hæ etiam post annum darentur, cæteræ intra annum.* L. 35, pr. D. XLIV, VII. *De obl. et act.* L'action à raison du *libellus famosus*, qui s'appelait *famosa actio* ou *actio ob libellum famosum*, était soumise à la prescription vicennale, qui était la prescription de droit commun qui atteignait toutes les infractions pour lesquelles une prescription plus courte n'avait pas été édictée.

Cette distinction est enseignée par Voët (1), par Schœpfer (2), qui argumente de la loi 12 au Code, pour soutenir que l'injure écrite n'est prescrite que par vingt ans.

Toutefois, on trouve dans les Pandectes les expressions d'*actio injuriarum* et d'*actio famosa*, employées indifféremment pour l'action née de l'injure faite par écrit (3). Cette confusion s'expliquerait, si l'on s'en rapporte à ce qu'enseigne Carpzovius, à savoir, que celui dont la réputation a été attaquée dans un libelle diffamatoire peut renoncer à l'*actio famosa* pour prendre l'action en injure, celle-ci pouvant lui être plus avantageuse à certains points de vue. D'où on peut conclure que celui qui a été attaqué dans un libelle diffamatoire a deux actions : l'*actio famosa* prescriptible par vingt ans et l'*actio injuriarum* prescriptible seulement par un an ; tandis que celui qui a été atteint par une injure verbale n'a que l'*actio injuriarum* prescrite par un an.

Le délai pour la prescription courait du jour même où

(1) Lib. 47, tit. 10, n° 21.
(2) *Synopsis jur. priv. rom. et for.*, lib. 47, tit. 10, n° 9.
(3) Voy. *passim* le titre *de inj. et fam. lib.*

l'infraction avait été commise, jusqu'au jour de la demande
d'accusation, mais non jusqu'au jour du jugement. C'est
ce que décide pour le cas particulier d'adultère la loi 29,
§ 7. D. 48.5. *Quinquennium autem ex eo die accipiendum
est, ex quo quid admissum est, et ad eum diem quo quis
postulatus postulatave est : et non ad eum diem, quo judicium de adulteriis exercetur.* Tout fait présumer que cette
loi ne fait que consacrer l'application de la règle générale.

Les délais se calculaient d'une manière continue, c'est-
à-dire sans en retrancher le temps pendant lequel l'accusateur n'avait pu agir ; le droit d'accuser appartenant à
tout citoyen, on aurait compris que les délais fussent
comptés utilement. Mais la loi 31, D. 48.5 dit expressément : *Quinquennium non utile sed continuo numerandum
est* et la loi 11, § 4 *eod..tit. : adulterii rerum intra quinque
annos continuos.* Il semble encore ici n'y avoir que des applications d'une règle générale. On avait pourtant admis
des exceptions comme dans le cas où celui qui veut se porter accusateur est retenu au loin par des fonctions publiques, *si per occupationes publicas accusationem instituere
non potuisti, nec ante creditum tibi manus præscripta tempora
transacta sunt : post depositam sollicitudinem quæ detineris,
integram accusandi potestatem habebis* (L. 21, G. IX, 9).

La loi romaine n'admettait pas de causes d'interruption
de la prescription. L'admission à l'accusation avait pour
seul effet d'arrêter le cours de la prescription, mais il fallait que le procès fût terminé dans un certain délai, qui
était de six mois ou un an, lorsque l'accusé était incar-
céré (1) et de deux ans, lorsqu'il était en liberté (2).

La prescription pénale n'avait point à Rome le caractère d'ordre public qu'elle a aujourd'hui ; elle n'était qu'un
moyen de procédure, une exception que le défendeur de-

(1) L. 6, 2, G. IX, 4.
(2) L. 3, G. IX, 44.

vait invoquer et qui ne pouvait être suppléé par le juge ;
il fallait même que le moyen fût proposé avant l'admission de l'accusation (1).

Enfin, l'action civile naissant d'un délit n'était pas soumise à la même prescription que l'action publique, mais à la prescription commune à toutes les actions personnelles.

§ 2. — Ancien droit.

Comme le droit romain, notre ancien droit distinguait entre l'injure réelle par écrit ou libelle diffamatoire, qui était soumise à la prescription de droit commun de vingt ans, et l'injure verbale, qui ne se prescrivait que par un an. « L'action pour les injures réelles, dit Dunod (2), dure vingt ans comme celle des crimes, parce qu'elle vient de la loi ; elle ne se remet que par un consentement exprès. Mais celle qui compète pour les injures verbales et par écrit venant du préteur, elle ne dure qu'une année à commencer depuis que l'offensé a pu probablement être informé de l'injure. Nous avons conservé cette prescription courte, parce que les demandes en réparation d'injures sont facilement censées remises et pardonnées par un pacte tacite (3). »

Toutefois, cette distinction n'était pas aussi absolue qu'en droit romain. Ainsi, si l'injure, quoique verbale, était grave, comme l'injure faite à un magistrat, et était susceptible d'être poursuivie par le ministère public, on appliquait toujours la prescription ordinaire de vingt ans (4).

(1) L. 15, pr. D. 48.5.
(2) *Traité des pres.*, part. II, ch. III, p. 144.
(3) V. Muyart de Vouglans, II, 109 ; Serpillon, III, I, 374 ; Rousseaud de Lacombe, I, II, 76 ; Jousse, *Just. crim.*, III, 645 ; Dareau, *Tr. des inj.*, p. 438.
(4) Jousse. *loc. cit.* ; Dareau, p. 440.

Pour les injures écrites, dont la prescription était de vingt ans, Dareau pensait que, si l'action n'était intentée qu'après cinq ou six ans, on ne devait pas avoir égard à la plainte et mettre les parties hors de cause (1). La prescription ne se trouvait donc être alors pour les injures écrites que de cinq à six ans. Cela explique les hésitations que l'on rencontre dans l'ancienne jurisprudence sur l'application de la prescription vicennale aux injures réelles.

Remarquons enfin que les délits de la presse politique étaient considérés comme des crimes de lèse-majesté, et par suite étaient imprescriptibles.

En règle générale, la prescription courait, dans notre ancien droit comme en droit romain, non du jour où le crime avait été connu ou constaté, mais du jour où il avait été commis; *Regulariter enim omnis præscriptio currit ignoranti* (2). Jousse (3) excepte seulement le cas où il s'agit de crimes tellement cachés qu'il est moralement impossible d'en avoir connaissance. Mais la plupart des auteurs exceptaient aussi le cas d'injure verbale : la prescription d'un an dans ce cas ne commençait à courir que du jour où vraisemblablement l'offensé en avait pu avoir connaissance (4).

Les délais, comme en droit romain, se comptaient d'une manière continue. Aucune cause de suspension de la prescription n'était admise ; un empêchement même de force majeure ne mettait point obstacle au cours de la prescription, ni non plus l'état de minorité ou d'interdiction de la partie intéressée à porter plainte.

De même qu'en droit romain, aucun acte n'interrom-

---

(1) Dareau, p. 433 et suiv.

(2) Julius Clarus, *Quæst.*, 51, n° 5 ; Carpzovius, *Quæst.* 141, n° 24. Dunod, II, IX, 189.

(3) *Just. crim.*, I, p. 581.

(4) Dunod, II, III, 144 ; Muyart de Vouglans, *loc. cit.* ; Serpillon, *loc. cit.* ; Rousseaud de Lacombe, *loc. cit.*

pait la prescription, qui avait un effet absolu, tellement que, si le coupable n'était pas condamné dans le délai requis, il était désormais hors d'atteinte. Mais à la différence du droit romain où l'admission à l'accusation arrêtait le cours de la prescription, elle courait jusqu'au jour du jugement. Tant mieux pour celui qui se dérobait aux recherches, suscitait des difficultés, mettait des entraves à l'instruction de son procès. « La prescription des crimes est si favorable, dit Bornier (1), que les procédures intermédiaires faites par l'accusé ou l'accusateur ne peuvent pas l'interrompre, non pas même les informations, quoique décrétées et qu'elle vaut contre les mineurs, comme le Parlement de Paris l'a décidé par un arrêt célèbre du 18 décembre 1599, et le Parlement de Grenoble par un arrêt du 8 mai 1607 (2). »

Nous lisons pourtant dans Dunod (3) que, quoique le crime ait été poursuivi et qu'il y ait eu un décret, « si ce décret n'a pas été exécuté, la prescription de vingt ans n'est pas interrompue; mais plusieurs estiment que quand le décret est exécuté dans les vingt ans, son exécution interrompt la prescription ».

Les auteurs étaient divisés sur le caractère de la prescription. Quelques criminalistes imbus des principes de la loi romaine ne voyaient dans la prescription qu'un moyen de procédure qui devait être opposé par l'accusé et qu'en aucun cas le juge ne pouvait suppléer (4). D'autres estimaient que la prescription acquise équivalait à la peine subie, et constituait une véritable libération que le juge devait sanctionner d'office, *quia satisfactio criminis et præscriptio pari passu ambulant* (5). Enfin, d'autres distin-

(1) Sur l'ord. de 1670, t. II, tit. 17.
(2) V. aussi arrêt du Parlement de Paris du 6 juillet 1703.
(3) *Traité des pres.*, II, ch. IX.
(4) Farinacius, *Quæst.* 10, n° 35.
(5) Carpzovius, *Quæst.* 141, n°* 30 et 31.

guaient entre la peine et la réparation civile. « Dans le premier cas, dit Jousse (1), la prescription doit être suppléée d'office par le juge, mais dans le second cas, l'accusé doit l'opposer de même qu'en matière civile. »

Il y avait dissidence entre les Parlements et entre les auteurs sur la question de savoir si l'action civile naissant d'un délit devait être soumise à la même prescription que l'action publique. Quelques commentateurs pensaient que l'action en réparation civile, comme toute autre action personnelle, se prescrivait par trente ans. *Omnes actiones quæ ex crimine descendunt, durant usque ad triginta annos* (2). C'était aussi l'opinion consacrée par les Parlements de Dijon, Grenoble, Besançon. Cette doctrine s'appuyait sur les dispositions de la loi romaine, elle ne prévalut pourtant pas.

La jurisprudence des Parlements de Paris, Toulouse, Bordeaux, qui soutenaient que l'action civile et l'action publique étaient soumises à la même prescription, triompha (3).

Enfin, sous l'ancien droit, la prescription des jugements contradictoires rendus en matière criminelle était celle qu'on pouvait opposer à l'*actio judicati*, c'est-à-dire que les jugements criminels se prescrivaient par trente ans (4).

§ 3. — Époque intermédiaire.

Pendant l'époque intermédiaire, il n'y avait pas de prescription spéciale pour les délits de presse ni pour les dé-

(1) I, p. 585.
(2) Julius Clarus, *Quæst.*, 51, n° 2 ; Farinacius, *Quæst.*, 10, n° 34.
(3) V. les arrêts cités par Jousse, I, p. 600. Et dans ce sens la plupart des auteurs : Muyart de Vouglans, *Inst. au dr. crim.*, III, ch. IV, p. 92 ; Rousseaud de Lacombe, III, ch. I, p. 237 ; Dunod, II, IX, 171 ; Bornier, p. 191 ; Richer, p. 163 et 164.
(4) Bornier, Sur l'ord. de 1670, tit. 16.

lits d'injures ; ces délits étaient donc soumis à la prescription de droit commun qui était de trois années (1). C'était cette prescription de trois ans qui s'appliquait à toutes les infractions, crimes, délits ou contraventions ; il n'y avait ni prescriptions spéciales, ni crimes imprescriptibles.

En outre, l'Assemblée constituante apporta des modifications aux règles de la prescription pénale.

D'abord, le Code des 25 septembre-6 octobre 1791 (art. 3) introduit une innovation : la prescription ne prend plus naissance du jour de la perpétration du crime, mais du jour où l'existence du crime aura été connue *ou* légalement constatée ; sous l'ancien droit, sauf pour les injures verbales, le délai de la prescription courait du jour où le délit avait été commis.

Le Code du 3 brumaire an IV exige à la fois, pour que la prescription commence à courir, la double condition que l'infraction soit connue et qu'elle soit légalement constatée.

Sous l'empire de ces deux Codes, la Cour de cassation jugeait qu'il fallait que la connaissance fût parvenue à l'oreille du magistrat pour faire courir le délai, et non pas seulement que le crime fût connu d'une manière vulgaire. Elle jugeait également que la constatation du crime, pour être légale, devait avoir été faite par l'autorité judiciaire.

Ces règles ne sont pas en harmonie avec les principes de la prescription pénale. La prescription ne courant que du jour où l'infraction a été constatée, il en résulte que l'action publique n'est pas prescriptible ; la prescription commençant du jour où la poursuite est inévitable, il est évident que le coupable n'a aucune chance probable de prévenir l'action publique ; la prescription n'apparaît donc plus que comme une punition infligée à la négligence de

______

(1) Code 25 septembre-6 octobre 1791, titre VI, art. 1 ; Code 3 brumaire an IV, art. 9.

l'autorité chargée d'exercer l'action publique : on ne peut pas dire qu'elle protège le délinquant.

Contrairement aux règles admises dans l'ancien droit, les deux Codes de 1791 et de l'an IV admettaient l'interruption de la prescription, mais avec cette particularité que l'interruption ne pouvait avoir lieu que dans les trois années qui suivaient le jour où l'existence du délit aurait été connue ou constatée. L'extrême limite des actions se trouvait donc portée à six années. « Quand il aura été commencé des poursuites à raison d'un crime, nul ne pourra être poursuivi pour raison dudit crime après six années révolues » (art. 2, 1re partie, tit. VI, Code 1791). Cette disposition est reproduite au Code de brumaire an IV (art. 9 et 10), mais avec cette différence qu'il y est parlé de « poursuites soit criminelles, soit civiles, à raison d'un délit » (art. 10).

Le Code de 1791 ne parle pas de l'action civile, comme le fait le Code de brumaire, mais la question vivement controversée sous l'ancien droit de savoir si l'action civile était soumise à la même prescription que l'action publique avait cessé de l'être lorsque la Constituante fit la loi de 1791 ; et la Jurisprudence était fixée dans le sens de l'assimilation de l'action civile à l'action publique au point de vue de la prescription.

Enfin d'après les deux Codes de 1791 et de l'an IV, aucun jugement de condamnation ne pouvait être mis à exécution, quant à la peine, après vingt années révolues à dater du jour où il avait été rendu.

§ 4. — Code d'instruction criminelle et lois sur la presse antérieures à la loi de 1881.

Le Code d'instruction criminelle distingue entre les crimes, les délits, les contraventions, et pose pour chacune de ces espèces d'infractions une prescription particulière qui est la prescription de droit commun, atteignant toutes les infractions pour lesquelles une loi spéciale n'a pas établi une prescription plus courte. Jusqu'en 1819, aucune loi n'établit de prescription spéciale pour les infractions de la presse, qui sont donc soumises aux prescriptions du Code d'instruction criminelle.

Depuis la loi du 10 mai 1728 jusqu'à la loi de 1881, on ne compte pas moins de quarante-deux lois sur la presse. Deux seulement s'occupent de la prescription : la loi du 26 mai 1819 et le décret du 17 février 1852.

La loi du 26 mai 1819, dans son article 29, établissait une prescription de six mois, à compter du fait de la publication ou d'un an, à compter du dernier acte d'instruction ou de poursuite, pour les délits commis par la voie de la presse ou par tout autre moyen de publication. Elle ne faisait aucune distinction entre les délits de la parole et ceux de l'écriture ou de la presse, entre les infractions commises par la publication ordinaire et celles de la presse périodique.

Toutefois, cette prescription de six mois n'était pas générale, comme l'est la prescription de trois mois de la loi de 1881 ; elle ne s'étendait ni à l'action civile résultant des crimes ou des délits, ni non plus, d'après certains auteurs, aux actions naissant des contraventions. L'action civile, en matière de crimes et de délits, ne se prescrivait que par trois ans à compter du fait de la publication. Quant aux contraventions, l'article 29 ne leur était pas applicable, d'après quelques auteurs (1) ; cela résultait, d'après eux, des termes mêmes de l'article 29, qui ne visait que les délits commis par la voie de la presse ou par l'un des moyens de publication énoncés dans la loi du 17 mai

(1) Rauter, n° 859 ; de Grattier, I.531 ; Mangin, 314 et 315 ; Le Sellyer, 2391.

1819, ce qui comprenait les délits proprement dits résultant du contenu de l'ouvrage, et ce qui semblait exclure par conséquent les contraventions, qui sont des infractions considérées souvent indépendamment du contenu de la publication, et qui sont commises, moins par la voie de la presse ou par un moyen de publication quelconque, qu'à l'occasion soit de la presse, soit d'un moyen de publication ; l'article 29 ne pouvait s'appliquer à ces contraventions ; la prescription abrégée de cet article s'expliquait en effet par la nature des infractions qu'il prévoyait, par la publicité que reçoivent ces délits et qui en rend la poursuite plus aisée, et qui, par suite, permet de réduire les délais de la prescription ; ces raisons n'existent pas pour les contraventions relatives à la police de la presse ; toutes les contraventions ne sont pas, il est vrai, indépendantes du contenu de la publication, comme, par exemple, les violations des interdictions relatives aux comptes-rendus des procès pour diffamation ; à celles-ci alors on appliquait la prescription de l'article 19, qui retrouvait sa raison d'être dans la publicité que reçoivent ces contraventions.

Enfin, disait-on, lorsque le législateur a entendu soumettre les contraventions résultant de la violation des lois relatives à la police de la presse à une prescription spéciale, il s'en est expliqué expressément, comme il l'a fait à l'égard des contraventions des articles 7, 8, 11 de la loi du 9 juin 1819, pour lesquelles l'article 13 de la même loi édicte une prescription de trois mois. S'il ne s'est pas expliqué à l'égard des autres, c'est qu'il a entendu les laisser soumises à la prescription de droit commun du Code d'instruction criminelle.

Cette opinion était combattue par quelques auteurs, notamment par M. Chassan (1). D'après cet auteur, l'arti-

(1) Chassan, II, 1245.

cle 29 était le droit commun de la prescription pour toutes les infractions régies par des lois spéciales dites de la presse, quelle que fût la qualification de ces infractions. Il faisait remarquer le résultat choquant de la doctrine opposée, d'autant plus choquant qu'il serait appliqué à des matières appartenant toutes à une législation spéciale ; les contraventions en matière de police de presse, sauf les exceptions de la loi du 9 juin 1819, se prescriraient par trois ans, tandis que les délits, et même les crimes, plus répréhensibles et plus graves, seraient prescrits par six mois. S'il en était ainsi, le législateur eût été inconséquent, et cela ne doit pas se présumer. *Non debet jus civile calumniari.* « En matière de prescription d'ailleurs il y a, dit M. Chassan, deux principes qu'il ne faut pas perdre de vue : 1° qu'on doit appliquer la règle de l'analogie ; 2° qu'on doit se déterminer par ce qui est le plus favorable au prévenu. » *Favores ampliandi.* C'était aussi l'opinion de M. Rousset (1), qui considérait l'article 29 comme la règle de droit commun pour les infractions de presse. *Ubi eadem ratio, ibi idem jus.*

Malgré ces raisons, la jurisprudence s'était prononcée en faveur de la première opinion. Ainsi, il avait été jugé que l'article 29 n'était pas applicable aux contraventions relatives à la police de la presse prévues par la loi du 18 juillet 1828, notamment à celles résultant d'une déclaration frauduleuse sur la propriété du cautionnement d'un journal, soit sur l'obligation de ce cautionnement ou sur la déclaration préalable (2).

Les contraventions, en matière de presse, restaient donc soumises, sous l'empire de la loi de 1819, à la prescription

----

(1) Rousset, *Rev. crit.*, 1863, t. XXIII, p. 1.
(2) Douai, 4 juin 1841, J. P. 41.2.123. Cass., 3 septembre 1842, Bull., 230. Paris, 17 août 1843, S. 44.2.160. Crim. rej., 18 août 1838, D. *Rép.*, v° *Pr. outr.*, n° 1290-4°.

d'un an de l'article 640 du Code d'instruction criminelle,
notamment les contraventions d'injures simples ; quant
aux infractions à la police de la presse, qui étaient passibles de peines correctionnelles, elles étaient soumises à
la prescription de trois ans de l'article 638.

Comme nous l'avons vu, l'article 13 de la loi du 9 juin
1819 avait édicté une prescription spéciale de trois mois
pour certaines infractions aux dispositions de cette loi
(art. 7, 8 et 11). D'après M. Mangin (1), cette même prescription spéciale de trois mois devait être appliquée aux
poursuites auxquelles donnerait lieu la violation des articles 16 et 17 de la loi du 18 juillet 1828. « Cette loi, dit
M. Mangin, ne me parait former avec celle du 9 juin 1819
qu'un seul corps de législation sur la police de la presse
périodique. »

La loi du 25 mars 1822, qui soumit le jugement des crimes de publication aux cours d'assises, laissa subsister la
disposition de l'article 29 de la loi de 1819. Mais, comme
elle définissait dans son article 6 de nouveaux délits de
publication, les délits d'outrages commis publiquement
envers des fonctionnaires publics, des jurés, ou des ministres du culte, etc., la jurisprudence fut divisée sur l'application à faire à ces délits ou de la prescription de six mois
de la loi de 1819, ou de la prescription de trois ans du
Code d'instruction criminelle (2). Les auteurs se prononçaient tous en faveur de la prescription de six mois (3).
« Le terme de six mois, dit M. Chassan, s'applique tout
aussi bien aux crimes qu'aux délits et comprend tous les
crimes et délits réprimés par des lois spéciales antérieures

---

(1) Mangin, 315 ; Chassan, II, 1247.

(2) En faveur de la prescription de six mois : Cass., 16 avril 1829, D. *Rép.*,
v° *Pr. outr.*, 1290-2°. En faveur de la prescription de trois ans : Metz,
21 juillet 1822, D. *Rép.*, v° *Pr. outr.*, 1290-1°.

(3) Mangin, II, 310 ; De Grattier, I. 532 ; Carnot, III, p. 632 ; Le Sellyer,
VI, 2376 ; Chassan, II, 1230.

à celle du 26 mai 1819, telle que la loi du 17 mai 1819, comme ceux réprimés par les lois postérieures, comme la loi du 25 mars 1822, la loi du 9 septembre 1835 ; car ces lois ne forment ensemble qu'un seul corps de législation. »

Nous ne nous étendons pas davantage sur la loi de 1819, nous bornant ici à un rapide historique de la législation antérieure à 1881 ; nous aurons d'ailleurs fréquemment l'occasion de revenir sur la loi de 1819, dans le cours de notre étude, à propos des emprunts qui lui ont été faits ou des changements apportés par la loi de 1881.

Une première dérogation à l'article 29 de la loi de 1819 fut apportée par le décret du 22 mars 1848, qui décidait que l'action civile résultant des délits commis par voie de publication contre les fonctionnaires ou tout citoyen revêtu d'un caractère public, se prescrirait en même temps que l'action publique.

Mais la disposition de l'article 29 de la loi de 1819 ne fut abrogée que par l'article 27 du décret du 17 février 1852, aux termes duquel les poursuites en matière de délits de presse devaient avoir lieu dans les formes et délais prescrits par le Code d'instruction criminelle. Du moins la question fut controversée de savoir si la prescription des délits de presse tombait par le fait de ce décret sous l'application de l'article 638 du Code.

D'après l'interprétation généralement adoptée par la jurisprudence (1), le décret de 1852, en décidant que les délits commis par voie de publication seraient poursuivis et jugés dans les délais prescrits par le Code, avait par cela même abrogé l'article 29 de la loi de 1819, en ce qui concerne le délai de la prescription.

Un auteur, M. Rousset (2), soutenait au contraire que le

____

(1) Cass., 23 février 1854, *Bull.*, 49 et les arrêts cités dans D. *Sup.*, v° *Pr. outr.*, n° 1485 ; Le Sellyer, II, 602-1° ; Brun de Villeret, 495.

(2) *Codes annotés de la presse*, p. 153, notes 728 et 729.

décret de 1852 n'avait pas abrogé l'article 29 de la loi de
1819, et que l'action publique à raison des délits de presse
continuait à se prescrire par six mois. Les lois qui concernent la prescription de l'action publique touchant au
fond du droit, à l'existence même de l'action, sont par
cela même indépendantes de celles qui en règlent la poursuite. Un changement dans les formes et délais de la poursuite n'implique donc point par lui-même une modification des délais de la prescription ; et il n'y a aucune
inconciliabilité légale entre le retour au droit commun en
ce qui concerne les poursuites et le maintien de la prescription spéciale de six mois. Rien dans la disposition générale de l'article 27 du décret de 1852 n'indique la pensée
d'une abrogation de la législation spéciale de 1819. Une
loi spéciale ne peut être abrogée par une loi générale que
par une disposition formelle de cette loi ou par des dispositions inconciliables ensemble. M. Rousset excipait
enfin de l'article 19 de la loi du 28 mars 1852, destinée à
réglementer la presse en Algérie : cet article renvoie, pour
la prescription applicable aux crimes et délits commis par
la voie de la presse, aux dispositions de l'article 29 de la
loi de 1819 ; mais il n'y a là qu'une exception aux règles
du droit commun, qui s'explique d'autant plus aisément,
que l'article 36 du décret du 17 février 1852 déclare ce
décret non applicable à l'Algérie.

Quelques arrêts se prononcèrent, comme M. Rousset, dans
le sens du maintien de la prescription de six mois (1) ;
mais, comme nous l'avons déjà dit, la plupart des arrêts
se sont décidés en sens contraire. Les termes très nets et
très précis de l'article 27 semblent bien en effet ne laisser

---

(1) V. notamment Rouen, 23 juin 1864, D. 64.2.211, qui a jugé que le
décret de 1852 n'avait rendu les délais du Code applicables qu'aux délits et
contraventions commis par écrit. Nancy, 22 mai 1871, D. 71.2.105. Limoges,
12 janvier 1827, D. 72.2.92.

place à aucun doute. Dans les délais se trouvent nécessairement compris non seulement ceux des diverses formalités, mais aussi celui de l'action elle-même, c'est-à-dire la prescription. C'est, au surplus, dans ce sens que s'exprimait la circulaire ministérielle du 27 mars 1852 (1), qui dit formellement : « La prescription de droit commun se trouve ainsi rétablie, et l'art. 29 de la loi du 28 mai 1819 est abrogé ».

Le décret de 1852 toutefois n'avait disposé que pour les délits et les contraventions. De la combinaison des articles 25 et 27 de ce décret, il résulte, en effet, que les délits commis par voie de publication et les contraventions relatives à la police de la presse seront poursuivis conformément au Code d'instruction criminelle, qu'ils soient ou non prévus par le présent décret. Et l'article 36 n'abroge les lois antérieures qu'autant que leurs dispositions sont contraires à la présente loi. Restaient donc soumis à la prescription de six mois de l'article 29 de la loi de 1819 les crimes commis par la voie de la presse, qui continuaient aussi à être soumis à la juridiction des cours d'assises (2).

Cette solution était pourtant contestée, notamment par M. Brun de Villeret (3) ; d'après cet auteur, le décret de 1852 est introductif d'un droit nouveau en matière de prescription de délits de presse ; l'article 27 est conçu en termes généraux et dispose d'une manière absolue que les poursuites auront lieu dans la forme ordinaire ; le système contraire enfin conduirait à ce résultat bizarre, que les crimes seraient soumis à la prescription de six mois, tandis que la plus minime contravention punissable d'une

----

(1) D. 52.3.11.

(2) En ce sens, Mangin, n° 310 ; Le Sellyer, II, 602-1° et 2°. Metz, 30 janvier 1856, S. 56.2.523 ; Pau, 24 juillet 1862, D. 63.5.292.

(3) Brun de Villeret, n° 497.

peine correctionnelle ne serait prescrite que par trois ans.

Ainsi, sous l'empire du décret de 1852, d'après l'opinion la plus généralement admise en doctrine et en jurisprudence, l'action publique résultant de faits de publication qualifiés crimes était prescrite, conformément à l'article 29 de la loi de 1819, par six mois à partir du jour de la perpétration du crime ou par un an à partir du dernier acte d'instruction ou de poursuite ; et l'action civile résultant de ces mêmes faits par trois années à compter du fait de la publication, le décret du 22 mars 1848, qui soumettait l'action civile née de certains délits à la même prescription que l'action publique, ne leur étant pas applicable. En ce qui concerne les délits et les contraventions, les actions nées des délits étaient prescrites par trois ans, à compter du fait de la publication ou du dernier acte interruptif, conformément à l'article 638 du Code et les actions nées des contraventions par trois années ou par un an, suivant qu'elles étaient ou non passibles de peines correctionnelles. Etait notamment abrogée la prescription spéciale de trois mois édictée par l'article 13 de la loi du 9 juin 1819.

Depuis, la loi du 15 avril 1871 (art. 3) ayant fait revivre les articles 20 à 25 de la loi du 26 mai 1819 et abrogé le décret de 1852 en ce qu'il avait de contraire à la présente loi (art. 6), on s'était demandé si les délits de publication seraient soumis à la prescription de trois ans ou à celle de six mois. La Cour de cassation et plusieurs cours d'appel (1) s'étaient prononcées pour la prescription triennale, en se fondant sur ce que la loi de 1871 n'avait point remis en vigueur l'article 29 de la loi de 1819, mais seulement les articles 20 à 25. Au contraire, le tribunal de

____

(1) Cass., 8 juin 1872, D. 72.1.283. Cass., 31 juillet 1874, D. 75.1.97. Amiens, 20 février 1873, D. 74.2.56.

Marseille (1), décidant que l'article 27 du décret de 1852 avait été implicitement abrogé par la loi du 15 avril 1871, s'était prononcé en faveur de la prescription de six mois. Comme le fait remarquer M. Mangin (2), de même que la loi du 29 décembre 1875, n'ayant pas plus que celle du 15 avril 1871 fait revivre l'article 29 de la loi du 26 mai 1819, laquelle se trouvait abrogée par le décret de 1852, c'est l'article 638 qui doit servir de base à la prescription en matière de presse.

Aussi, M. Lisbonne, rapporteur à la Chambre des députés de la loi de 1881, a-t-il pu dire que l'article 25 du décret de 1852, abrogé ni par la loi de 1871, ni par la loi de 1875, cesserait d'être par l'effet de la loi nouvelle. « Il pourrait arriver, dit-il de même sur l'article 65 § 2, qu'au moment de la promulgation de la loi nouvelle certaines prescriptions fussent commencées sous l'empire des lois existantes, c'est-à-dire l'article 27 du décret du 17 février 1852. »

Ainsi donc, au moment de la promulgation de la loi de 1881, les infractions commises par la voie de la presse ou par tout autre moyen de publication, se trouvaient soumises, au moins les délits et les contraventions, à la prescription de droit commun du Code d'instruction criminelle.

§ 5. — Législations étrangères.

Nous complétons notre historique par une étude rapide de la prescription des délits de presse dans les législations étrangères.

En Angleterre, d'après les statuts de Jacques Ier, tout

<hr>

(1) Trib. Marseille, 22 août 1874, D. 75.1.100.
(2) Mangin, n° 478.

écrit injurieux qui, avec intention mauvaise, attaque le
gouvernement, outrage la religion et les bonnes mœurs,
et aussi toute diffamation faite dans la vue de nuire à un
particulier et rendue publique par la voie de l'impression
ou des écrits, constitue un délit contre la paix publique,
dont la qualification légale est *libel* ou *scandalum magna-
tum* (1). L'action pour libel se prescrit par six ans. Dans le
cas où les propos ne paraissent pas en eux-mêmes susceptibles de nuire, le plaignant doit prouver qu'il en est ré-
sulté pour lui un dommage, ce qui s'appelle intenter une
action avec un *per quod* ; l'action *per quod* se prescrit
aussi par six ans. Enfin, pour les mots *actionnables*, c'est-
à-dire ceux qui ne donnent lieu qu'à une action devant les
tribunaux civils, sans preuve de dommage spécial, la prescription est de deux ans.

En Belgique, l'article 12 de la loi du 20 juillet 1831 établit deux espèces de prescriptions, l'une de trois mois pour
tous les délits de publication, spécialement réprimés par
cette loi et autres que ceux énoncés dans l'article 1er, et
l'autre d'un an pour l'infraction de provocation, par le
moyen d'une voie de publication, à tout crime ou délit.
Cet article 12 fait courir le délai à compter du jour où le
délit a été commis ou du dernier acte de poursuite. Dans
trois cas cependant, la prescription n'est acquise que par
trois ans : ce sont les cas d'excitation à la désobéissance
aux lois, d'attaque contre les droits du Roi, de sa dynastie
ou contre l'autorité des Chambres, et de calomnie ou d'injure contre les fonctionnaires publics.

En Allemagne, d'après l'article 22 de la loi du 17 mai
1874, la poursuite des crimes et délits qui sont commis
par la propagation d'imprimés d'un caractère délictueux,
ainsi que des autres délits qui sont prévus par la présente

______

(1) V. E. Bertrand, *Le régime légal de la presse en Angleterre.* Christ. sur
Blakston, liv. 3, ch. 8, n° 15.

loi, se prescrit par six mois. Pour les contraventions, la prescription est de trois mois.

En Italie, la prescription des délits de presse est fixée par les articles 12, 50 et 52 de la loi du 26 mars 1848, modifiée par la loi du 20 juin 1858. L'article 12 porte que toute action pénale dérivant d'infractions aux lois sur la presse se prescrira par trois mois, à compter du jour où l'exemplaire aura été déposé au bureau du ministère public, et, quant aux écrits périodiques, à dater du jour de la publication, sauf ce qui est prescrit par l'article 52. L'article 52 décide pour les dessins, gravures, lithographies et autres emblèmes de tout genre, que l'avocat fiscal général, l'avocat fiscal ou le juge de mandement pourront faire procéder respectivement à la saisie de tous les exemplaires des objets qu'ils reconnaîtraient être contraires aux dispositions du présent édit, auquel cas ils devront dans les vingt-quatre heures exercer les poursuites qu'il écherra. Enfin, l'article 50 porte que l'action publique pour les amendes encourues par suite du refus ou du retard dont il est parlé aux articles 43 (refus ou retard dans l'insertion des réponses d'une personne nommée dans le journal) et 45 (refus ou retard dans l'insertion de tout écrit présentant quelque intérêt pour le gouvernement) se prescrira par deux mois, à courir de la contravention ou du jour de l'interruption des actes judiciaires, s'il y a eu poursuite.

En Espagne, d'après l'article 44 de la loi du 8 janvier 1879, l'action pénale pour poursuivre devant les tribunaux les délits de presse doit être intentée dans les huit jours de la publication de l'imprimé ; et d'après l'article 88, l'action de l'autorité contre les contraventions de police prévues par la présente loi doit être intentée, sous peine de déchéance, dans les huit jours de l'infraction.

La loi du Portugal distingue entre les délits publics et les délits privés. La prescription est de trois mois pour

les premiers ; en ce qui concerne les délits privés, les délais sont d'un an pour les habitants du continent du Portugal, des îles adjacentes et de l'Afrique occidentale, et de
deux ans pour les habitants de l'Afrique orientale et de
l'Asie (art. 18).

En Hongrie (C. pén. du 29 mai 1878, chap. VI, § 171-
174), la provocation à désobéir aux lois, l'excitation à la
haine des classes et des religions ; l'attaque contre l'invio-
labilité de la personne royale, la Constitution de l'État,
l'autorité des lois, l'union entre les différents pays com-
posant l'État hongrois, le Reichstag, etc. ; l'apologie d'un
crime ou délit, ou de ses auteurs, tous les crimes ou délits, commis par un moyen quelconque de publicité, doivent être déférés aux tribunaux dans le délai de trois
mois.

En Serbie, l'article 40 de la loi des 12 et 24 mars 1881
porte que les infractions prévues par la présente loi seront
prescrites après trois mois révolus, à compter du jour où
elles auront été commises. Il en sera de même des poursuites intentées pendant ce laps de temps ; l'interruption
de la prescription indiquée au Code pénal n'est pas applicable.

En Suisse, la Constitution fédérale du 29 mai 1874,
art. 55 porte : « La liberté de la presse est garantie. Toutefois les lois cantonales statuent sur les mesures nécessaires à la répression des abus. » Les prescriptions établies
par les lois cantonales sont des courtes prescriptions de
trois à six mois. Ainsi, la loi de Genève (art. 18) déclare
prescrite par six mois l'action publique contre les crimes
et délits qu'elle prévoit. D'après la loi du 26 décembre
1832 (art. 57) du canton de Vaud, l'action publique contre
les délits commis par la voie de la presse sera prescrite
par le laps de six mois, dès la publication qui y aura
donné lieu.

Le traité du 9 novembre 1865 entre la principauté de Monaco et le France porte (art. 8) : « Les lois et règlements qui régissent en France les importations de la librairie sont applicables dans la principauté. »

Au Brésil, la prescription de l'action publique est d'un an à compter du jour de la publication (art. 66 de la loi du 20 septembre 1830) ; celle de l'action privée est de trois ans (art. 67).

En Autriche, en Russie, aux États-Unis, en Bulgarie (1), au Danemark (2), en Bolivie (3), il n'existe pas de lois spéciales sur la presse, et les délits de presse y sont soumis à la prescription de droit commun.

(1) Constitution du 16 avril 1879, art. 81.
(2) Constitution du 5 janvier 1874, art. 54.
(3) Constitution du 15 février 1878, sect. II, art. 4.

CHAPITRE II

DÉLAI DE LA PRESCRIPTION.

L'article 65 de la loi du 29 juillet 1881 dispose qu'après trois mois la prescription des délits de presse est acquise.

Pourquoi une prescription de si courte durée en cette matière ? Le législateur ne s'est-il pas rendu compte que souvent cette abréviation aura pour conséquence d'amener l'impunité, les délits pouvant n'être pas connus des intéressés dans ce délai de trois mois, qui commence à courir du jour même de la publication, comme nous le verrons plus loin ? Déjà la loi de 1819 avait établi pour les délits de presse une courte prescription de six mois ; et le législateur de 1881, tout en lui empruntant plusieurs dispositions, réduit encore le délai de la prescription établi par cette loi. Or, rien, ni dans les travaux préparatoires, ni dans les débats de la loi de 1881, ne nous indique les raisons de cette abréviation. Où les trouverons-nous ?

Déjà la prescription plus longue du droit commun compte de nombreux adversaires et de nombreux détracteurs (1). « Il serait odieux, il serait funeste, dit Bentham (2), de souffrir qu'après un certain temps la scélératesse pût triompher de l'innocence. Le spectacle d'un criminel jouissant en paix du fruit de son crime, protégé par les lois qu'il a violées est un appât pour les malfai-

---

(1) Bentham, Beccaria, Henckel, Zachariæ, Carrara, pour ne citer que les principaux.

(2) Bentham, *Tr. de législat.*, II, p. 162.

teurs, un objet de douleur pour les gens de bien, une insulte à la justice et à la morale. » Mais si l'opinion de Bentham peut s'abriter derrière les théories de la philosophie, si, en considérant la prescription dans l'injustice de quelques applications particulières, on a pu la qualifier d'*impium præsidium*, vue sous le rapport de l'intérêt général, elle apparaît comme une des premières garanties d'ordre, de paix et de sécurité parmi les hommes, et si des hauteurs de la morale nous descendons dans le domaine des faits, nous lui trouvons des bases légitimes et ce caractère d'utilité sociale, qui lui a valu cette dénomination, que lui donne Cassiodore, de *patrona generis humani*. De là vient que toutes les législations des peuples civilisés ont admis le principe de la prescription en matière criminelle, et reconnu au temps un certain droit d'amnistie et de pardon ; que, comme dit Louvet (1), « les peuples les plus renommés par leur sagesse ont, en général, et, après un temps donné, consacré l'oubli des injures dont la répression appartient à la loi ».

Nous ne voulons pas étudier ici le fondement de la prescription pénale ; mais simplement passer rapidement en revue les principaux motifs qui ont été donnés pour la justifier et rechercher s'ils s'imposent avec plus de force en matière de délits de presse pour expliquer l'abréviation du délai de la prescription.

On a parlé de l'intérêt de l'inculpé à régler le plus promptement possible ses comptes avec la société ; c'est un droit pour lui ; le méconnaître serait ajouter à la rigueur de la répression, par suite en dépasser la mesure. Il n'est pas admissible que le législateur ne se soit préoccupé que de l'intérêt de l'inculpé ; car il ne peut pas faire dériver le principe de la prescription de considérations

____

(1) Rapport à la commission du Corps législatif, sur le tit. 7, liv. 2, Code d'inst. crim., en date du 16 décembre 1808.

personnelles à l'agent. Mais, en admettant qu'il eût voulu respecter l'intérêt de l'inculpé, nous demandons si l'inculpé d'une infraction de presse a plus que tout autre inculpé droit à une prompte justice ? Evidemment non.

Louvet, dans son rapport sur le titre de la prescription, donne trois raisons de la prescription pénale : l'expiation morale de l'infraction, le dépérissement des preuves, l'oubli de l'infraction ; ce sont aussi les trois principales raisons données par les auteurs.

La première est fondée sur le remords et les inquiétudes du coupable. L'expérience du cœur humain nous apprend que le crime fait naître le remords, qui tourmente le coupable et lui fait ainsi expier son crime. « Il n'est pas heureusement donné aux hommes, dit Dalloz (1), de vivre sans penser, sans souffrir, et le criminel a toujours eu la pensée de son crime, en a toujours souffert. Le temps qui l'a puni peut donc demander grâce pour lui. » Le temps écoulé a été rempli non seulement par le remords mais aussi par l'inquiétude et les angoisses du coupable et les tourments d'une vie incertaine et précaire, en face du glaive de la loi suspendu sur sa tête ; cela constitue, dit-on, une peine naturelle adéquate à la peine légale. « Quiconque attend la peine, il la souffre, dit Montaigne (2), et quiconque l'a méritée, il l'attend. » « Peut-on imaginer, dit le comte Réal, dans l'exposé des motifs du titre de la prescription (3), un supplice plus affreux que cette incertitude cruelle, que cette horrible crainte qui ravit au criminel la sécurité de chaque jour, le repos de chaque nuit. » On repousse généralement cette première raison, en disant qu'elle suppose la preuve de l'existence du remords chez le délinquant ; puis, les remords, les inquié-

<hr>

(1) D. *Rép.*, vᵒ *Pr. crim.*, nᵒ 2.
(2) Montaigne, *Essais*, liv. II, ch. V.
(3) Exposé des motifs sur le liv. II, tit. 7, C. instr. crim.

tudes, les tourments varient avec chaque individu et ne peuvent constituer un châtiment égal. Nous ferons remarquer aussi qu'elle suppose la perpétration d'un grand crime ou d'un délit très grave. « Je demande, dit M. Ortolan (1), quels remords cuisants, quelles inquiétudes amères a éprouvés celui qui, en arrosant des fleurs posées sur sa fenêtre en contravention aux règlements de police, a fait tomber de l'eau sur le trottoir ou celui qui a eu le tort de faire une partie de chasse sans permis de chasse ou en temps prohibé ? » Nous pouvons ajouter, après le savant jurisconsulte : ou l'auteur d'un écrit injurieux ou diffamatoire ? Peut-il être question en effet de remords ou d'inquiétudes en pareil cas ? Loin de les regretter, certains journalistes paraissent fiers des campagnes calomnieuses qu'ils ont menées, et nous voyons les plus ardents polémistes, les plus audacieux pamphlétaires se faire gloire des condamnations encourues, et les compter comme autant de coups reçus dans la lutte pour la bonne cause. Cette première raison, fondée sur les agitations de la conscience, ne pourrait donc pas légitimer la prescription en matière de délits de presse ; à plus forte raison, ne saurait-elle justifier l'abréviation du délai de leur prescription.

La deuxième raison, donnée par Louvet, est fondée sur la perte ou le dépérissement avec le temps des éléments de preuve de la culpabilité et des moyens qu'aurait l'accusé de démontrer son innocence. Il devient difficile, après un certain laps de temps, de constater le corps du délit, de se procurer des pièces de conviction, de trouver des témoins ; les preuves matérielles disparaissent chaque jour et la mémoire des témoins défaille.

Cette deuxième raison ne peut pas justifier les prescriptions qui s'accomplissent par un bref délai, comme celle

(1) Ortolan, 1853.

des délits de presse ; de plus, elle n'a presque plus aucune valeur, dans une matière comme la nôtre, où les preuves matérielles de la culpabilité ne sont pas sujettes à disparaître facilement ; la plupart des infractions soumises à la prescription de l'article 65, et tout au moins les plus graves, résultant d'écrits ; or, *scripta manent* ; la preuve d'un délit de presse sera donc en général plus aisée à faire après un certain temps que celle de n'importe quelle infraction.

Beaucoup d'auteurs, rejetant cette deuxième raison, reconnaissent pourtant qu'il peut y avoir dans les difficultés de recueillir les preuves du délit au bout d'un certain temps un moyen de faire varier les délais de la prescription. La facilité de recueillir les preuves d'un délit de publication devrait donc avoir pour conséquence logique, non pas d'abréger le délai de la prescription, mais plutôt de l'augmenter.

La troisième raison fondée sur l'oubli présumé de l'infraction est celle qui est généralement acceptée par les auteurs. C'est là en effet que réside le véritable motif de la prescription pénale. « Il est dans la nature des choses, dit Louvet (1), que les haines publiques, aussi bien que les haines privées, s'apaisent, s'atténuent avec le temps, ce grand modérateur des choses humaines. » Après un certain temps, le souvenir du fait coupable est perdu ; le besoin de l'exemple par conséquent a disparu, et il manque au droit qu'a la société de punir, une de ses bases essentielles, l'utilité sociale. Pourquoi rappeler l'infraction, dont la poursuite est devenue inutile et la peine inefficace, puisqu'elle ne peut plus être exemplaire ? Une poursuite paraîtrait, aux yeux même de la conscience publique, plutôt comme un acte de rigueur gratuit, que comme un acte de justice. C'est donc l'intérêt général, qui exige que

(1) Louvet, *loc. cit.*

la vindicte publique cède devant le besoin de la paix, qu'elle ne demeure pas « irrévocablement armée et agissante », qu'elle se calme et s'arrête après un cours de temps plus ou moins long selon les circonstances. « La poursuite d'un fait illicite oublié de tous, dit **M. Brun de Villeret** (1), serait dépourvue d'utilité sociale et pourrait même parfois présenter des dangers. »

Le législateur a présumé qu'après dix ans le souvenir des crimes, qu'après trois ans celui des délits aurait disparu. A-t-il pensé qu'après trois mois le souvenir d'un crime ou d'un délit de presse aurait disparu ? A-t-il pensé que les infractions de publication laissent dans la conscience publique des ressentiments moins vivaces que tout autre délit ? Telle n'a pu être sa pensée, car il faut bien convenir que les délits de presse sont de nature à troubler souvent l'ordre public bien plus que telle ou telle contravention de simple police, dont la prescription pourtant est d'un an. La meilleure raison donnée pour justifier la prescription pénale ne saurait donc pas justifier l'abréviation du délai de la prescription en notre matière.

On dit aussi pour justifier la prescription pénale qu'elle a pour effet d'arracher le coupable à des forfaits nouveaux ; en lui faisant espérer que le crime ancien pourra s'oublier, elle le rend ainsi innocent par prudence. Ici, en effet, apparaît la bienfaisante influence de la prescription pénale, au moins dans quelques cas ; mais s'il est des cas où cette heureuse influence n'apparaît pas, c'est bien lorsqu'il s'agit d'un coupable de délit de presse. Bien rares, nous l'avons vu, sont ceux qui éprouvent des remords de l'injure ou de la diffamation, dont ils sont l'auteur ; il semble même parfois que, quelque étrange que soit la comparaison, l'on puisse dire de la calomnie ce qu'on dit de la charité : plus

(1) **Brun de Villeret**, n° 3.

on donne, plus on veut donner. Pourrait-on espérer qu'une mesure de clémence les rendît innocents par prudence ?

Ainsi, aucune des raisons données pour justifier la prescription pénale, ne peut justifier l'abréviation du délai de la prescription en matière de délits de presse. Au contraire, étant donné que la preuve de ces délits n'est pas sujette à dépérissement, que ce sont souvent ces délits qui apportent dans la paix publique les troubles les plus profonds et les plus durables, qu'il n'y aura que très rarement chez leurs auteurs ces remords et ces angoisses, qui constituent par eux-mêmes un véritable châtiment, il semblerait plus rationnel d'avoir étendu le délai de leur prescription, plutôt que de le restreindre, ou tout au moins d'avoir conservé les délais ordinaires.

Où devons-nous chercher alors la raison d'être de la prescription de l'article 65 ? Où trouverons-nous le motif assez fort pour avoir amené le législateur à établir une prescription si courte, que souvent elle aura pour effet de porter atteinte au principe salutaire de la répression ? Comment expliquer que l'article 65 ait pu passer dans la loi de 1881 presque sans discussion, que dans les législations étrangères, qui ont une loi spéciale sur la presse, nous trouvions presque toujours une courte prescription pour les délits de presse, quelquefois même réduite à huit jours comme en Espagne, que cette abréviation du délai de la prescription paraisse pourtant si naturelle que les auteurs, en indiquant la durée du délai, ne recherchent même pas la plupart du temps la raison d'une pareille abréviation ?

Le législateur aurait-il voulu tenir compte du grand rôle que joue la presse, et lui montrer, par une faveur spéciale, qu'il n'oubliait pas les services rendus ? Il est vrai que, si l'humanité a fait en trois siècles et au nôtre surtout plus de progrès qu'elle n'en avait fait auparavant durant des milliers d'années, l'honneur peut en revenir à la presse pour une grande part. On a pu comparer le rôle des journalistes de la société moderne à celui que jouaient les orateurs dans la démocratie athénienne, haranguant le peuple du haut du Pnyx ; le journal lui aussi est une tribune ouverte chaque jour, une tribune où l'on n'a pas besoin d'attendre son tour pour parler, où nul murmure ne peut couvrir la voix, d'où cette voix peut retentir jusqu'aux extrémités du pays. Comme les orateurs antiques, sans être revêtus d'aucune fonction, sans autre titre que le droit commun à tous de parler et d'écrire, les journalistes prennent dans leur courage, leur amour de la patrie... ou leur ambition, le droit de s'occuper des affaires de tous. On a pu dire aussi que la presse est un sacerdoce et qu'il y a dans le journaliste tout à la fois de l'apôtre et de l'instituteur ; il est l'éducateur de la foule et l'apôtre de la vérité ; c'est elle qui l'éclaire et lui dit : » Va et enseigne le monde. *Ite et docete gentes* ».

Voilà bien l'idéal, la très noble fonction de la presse ; oui, mais noble fonction pour ceux qui en comprennent et en respectent la noblesse, noble idéal, s'il est réalisé. Or, il n'est pas de confraternité plus mêlée que celle des journalistes ; la presse est, selon l'expression de Courier, « le moulin ouvert à tout venant, accessible à tous » ; aucun examen à l'entrée, aucune formalité.

Aussi, de même qu'il y avait parmi les orateurs de la démocratie athénienne, des dénonciateurs et des sycophantes, des misérables qui vendaient à Philippe la cité où ils étaient nés, de même nous rencontrons trop souvent aujourd'hui des journalistes ne méritant ni le nom d'apôtres, ni celui d'instituteurs, faisant un métier de la plus libérale des professions et un métier déshonorant. On a dit avec raison : « Rien n'est pire que l'abus de ce qui est le meilleur et la plus noble des professions est le plus honteux des métiers. » Et ils sont nombreux ceux qui, oubliant leur rôle, font marchandise de leur conscience et de leur talent, qui mettent au service du mensonge leur style, c'est-à-dire leur cœur, leur pensée, leur âme. Dans tel journal, c'est l'insulte qui s'étale, effrontée et ignoble ; la calomnie va aux choses les plus délicates de la vie privée ; elle souille la famille, la femme, les parents, les enfants ; ailleurs, on imprime et livre à la publicité ce dont les tribunaux ne parlent qu'à huis clos ; on étale les turpitudes, on les recherche. Combien de journaux se sont vu reprocher avec raison leur mauvaise foi et leur vénalité ? Il en est dont la vénalité s'étale sans vergogne, d'autres dont la mauvaise foi est proverbiale.

Et en définitive, c'est pour ceux-là que les lois répressives sont faites, et ce sont eux que le législateur a favorisés, en faisant bénéficier leurs crimes d'une prescription de courte durée. Le législateur n'aurait-il pas dû plutôt se montrer rigoureux envers eux ? Car, si la presse est puissante pour le bien, le mal qu'elle cause est considérable. Est-il plus grand mal en effet que la calomnie faite par la voie de la presse, aujourd'hui qu'elle répand par millions ces chiffons de papier imprimé, qu'elle distribue matin et soir ; tout le monde les lit ; le journal est devenu une institution essentielle de la société ; et combien diraient volontiers avec Jefferson : « J'aimerais mieux vivre dans un pays sans gouvernement, mais où il y aurait des journaux, que dans un pays où il y aurait un gouvernement et pas de journaux. »

Et que demande-t-on aux journalistes : une démonstration ? des raisons ? Non, la simple affirmation des journalistes suffit aux lecteurs, comme la parole de Monge suffisait aux cadets de l'école militaire de la noblesse : « Messieurs, leur disent-ils aussi, épargnez-vous cette démonstration que vous nous dites un peu abstraite ; il nous suffit de votre parole d'honneur que le théorème est vrai ». Aujourd'hui, les liseurs de journaux, crédules, gobe-mouches, disent avec une candeur étonnante : « Cela est bien sûr, je l'ai lu dans le journal ».

Le législateur savait bien quelle était la puissance et l'influence de la presse ; il n'ignorait pas que trop souvent son action est tournée vers le mal, et que ce mal est considérable. Pourquoi alors n'a-t-il pas, comme en toute autre matière, établi la durée de la prescription d'après la gravité de l'infraction ? Ne fallait-il pas, en acceptant la liberté de la presse, apporter, dans son propre intérêt et pour la sauvegarde de l'ordre public et des droits des particuliers, les « remèdes virils de la liberté », dont parlait le duc de Broglie (1) ? Loin d'apporter ces remèdes, le législateur ne semble-t-il pas, au contraire, avoir laissé le champ libre à toutes les licences, en frappant d'une main, mais en offrant de l'autre aux coupables un moyen de procédure, qui leur assurera trop facilement l'impunité ?

Quoi qu'il en soit le législateur de 1881 ne s'est certainement préoccupé, en édictant l'article 65, ni du rôle de la presse, ni de la qualité du délinquant. Reste à rechercher si la nature même des délits de presse commandait l'abréviation du délai de la prescription.

D'après M. Favrot (2) le législateur s'est manifestement préoccupé du rôle politique de la presse, rôle qui, suivant les opinions qu'elle soutient, en fait tour à tour la protégée ou l'ennemie des pouvoirs constitués. Il n'a pas voulu que celui qui avait à intenter un procès de presse pût, à son gré, choisir le moment de la poursuite, attendre l'heure où les circonstances politiques, la composition des tribu-

(1) Discours à l'Assemblée nationale, 24 avril 1871 (discussion de la loi sur l'attribution au jury des délits de la presse).
(2) Favrot, *France judic.*, 1884-85, 1ʳᵉ partie, p. 169.

naux lui semblent plus favorables à la répression. Cela
n'expliquerait pas la prescription de trois mois, car nos
gouvernements, peu stables il est vrai, durent en général
plus de trois mois. Puis, M. Favrot semble dire que tous
les procès de presse sont des procès politiques, ce qui n'est
pas ; il n'expliquerait donc pas la réduction du délai de la
prescription dans le cas des procès de presse n'ayant aucun
caractère politique. D'ailleurs, si le législateur a pu se préoccuper du caractère politique des délits de presse, pour
en attribuer au jury la connaissance, il ne pouvait pas en
tenir compte en matière de prescription ; on ne peut pas
lui prêter la pensée que les journaux protégés des pouvoirs
constitués seraient moins exposés que les autres, en violant
la loi ; si réellement il avait eu cette pensée, l'intérêt d'une
bonne justice aurait exigé au contraire qu'il fixât un délai
plus long de la prescription, pour que les personnes ou-
tragées par un journal ami du gouvernement pussent
attendre l'heure où les circonstances politiques leur per-
mettront d'obtenir plus sûrement satisfaction. Nous ferons enfin remarquer à M. Favrot, que si le législateur
avait voulu empêcher celui qui avait à intenter un procès
de presse de pouvoir choisir le moment de la poursuite, il
ne lui en aurait pas laissé en quelque sorte le moyen,
grâce au système d'interruption de la prescription qu'il
organise dans le même-alinéa de l'article 65.

Nous avons déjà fait remarquer que ni les travaux préparatoires ni les débats de la loi du 29 juillet 1881 ne nous
fournissaient de renseignements ; pour trouver la justifi-
cation de l'article 65, il faut nous reporter à la loi de 1819,
dont le législateur de 1881 s'est manifestement inspiré. Or,
nous trouvons, dans l'exposé des motifs de la loi de 1819,
les considérations suivantes présentées par M. de Serre,
et ces considérations ont conservé toute leur valeur : « Il
est dans la nature des crimes et délits commis avec publi-

cité, dit-il, et qui n'existent que par cette publicité même,
d'être aussitôt aperçus et poursuivis par l'autorité et ses
nombreux agents. Il est dans la nature des effets de ces
crimes et délits d'être rapprochés de leurs causes. Elle serait tyrannique la loi qui, après un long intervalle, puni-
rait une publication à raison de tous ses effets possibles
les plus éloignés, lorsque la disposition toute nouvelle des
esprits peut changer du tout au tout les impressions que
l'auteur lui-même se serait proposé de produire dans l'o-
rigine ; lorsqu'enfin le long silence de l'autorité élève
une présomption si forte contre la criminalité de la publication. Il a donc paru convenable d'abréger beaucoup le
temps de la prescription. » Ce sont ces raisons, tirées de
la nature même des délits de presse, qui avaient amené
le législateur de 1819 à abréger le délai de la prescription.
D'abord, la publicité que reçoivent ces délits en rend la
poursuite plus aisée ; n'existant que par cette publicité,
ils sont connus dès qu'ils sont commis et peuvent être
poursuivis aussitôt. En second lieu, les délits de presse
sont essentiellement mobiles et fugitifs ; leur gravité est
éphémère. M. de Serre défendant, en 1822, son œuvre de
1819, disait : « Ainsi que le dit Royer-Collard, les délits
de presse sont mobiles. Ils réclament un tribunal également mobile qui, se renouvelant perpétuellement, exprime sans cesse les divers états des esprits et des besoins
changeants de la société ». S'ils réclament un tribunal
réflétant le mieux l'opinion du moment où l'infraction a
été commise, il importe, pour avoir ce tribunal, que la
poursuite ait lieu dans un bref délai. Il n'est peut-être
pas toujours vrai de dire que la gravité des délits de presse
est éphémère, mais c'est avec raison que le législateur a
tenu compte de leur caractère mobile ; la disposition nouvelle des esprits, les circonstances peuvent en effet changer les impressions, et, tel écrit, qui aurait pu à l'origine,

n'être l'objet d'aucune poursuite, constituer un délit par
le fait de nouvelles circonstances.

Remarquons que l'on ne comprendrait pas non plus
qu'une personne vînt après un long temps commencer des
poursuites à l'occasion d'une injure ou d'une diffamation
déjà ancienne ; c'est immédiatement que l'on demande
réparation d'une offense ou bien on la pardonne ; le législateur l'a bien compris, et il a présumé que si la partie
lésée est restée trois mois sans commencer des poursuites, c'est qu'elle avait pardonné ou qu'elle ne voulait répondre que par le mépris aux outrages qui lui étaient
adressés. C'était la raison que Dunod (1) donnait de la
courte prescription d'un an qui existait dans notre ancien droit à l'égard des injures verbales : « Nous avons
conservé, disait-il, cette prescription courte, parce que les
demandes en réparation d'injures sont facilement censées
remises et pardonnées par un pacte tacite ».

On peut donc dire que notre prescription est fondée,
non plus sur une présomption d'oubli comme la prescription du droit commun, mais sur une présomption sinon
de pardon, du moins sur la présomption que la partie intéressée à demander réparation a estimé qu'il valait
mieux pour sa tranquillité, et peut-être aussi pour sa considération, ne pas poursuivre. La loi a laissé avec sagesse
le soin à chacun de relever les injures qui lui étaient adres-
sées, mais lui a limité avec raison le temps de la réflexion.

Ajoutons qu'une dernière raison de l'abréviation du délai de la prescription des délits de presse réside dans les
dangers des procès de presse ; le scandale qui en résulte
est souvent plus grand que celui qui résulte du délit lui-
même ; c'est une menace pour la paix et la tranquillité
publiques, une cause de trouble social, que la loi ne de-

____

(1) Dunod, *Tr. des pres.*, part. II, chap. III, p. 144.

vait pas laisser se perpétuer trop longtemps ; l'intérêt public se trouve donc en jeu. L'intérêt des particuliers lui aussi est en jeu, car souvent les procès de presse sont plus dangereux pour ceux qui ont pris l'initiative des poursuites que pour ceux-là mêmes, qui en sont l'objet ; dans ces débats, la justice même et le triomphe ne sont pas toujours exempts d'inconvénients ; tout procès de presse comporte malheureusement en réalité deux jugements : celui du tribunal et celui de l'opinion ; toutes les fois que l'accusation est légitimée par la conscience publique, celui qui a cherché la renommée dans le bruit devient la juste victime du scandale qu'il a causé ; mais, s'il n'y a pas de coupable, et seulement un adversaire, la condamnation peut se retourner contre l'auteur de la poursuite, et ne pas frapper que l'accusé.

Cette dernière raison, fondée sur l'intérêt social et l'intérêt des particuliers, était suffisante à elle seule pour faire abréger le délai de la prescription. Si l'intérêt social veut que la rigueur des peines et ce qui en est un élément, le délai plus ou moins long pendant lequel le délinquant a à redouter la menace de poursuites, soit mesurée d'après la gravité du délit, il ne faut pas oublier qu'elle doit se mesurer avant tout à l'utilité de la poursuite et à l'efficacité de la peine. Tout dans la répression des délits doit être subordonné à l'utilité publique, à la paix publique. Et comme le faisait remarquer M. de Serre, « si le maintien de la paix publique semble demander qu'aucun délit ne reste impuni, cette même paix gagne aussi à ce qu'on laisse se guérir d'elles-mêmes des blessures qui s'enveniment dès qu'on les touche ».

L'abréviation du délai de la prescription des délits de presse est donc légitimée par le caractère particulier de ces délits, par la nécessité de laisser à chacun le soin de décider s'il vaut mieux pour son repos et pour sa considération relever un outrage ou le mépriser, par le danger des débats que soulèvent les procès de presse et par l'intérêt de la paix et de la tranquillité publiques.

Toutefois nous devons nous demander si le législateur n'est pas allé trop loin dans cette abréviation, et s'il n'eût pas été mieux inspiré, en se référant aux motifs qui avaient fait édicter l'article 29 de la loi de 1819, de conserver le délai de six mois établi par cet article (1).

Le délai de trois mois nous paraît suffisant ; c'est assez laisser à la partie outragée pour réfléchir ; mais il faut nécessairement qu'une fois sa décision prise, elle ne soit pas exposée à être victime des lenteurs de la procédure ; et l'abréviation du délai ne saurait être justifiée qu'autant que, par un système très bien compris d'interruption de la prescription, la partie lésée ait le moyen de remédier aux inconvénients que pourrait entraîner pour elle une telle abréviation et la partie publique ne soit pas trop facilement désarmée. Ainsi, sont conciliés l'intérêt général qui veut que les poursuites soient promptes en matière de presse, et l'intérêt de la partie lésée qui ne doit pas être privée de son droit à la réparation et de la conscience publique qui ne doit pas être blessée par le scandale d'une impunité acquise au nom de la loi.

(1) Remarquons que, dans les législations étrangères, la plupart des lois récentes sur la presse adoptent le délai de trois mois, tandis que les lois les plus anciennes établissaient des délais plus longs.

CHAPITRE III

DÉLITS SOUMIS A LA PRESCRIPTION DE L'ARTICLE 65.

Il résulte du texte même de l'article 65, que cette disposition a une portée générale et atteint toutes les infractions, crimes, délits ou contraventions, qui sont prévues par la loi de 1881.

Nous avons vu que sous l'empire de la loi de 1819 et du décret de 1852, il n'y avait pas ainsi une prescription unique pour toutes les infractions de la presse.

Dans son rapport écrit, M. Lisbonne, rapporteur de la loi de 1881 devant la Chambre des députés, avait proposé de ne déclarer applicable la prescription de trois mois qu'aux délits et contraventions ; les crimes seraient restés soumis aux règles de la prescription ordinaire, telle qu'elle est réglée par l'article 637 du Code d'instruction criminelle. Mais la Commission refusa de sanctionner cette partie du projet de loi et la distinction faite par M. Lisbonne ne fut pas adoptée. Elle n'était en effet pas justifiée : les raisons, qui ont fait abréger la durée du délai de la prescription en matière de presse, s'imposent, de quelque infraction qu'il s'agisse ; le législateur ne pouvait pas tenir compte de la gravité des infractions.

Mais sont soumises à cette prescription de trois mois les seules infractions prévues par la loi de 1881. Il est des délits qui se commettent au moyen de la publication de la parole ou de l'écrit, et que répriment des articles du Code pénal ou des lois spéciales autres que la loi de 1881 ; ceux-là sont des délits de droit commun et restent soumis à la prescription de droit commun. Ce n'est en effet ni à l'instrument qui sert à commettre le délit (parole, écrit, presse, etc.) ni à la publicité donnée à la pensée qu'il faut s'attacher pour définir les délits de presse ; ne sont délits de presse, que ceux qui sont prévus par la législation spéciale sur la presse ; M. Barbier (1) les définit ainsi : « les manifestations de la pensée dont la publication avec intention de nuire est réprimée par la loi sur la presse ».

Tous les délits de la pensée commis par la voie de la presse ne constituent donc pas nécessairement des délits de presse proprement dits (2) ; d'autre part, il y a des infractions à la loi sur la presse, qui ne consistent pas dans des manifestations coupables de la pensée, mais qui sont des contraventions matérielles à la police générale de la presse (3).

Cette distinction présente une très grande importance au point de vue de la prescription, puisque la prescription de trois mois n'est applicable qu'aux délits de presse proprement dits, c'est-à-dire à ceux qui sont prévus par la loi de 1881.

La jurisprudence a dans diverses décisions consacré cette distinction. Elle a eu notamment, en diverses reprises, l'occasion de signaler des délits qui, bien que commis par la voie de la presse, ne sont pas des délits de presse proprement dits et ne sont pas régis par la loi sur la presse ; tels sont, par exemple, les délits d'outrages même publics, réprimés par les articles 222 et suivants du Code pénal, et qui, ayant le caractère de délits de droit commun, ne

______

(1) Barbier, 242.

(2) Comp. Code pénal, art. 201 à 206, 260 à 264, 305, 419 et 420 ; Décret, 2 février 1852, art. 40 et 45 ; L. 21 germinal an XI, art. 36 ; L. 21 mai 1836, art. 4.

(3) V. les infractions prévues par les trois premiers chapitres et le paragraphe 5 du chapitre 4 de la loi de 1881.

sont prescriptibles que par trois ans (1) ; le délit d'atteinte à la liberté du travail (2) ; le délit d'escroquerie (3) ; le délit de chantage (4).

Un arrêt de la Cour de cassation du 15 mars 1883 (5) distingue soigneusement entre l'injure et la menace verbale, même publique, adressée à des agents de l'autorité à l'occasion de l'exercice de leurs fonctions et les attaques renfermant des imputations diffamatoires ou des expressions injurieuses proférées contre ces mêmes agents à raison de leurs fonctions et de leurs qualités ; ces dernières seules sont réprimées par la loi de 1881 et soumises à la prescription de trois mois (6).

Et dans des arrêts plus récents, il a été jugé que la déclaration d'un journal qu'un commerçant n'a plus sa raison à la suite de perte d'argent ou de chagrins intimes, portant une grave atteinte au crédit de ce commerçant cause à celui-ci un préjudice qui motive l'application de l'article 1382 du Code civil, mais ne contient pas les éléments d'une diffamation au sens de la loi de 1881 ; la prescription spéciale édictée par l'article 65 de cette loi ne saurait dès lors être appliquée en pareil cas (7) ; il a été jugé (8) aussi que la publicité d'une lettre que l'on attribue mensongèrement à une personne dans l'intention de lui nuire auprès d'un tiers, ne constitue pas une infraction prévue par la loi sur la presse, si elle n'a pas eu pour effet de troubler la paix publique (art. 27 loi

----

(1) Caen, 18 mars 1886, D. 87.2.45. Cass., 29 mai 1886, D. 87.1.89 ; 3 août 1883, D. 84.1.231.

(2) Montpellier, 20 mai 1886, D. 87.2.102.

(3) Paris, 25 janvier 1887, D. 87.2.102.

(4) Lyon, 16 novembre 1887, D. 88.2.175.

(5) Cass., 15 mars 1883, D. 83.1.225.

(6) V. encore Cass., 28 juillet 1883, D. 84.1.310. Paris, 18 avril 1883, D. 83.2.118.

(7) Paris, 7 avril 1898, D. 98.2.501.

(8) Cass., 13 février 1899, *Le Droit*, 19 avril 1899,

1881), et si cette lettre supposée ne contient ni expression injurieuse, ni allégation de nature à porter atteinte à l'honneur ou à la considération de celui à qui on l'attribue : il n'y a là encore qu'un simple quasi-délit civil ; dès lors c'est la prescription de droit commun qui est applicable.

Par contre, il a été jugé que la prescription de trois mois est applicable à l'action résultant d'imputations diffamatoires dirigées contre un témoin dans un écrit étranger à la cause (1) ; à la contravention d'injure ou diffamation non publique (2) ; mais un jugement du tribunal du Mans (3) a décidé, au contraire, que la diffamation ou l'injure non publique était soumise aux dispositions du Code pénal et à la prescription d'un an. Nous croyons avec la jurisprudence de la Cour de cassation que toutes les injures sont régies par la loi de 1881, et que le fait de leur publicité ne peut faire varier que la juridiction compétente.

Des difficultés auraient pu se produire sur l'application de la prescription de trois mois à la provocation à un crime ou délit de droit commun, lorsque cette provocation a lieu par la voie de la presse. L'article 23 de la loi de 1881 assimile cette provocation à la complicité ; l'auteur de la provocation est donc puni des peines portées contre l'auteur même de l'action qualifiée crime ou délit. On devait naturellement se demander si cette assimilation ne devait pas avoir aussi pour conséquence de soumettre la provocation à la prescription de droit commun, et d'une façon générale si l'accusation dirigée contre l'auteur de la provocation devait être instruite et jugée comme un procès de presse ou comme un procès de droit commun. Le

(1) Limoges, 8 août 1888, D. 89.2.45.
(2) Cass., 6 avril 1898, D. 98.1.419. Comp. Civ., 26 octobre 1887, D. 88.1.13. Cass., 13 mai 1893, D. 95.1.300. Trib. Seine, 21 juin 1884, *Gaz. Pal.*, 11 juillet 1884. Trib. Lyon, 5 décembre 1882, *Gaz. Pal.*, III, 249.
(3) Trib. Le Mans, 24 décembre 1896, *Gaz. Pal.*, 97.1.668.

seul fait de l'insertion de l'article 23 dans la loi de 1881,
qui constitue le code spécial de la presse, paraît une raison suffisante pour décider que c'est la prescription de
trois mois qui doit recevoir son application ici ; mais il
ne saurait y avoir aucun doute ; M. Lisbonne, rapporteur
à la Chambre de la loi de 1881, répondant à une question
de M. Lorois dans la discussion de la loi, a expliqué formellement que la prescription de l'article 65 était applicable aux crimes de provocation prévus par l'article 23 (1).

La prescription de trois mois de l'article 65 de la loi de
1881 ne s'applique, avons-nous dit, qu'aux infractions
prévues par cette loi. Mais ne doit-elle pas s'appliquer
aussi par voie d'analogie aux infractions prévues par d'autres lois spéciales, dites également lois sur la presse ?
Déjà, cela était admis sous l'empire de la loi de 1819, pour
toutes les lois spéciales de la presse, qui ne formaient
avec celle de 1819, suivant l'expression de Mangin (2),
qu'un seul corps de législation sur la police de la presse
périodique.

Aujourd'hui, il ne ne peut pas être question d'appliquer
la disposition de l'article 65 aux lois antérieures sur la
presse ; elles ont été abrogées d'une manière générale par
l'article 68. Mais il faut bien remarquer que ce que l'article 68 abroge, c'est la législation proprement dite sur la
presse, mais il n'atteint pas certaines dispositions législa-
tives qui se trouvent dans le Code pénal ou dans des lois
spéciales étrangères à cette législation ; nous avons signalé quelques-unes de ces dispositions (3), et nous avons
vu que les infractions qu'elles prévoient sont, bien que
commises par un moyen de publication, soumises à la
prescription de droit commun. Donc, dans la législation

(1) V. *J. off.*, 2 février 1881 (Chambre), p. 133. Celliez et Le Senne, p. 618.
(2) Mangin, 315.
(3) V. ci-dessus, p. 39, note 2.

antérieure à 1881, il faut distinguer d'une part les dispositions appartenant à la législation proprement dite de la presse et qui ont été abrogées par l'article 68 et celles qui, n'appartenant pas à cette législation, n'ont pas été abrogées mais dont les infractions sont soumises à la prescription de droit commun. C'est ce qui ressort très clairement de la circulaire adressée le 9 novembre 1881 par le garde des sceaux, qui détermine en ces termes la portée abrogative de la loi de 1881 : « En résumé tous les crimes et délits punis par les lois spéciales, dites de presse, qui n'ont pas trouvé place dans la loi actuelle sont abrogées sans exception. Mais les lois de presse ne contiennent pas tous les délits de publication : il en est, en petit nombre, qui sont prévues par des lois spéciales. Ces délits n'entrent pas dans les prévisions de la présente loi, à moins qu'ils ne se relient à ceux qui ont été abrogés d'une manière si étroite qu'ils ne peuvent en être séparés. C'est ce que l'article 68 exprime très clairement lorsqu'il vise limitativement les crimes et délits prévus par les lois sur la presse et les autres moyens de publication (1). »

Quant aux lois postérieures de la presse, il ne paraît pas douteux que la prescription de trois mois soit applicable aux infractions qu'elles prévoient, à moins qu'une disposition formelle de ces lois n'en ait décidé autrement.

Ainsi elle est applicable aux infractions prévues par la loi du 11 juin 1887, concernant la diffamation et l'injure commises par les correspondances postales ou télégraphiques circulant à découvert et par la loi du 19 mars 1889, relative aux annonces sur la voie publique. L'article 2 de la loi du 11 juin 1887 dispose expressément que l'article 65 de la loi de 1881 est applicable aux délits qu'elle prévoit.

(1) D. 81.3.112, n° 74. V. aussi Rap. de M. Lisbonne, Ch. des dép., 5 fév. 1881, D. 81.4.88, note 1, 1re et 2e col.

Mais au contraire la loi du 2 août 1882, qui punit le délit d'outrage aux bonnes mœurs par la vente ou l'exposition sur la voie publique d'écrits ou d'images obscènes, renvoie aux règles du Code d'instruction criminelle, en ce qui concerne la prescription (art. 2).

La loi du 18 mars 1898 (1), qui est venue modifier la loi du 2 août 1882, ne déroge pas à la disposition de l'article 2 de cette loi concernant la prescription ; mais dans son article 2, elle porte que la prescription en matière d'outrages aux bonnes mœurs commis par la voie du livre (qui étaient restés soumis à la prescription de trois mois) est d'un an à partir de la publication ou de l'introduction sur le territoire français.

De telle sorte que le délit d'outrage aux bonnes mœurs est tantôt un délit de droit commun, soumis à la prescription du Code, lorsqu'il est commis à l'aide d'un dessin, d'un écrit ou d'un imprimé autre que le livre (loi du 2 août 1882), tantôt un délit de presse, soumis à la prescription de trois mois, lorsqu'il est commis par la parole (art. 28, loi de 1881) et à une prescription d'un an, lorsqu'il est commis par la voie du livre (loi du 18 mars 1898). On a dit pour justifier l'extension dans un cas particulier du délai de trois mois à un an, que, le dépôt des livres n'ayant pas lieu au parquet, leur publication peut donc lui échapper, surtout si elle a lieu à l'étranger, et il peut se trouver informé trop tard pour pouvoir agir dans le délai de trois mois.

Nous avons vu que la prescription de l'article 65 était générale et s'appliquait à toutes les infractions punies par la loi sur la presse ; à un autre point de vue, elle est générale, car elle s'applique aux diverses actions que peuvent faire naître ces infractions.

(1) V. D. 98,4.22.

Elle s'applique notamment à l'action civile. Un amendement de M. Cunéo d'Ornano (1), tendant à supprimer les mots : « et l'action civile » fut repoussé. Nous verrons plus loin au chapitre que nous consacrons à la prescription de l'action civile quelles sont les raisons qui ont décidé le législateur à soumettre à la même prescription l'action civile et l'action publique et ce qu'il faut entendre par action civile.

Elle s'applique aussi à la procédure relative aux incidents nés de la poursuite (2).

(1) V. *J. Off.* du 18 fév. 1881 (Chambre), p. 282.
(2) Cass. crim., 26 janv. 1884, L. N. 84.3.15-13.

CHAPITRE IV

§ 1. — Point de départ de la prescription.

Le Code d'instruction criminelle, rejetant le système des Codes de 1791 et de l'an IV, et revenant aux principes de l'ancien droit (1), fait courir la prescription du jour de la perpétration du délit, alors même que le délit est demeuré caché et est resté inconnu de l'autorité ou de la partie qui a qualité pour agir. C'est là une règle générale qui, en l'absence de toute disposition spéciale, doit recevoir son application en toute matière (2).

L'article 65 de la loi de 1881, loin de déroger à cette règle la consacre expressément ; l'action publique et l'action civile résultant des délits prévus par la présente loi « se prescriront, dit-il, après trois mois révolus, à compter du jour où ils auront été commis. »

Si la disposition de l'article 637 du Code d'Instruction criminelle est en harmonie avec les principes sur lesquels repose la prescription pénale, qui n'est pas une peine contre la négligence de la partie poursuivante, mais une conséquence du temps, qui efface le souvenir de l'infraction à compter du jour où elle a été commise, la disposi-

---

(1) Il convient toutefois de remarquer, comme nous l'avons vu, que, spécialement dans le cas d'injures verbales, la plupart des auteurs admettaient que la prescription ne courait que du jour où vraisemblablement l'offensé avait pu en avoir connaissance.

(2) Les seules dérogations à cette règle se trouvent dans les articles 185 (Code forestier), 184 (Code de justice militaire), et 50 (décret 2 février 1852), qui font dépendre le point de départ de la prescription des infractions qu'ils prévoient, soit du mode de constatation, soit d'une circonstance déterminée.

tion de l'article 65 ne paraît pas au premier abord se justifier aussi facilement ; nous avons établi en effet qu'en
matière de presse, la prescription n'était plus fondée sur
l'oubli de l'infraction, mais sur une présomption de pardon ; si, comme le disait M. de Serre, il est dans la nature
des délits commis avec publicité d'être aussitôt aperçus,
cela ne peut pas être exact d'une manière absolue ; et il
pourrait se faire qu'un délit ne soit pas connu de l'intéressé dans le court délai de trois mois, qui commence à courir du jour de la publication ; il ne serait pas possible alors
de dire que, si la partie lésée a gardé le silence, c'est parce
qu'elle a voulu pardonner. N'eût-il donc pas mieux valu
en notre matière, où le délai de la prescription est très
restreint, déroger à la règle générale et ne faire courir la
prescription que du jour où l'infraction a été connue de
la partie intéressée à en demander la réparation ? Le législateur ne l'a point pensé ; il s'est préoccupé surtout, en
établissant une courte prescription en matière de délits de
publication, du maintien de la paix et de la tranquillité
publiques, et il n'a pas voulu que la poursuite de ces délits
soit éloignée de leur perpétration, alors que, comme le
disait M. de Serre, « la disposition toute nouvelle des
esprits peut changer du tout au tout les impressions que
l'auteur se serait proposé de produire ».

Quoi qu'il en soit, la disposition de l'article 65 est formelle et ne saurait laisser place au moindre doute.

Déjà, l'article 29 de la loi de 1819 donnait à la prescription le même point de départ. Le 2ᵉ alinéa de cet article
portait que, pour faire courir la prescription de six mois, la
publication d'un écrit devait être précédée du dépôt et de
la déclaration que l'éditeur entendait la publier, conformément aux articles 14, 15 et 16 de la loi du 21 octobre
1814. Si la publication d'un imprimé n'avait pas été précédée du dépôt et de la déclaration préalable, le bénéfice

de la prescription de six mois ne pouvait pas être invoqué ;
la prescription était alors réglée par le droit commun. Mais
il faut bien remarquer que l'article 29 de la loi de 1819 ne
faisait mention de ces formalités que pour indiquer que la
prescription spéciale de six mois ne serait appliquée
qu'autant qu'elles auraient été remplies, et n'a pas entendu les faire servir de point de départ à la prescription ;
la publication devait seule être considérée comme le véritable point de départ ; le dépôt et la déclaration ne constituent pas un fait de publication et ne pouvaient équivaloir
à une publication réelle (1).

Sous l'empire du décret du 17 février 1852, qui faisait rentrer dans le droit commun les délits commis par les diverses voies de publication, cette condition du dépôt et de la
déclaration préalable n'était plus exigée que pour les crimes de publication, qui restaient seuls soumis à la prescription de la loi de 1819. Les délits proprement dits, et
les contraventions, que la loi de 1819 ne régissait pas,
étaient prescrits, indépendamment de tout dépôt et de
toute déclaration, conformément au Code d'instruction
criminelle, du jour de leur perpétration, c'est-à-dire du
jour de la publication, puisque sans publication, il n'y a
pas d'infraction.

La loi de 1881 a conservé l'obligation du dépôt, antérieurement imposée à l'imprimeur, mais elle n'en a pas fait
dépendre le cours de la prescription. S'il est vrai, comme le
soutiennent tous les auteurs qui ont écrit sur la loi de
1819, que les conditions de l'article 29 de cette loi n'a-
vaient été exigées que comme un tempérament à la brièveté du délai de la prescription, pour que l'attention de
l'autorité se trouve éveillée, indépendamment de toute

(1) Rauter, II, n° 859 ; Parant, p. 539 ; Chassan, II, 1227 ; Mangin, II,
311 ; de Grattier, I, 534. Cass., 8 septembre 1824, B. 112 ; 18 septembre
1829, B. 223 ; 18 décembre 1835, B. 462.

publication, par le fait de l'accomplissement de ces formalités, il eût été très naturel d'en exiger aussi l'accomplissement sous l'empire de la loi de 1881, qui réduit encore le délai de la prescription. Mais le législateur de 1881 a pensé avec raison que le fait seul de la publication était suffisant pour éveiller l'attention de l'autorité. C'est d'ailleurs bien plutôt celui de 1819 qui a été peu logique ; en privant du bénéfice de la prescription de six mois le délinquant qui n'a pas rempli les formalités exigées, il semble considérer l'abréviation du délai de la prescription comme une faveur faite aux auteurs de délits de presse, alors que, comme le législateur de 1881, il semble n'avoir été inspiré, en réduisant le délai de la prescription, que par des considérations de paix et de tranquillité publiques.

Aujourd'hui le point de départ de la prescription est donc pour toutes les infractions de la presse, crimes, délits ou contraventions, du jour où l'infraction a été commise, conformément à la règle générale.

En ce qui concerne les contraventions, le point de départ est facile à déterminer. Cela est certain d'abord pour celles qui consistent dans un simple acte matériel : ce sont celles qui sont prévues par les article 15 § 3 (impression d'affiches sur papier blanc), article 17 (lacération d'affiches), article 33 § 3 (injure simple).

Quant aux autres, elles ne sont toutes consommées que par un fait de publication ; c'est donc à partir seulement de ce fait de publication, le seul ou le premier qui se produit, que la prescription commence à courir. Par exemple, la contravention aux dispositions des articles 12 et 13 concernant le droit de réponse se prescrit à partir du jour de la publication du numéro qui devait contenir la réponse, car c'est le fait de la publication du journal sans l'insertion de la réponse qui constitue l'infraction. La prescription de la contravention d'omission du dépôt prescrit par l'article 3 court du jour de la publication de l'imprimé non déposé ; celle des contraventions consistant dans la publication d'un journal, sans qu'il soit satisfait aux dispositions des articles 6 et suivants relatives à la gérance et à la déclaration préalable, court du jour de la publication du premier numéro. Et si d'autres numéros paraissent sans que ces formalités aient été remplies, l'infraction consistant dans le fait de la publication, il en résulte que chaque publication constitue une nouvelle contravention. Il y a ainsi une série de contraventions qui se prescrivent chacune par trois mois à dater du fait particulier de publication qui le consomme ; les plus récentes pourront donc être poursuivies alors que les plus anciennes bénéficient de la prescription acquise. C'est dans ce sens que s'est prononcé un arrêt de la Cour de Toulouse (1), qui a jugé que la publication d'un journal sans déclaration préalable du changement introduit dans la périodicité établie précédemment ne constitue pas une contravention unique, mais bien une série de faits distincts : « Attendu, dit cet arrêt, que la publication d'un journal n'est pas un délit unique, mais une série de délits successifs qui se renouvellent à chaque publication ; que le journal du lendemain est un fait différent du journal de la veille ; que la prohibition de publier sans déclaration préalable est ainsi violée chaque jour par des faits nouveaux ; qu'alors la prescription n'aurait pu courir en faveur du sieur Roulet qu'à dater de la dernière publication, etc. » Et de même, après cassation d'un arrêt de la Cour de Paris, qui avait jugé que le délit de fausse déclaration prévu par l'article 11 de la loi du 18 juillet 1828 était un fait unique, se référant par sa date à l'époque où la déclaration a été faite, la Cour d'Amiens sur renvoi a

______

(1) Toulouse, 14 avril 1842, D. *Rép.*, v° *Pr. outr.*, n° 520.

jugé, conformément à l'opinion de la Cour de cassation, que la déclaration dont parle l'article 11 de la loi de 1828 ne constitue pas par elle-même le délit prévu par le dit article ; que ce délit n'existe que lorsqu'à la déclaration est venu se joindre le fait de la publication et que ce n'est pas à partir du jour où la déclaration fausse et frauduleuse a été faite que la prescription avait pu commencer à courir, mais seulement du jour où la dernière publication du journal a eu lieu (1).

Le point de départ de la prescription n'est pas aussi facile à déterminer en ce qui concerne les crimes et les délits de presse, du moins pour ceux qui sont commis par des écrits, des imprimés ou des dessins ; car pour ceux qui sont commis par la parole il ne saurait y avoir de difficulté, puisque le fait de publication qui constitue l'infraction est un fait instantané ; mais à l'égard des premiers, la publication consiste en des faits répétés et se prolonge pendant un certain temps. On ne peut pas dire que chacun de ces faits constitue un délit ou un crime distinct, et qu'il y a une série de crimes et de délits punissables et prescriptibles indépendamment les uns des autres. Il n'y a qu'un seul crime ou délit, susceptible d'une seule poursuite, d'une seule répression et partant soumis à une seule prescription ; il s'agit seulement de savoir quel est le point de départ de cette prescription.

Remarquons d'abord que ce qui constitue le délit ou le crime de presse, c'est le fait de publication réalisé par l'auteur principal. Quand la prescription est acquise à ce fait, les actes de publication réalisés par les vendeurs, distributeurs, colporteurs, afficheurs, etc., ne constituant que des faits de complicité, puisque l'auteur principal est

_____

(1) Paris, 16 juin 1842. Cass., 3 sept. 1842. Amiens, 13 mars 1843, D. *Rép.*, v° *Pr. outr.*, n° 520.

connu, ne peuvent pas motiver des poursuites, puisque le fait principal est prescrit (1).

De même, il a été jugé par le tribunal de Lyon que, quand une injure non publique résulte des termes d'une lettre adressée à un tiers et communiquée par celui-ci à la personne injuriée, la prescription commence à courir du jour même de la perpétration du fait incriminé, c'est-à-dire du jour de l'envoi de la lettre, et non pas du jour de la communication.

La seule question est donc de savoir si la prescription commencera à courir à partir du plus ancien des faits imputables au gérant ou à l'éditeur, auteur principal, ou à partir du dernier.

Du moment où c'est la publication qui fait le délit, il semblerait rationnel de ne compter la prescription qu'à partir du dernier fait de publication, puisque le délit s'est perpétué jusque-là et que chaque fait de publication a suffi à lui seul pour consommer le délit ; le délit se renouvellerait à chaque fait de vente, mise en vente, distribution ou exposition imputable à l'auteur principal, et chacun de ces faits marquerait le point de départ de la prescription.

Le texte de l'article 29 de la loi de 1819 paraissait favorable à cette opinion : il décidait en effet que la prescription courait « à compter du fait de publication qui donnera lieu à la poursuite. » Et un jugement du tribunal de la Seine, confirmé par la Cour de Paris (2), avait jugé en ce sens que l'action à raison de la diffamation commise par la voie d'un journal envers une personne qui habite dans les colonies françaises des Antilles, ne courait que du jour où

(1) Trib. Lyon, 5 décembre 1882, *Gaz. Pal.*, III, p. 249. Cass., 29 décembre 1882, D. 84.1.369. — Barbier, II, 1009. V. toutefois, en sens contraire, Cour d'assises Seine, 15 février 1886, *Gaz. Trib.*, 15-16 février 1886.
(2) Trib. Seine, 13 mars 1835. Paris, 2 juin 1835, cité par Chassan, II, 1231.

ce journal y était publié, et non de celui où il paraissait
dans la métropole. Il faut supposer que le journal avait été
expédié dans la colonie par son administration, auteur
principal de la publication ; car s'il avait été apporté et
publié par le fait d'un tiers, le fait de publication eût alors
été l'œuvre d'un complice, qui ne pouvait être poursuivi
comme auteur principal, puisque l'auteur principal était
connu, mais seulement comme complice ; et alors la prescription lui était acquise six mois après le dernier fait imputable à l'auteur principal. Mais même, si le journal
avait été expédié dans la colonie par les soins de l'auteur
principal, malgré toutes les bonnes raisons que l'on aurait
pour dire que la prescription ne devait courir que du jour
où l'offensé a pu avoir connaissance du délit, il semble
conforme à la pensée du législateur de décider qu'en toutes circonstances l'on doit prendre pour point de départ
de la prescription le plus ancien fait imputable à l'auteur
principal : comme nous le disions plus haut, il ressort
très clairement de l'exposé des motifs de la loi de 1819,
que le législateur a voulu restreindre les droits que l'action publique et l'action civile servent à protéger contre
les délits de presse, et cela dans l'intérêt de l'ordre public,
et aussi pour que les délits soient jugés dans l'opinion du
moment où ils se produisent pour la première fois ; il est
inadmissible que la poursuite d'un délit de presse puisse
être autorisée d'une façon illimitée, comme elle le serait
si l'on considérait les délits de presse comme des délits
successifs incessamment renouvelés tant que l'édition
d'un écrit ne serait pas épuisée. « Ce qu'a voulu le législateur, dit M. Barbier (1), c'est qu'une publication qui, à
son apparition, n'a fait l'objet d'aucune poursuite et dont
l'innocuité a été ainsi reconnue par l'autorité elle-même,
ne puisse pas, après un temps plus ou moins long, alors

(1) Barbier, II, 1009.

que les idées ont pu changer, être recherchée, poursuivie et condamnée. » Ajoutons enfin que cette solution, non seulement est conforme à l'esprit de la loi de 1819 et de la loi de 1881, mais est aussi conforme aux textes de ces lois, qui disent expressément que la prescription court du jour où les délits sont commis ; or les délits sont commis au jour du premier fait de publication.

Aussi, la jurisprudence a-t-elle presque toujours donné cette solution : elle résulte au moins implicitement de nombreux arrêts rendus sous l'empire de la loi de 1819 (1), qui décidaient qu'en l'absence d'une publication réelle, la déclaration préalable et le dépôt de l'imprimé ne sauraient constituer la publication et ne peuvent pas par conséquent servir de point de départ de la prescription ; d'où l'on peut déduire que ces arrêts admettent que la prescription courait du plus ancien fait de publication.

Sous l'empire de la loi de 1881, cette solution a été formellement consacrée par la Cour de cassation. Ainsi, il a été jugé notamment qu'en matière de diffamation par la voie d'imprimés, la prescription courait du jour où ces écrits ont été, par la publication, portés à la connaissance du public ; qu'on ne peut prétendre que chaque fait ultérieur de vente, de mise en vente, de distribution de l'imprimé diffamatoire constitue un nouveau fait de publication servant de point de départ à un nouveau délai de prescription (2) ; qu'il n'y a à établir aucune distinction entre les délits résultant de la publication d'écrits pério-

_____

(1) Cass., 18 septembre 1829, 18 décembre 1835, 8 septembre 1824, déjà cités ; Cass., 13 décembre 1855, D. 56.1.159 ; 4 février 1876, D. 77.1.45. Ce dernier arrêt décide que le délit résultant de l'insertion d'énonciations injurieuses ou diffamatoires dans une délibération du conseil municipal ne présente aucun caractère successif, bien qu'il puisse être permanent dans ses conséquences ; qu'il se trouve consommé au moment même où le registre des délibérations a reçu l'inscription formant l'objet de la plainte ; et que c'est à partir de ce moment que court la prescription.

(2) Crim. rej., 11 juillet 1889, D. 90.1.237.

diques et ceux résultant de la publication d'un livre ;
qu'on ne peut fixer le point de départ de la prescription
au jour où la feuille diffamatoire est parvenue au lieu de
la résidence du plaignant, et que, par suite, si la partie
diffamée réside à l'étranger, il n'est pas nécessaire que
l'arrêt constate le jour où le livre incriminé a été publié
dans le pays qu'elle habite (1).

Mais lorsqu'il s'agit d'une réimpression ou d'une édition nouvelle d'un écrit délictueux non condamné, la prescription remonte-t-elle au jour de la première publication,
ou court-elle seulement du jour de la réimpression ? On
dit généralement que la réimpression constitue un délit
distinct de la première publication, et sert, par conséquent, de point de départ à une nouvelle prescription.
M. Legraverend (2) enseigne une opinion contraire, qui,
d'après lui, ne paraît susceptible d'aucun doute, sauf le
cas où les changements, additions ou suppressions opérés
dans les nouvelles éditions seraient seuls incriminés. Autrement, dit-il, si l'on établissait en principe qu'une nouvelle édition devrait être considérée comme un nouvel
ouvrage et que pendant six mois elle pût donner lieu à
des poursuites, quoique la première édition n'en eût pas
provoquées, il faudrait reconnaître qu'aucun imprimeur
ou libraire ne serait à l'abri des recherches de la justice,
lorsqu'il réimprimerait ou vendrait une nouvelle édition
d'un ouvrage quelconque dont le commerce est en posses-
sion depuis un temps immémorial.

Nous croyons avec la majorité des auteurs et avec la
jurisprudence (3) que chaque nouvelle édition constitue

---

(1) Cass., 28 mars et 26 avril 1890, D. 90.1.453. Paris, 15 février 1890,
D. 91.2.159.— Le Sellyer, II, 455 ; Mangin, 321 ; de Grattier, I, 533 ; Fabreguettes, II, 2150.

(2) Legraverend, I, p. 98.

(3) Mangin, II, 312 ; Le Sellyer, 607 ; Chassan, II, 1226 ; Barbier, II, 1010 ;

un nouveau fait de publication, pouvant, s'il est délictueux, autoriser de nouvelles poursuites ; les délits, en
notre matière, consistant dans une publication, chaque
fait de publication constitue un délit indépendant de
ceux qui ont pu le précéder ou le suivre ; chacun sert de
point de départ à une prescription spéciale. La prescription qui couvre la publication originaire ne saurait donc
protéger la publication à venir ; s'il en était autrement, on
admettrait la prescription d'un délit qui n'aurait pas été
commis. « Il n'est pas plus permis, dit Mangin, de réimpri-
mer un écrit condamnable qu'un écrit condamné ; la seule
différence qui existe entre ces deux cas est que, dans ce
dernier, le juge est dispensé d'apprécier le contenu de l'é-
crit et de déclarer quelle espèce de délit il renferme ; tandis que dans le premier cas, le juge est obligé de se livrer
à cette recherche. » Enfin, le système de **M.** Legraverend
entraînerait de graves inconvénients ; il est de toute évi-
dence qu'une nouvelle publication d'un écrit outrageant la
morale est un trouble à l'ordre public tout comme la première publication, que la considération des personnes
diffamées est aussi gravement atteinte par une deuxième
publication que par la première. Il serait donc possible de
rééditer impunément des ouvrages outrageants ou injurieux, parce qu'ils auront échappé à la répression, peut-
être par suite de circonstances accidentelles. Cela n'est
pas admissible.

Jusqu'à présent, nous avons toujours supposé que l'auteur principal du fait délictueux de publication n'avait pas
été condamné ; mais lorsque l'éditeur, auteur principal,
aura été condamné, quelles solutions devons-nous donner
d'abord en ce qui concerne la vente ou la distribution de

Brun de Villeret, 504. — Paris, 15 janvier 1825, S. 25.2.342. Toulouse, 30 décembre 1836, S. 39.2.159. Crim. rej., 13 décembre 1855, D. 56.1.159.

l'ouvrage condamné, puis en ce qui concerne sa réimpression ?

La solution de ces questions était donnée par l'article 27 de la loi de 1819 qui disposait que quiconque, après que la condamnation d'un écrit, de dessins ou gravures sera réputée connue par la publication dans les formes prescrites par l'article 26, les réimprimera, vendra ou distribuera, subira le maximum de la peine qu'aurait pu encourir l'auteur. Ainsi, la vente ou la distribution d'un ouvrage condamné constituait un délit particulier ; et les vendeurs ou distributeurs de cet ouvrage ne devaient plus être considérés comme les complices de l'auteur de la publication, mais comme auteurs principaux du délit prévu par l'article 27.

La Cour de cassation (1) avait décidé qu'une prescription particulière courait à compter de chaque fait particulier de vente, puisque chaque fait constituait un délit distinct.

Ces délits prévus par l'article 27 étant des délits commis par la voie de la presse, l'article 29 devait leur être applicable ; c'est ce que décidaient les auteurs (2). Un arrêt de la Cour de cassation (3) a cependant jugé que la prescription de l'article 29 n'était pas applicable au délit de réimpression ou de vente d'écrits précédemment condamnés.

La disposition de l'article 27 de la loi de 1819 n'a pas été reproduite par la loi de 1881. Mais il est bien évident que, si la réimpression, la vente ou distribution d'un ouvrage condamné renferme un des délits prévus par la loi de 1881, elle pourra être poursuivie comme telle et servir de point de départ à une prescription particulière.

Au surplus, dans le cas de vente ou de distribution

(1) Cass., 23 avril 1830, D. 30.1.232 ; 20 juin 1840, B. 185.
(2) Mangin, II, 311 ; Le Sellyer, 2380 ; Chassan, II, 1226 ; Brun de Villeret, 503.
(3) Cass., 19 novembre 1852, D. 52.5.444.

d'exemplaires d'un ouvrage condamné, indépendament de l'action nouvelle à laquelle elle peut donner ouverture contre le vendeur ou le distributeur, l'article 49, § 3 au-torise la saisie et la destruction ou la suppression de tous les exemplaires qui seraient mis en vente, distribués ou exposés au regard du public.

Quant aux exemplaires d'une édition nouvelle d'un ou-vrage condamné, ils ne pourraient pas être saisis en vertu de la décision qui a condamné l'édition précédente ; cette décision ne saurait en effet avoir d'autorité qu'à l'égard des exemplaires de l'édition qui a donné lieu aux poursuites et à la condamnation ; ils ne pourront que faire l'objet de nouvelles poursuites.

On a cru trouver une exception à la règle générale de notre droit, d'après laquelle le délai de la prescription court du jour où l'infraction a été commise, dans le cas de dénonciation calomnieuse. La Cour de cassation elle-même a jugé qu'en matière de dénonciation calomnieuse la prescription commençait à courir non du jour où la dénonciation a été faite, mais du jour où elle a été re-connue calomnieuse. Cette jurisprudence est approuvée par Vazeille et Mangin (1).

Quant à Le Sellyer (2), il l'approuve seulement en ce qui concerne l'action publique appartenant au ministère public ; mais à l'égard de la personne dénoncée, la pres-cription court du jour où le délit a été commis, si dès ce jour elle a connu son dénonciateur, et du jour où le nom du dénonciateur lui aura été révélé, si elle ne l'a connu que postérieurement.

Avec la majorité des auteurs (3), nous repoussons ces

____

(1) Cass., 6 août 1825, D. *Rép.*, v° *Pr. crim.*, 72 ; 6 fév. 1857, D. 57.1. 133. — Vazeille, n° 652 ; Mangin, II, 380.

(2) Le Sellyer, 2472.

(3) Faustin-Hélie, *Instr. crim.*, II. 1069 ; Cousturier, 96 ; Haus, 2,1348 ; Brun de Villeret, 189 ; Dalloz, *Rép.*, v° *Pr. crim.*, n° 72.

deux opinions ; nous aurons à rechercher plus loin, en traitant de la suspension de la prescription, si la prescription ne doit pas être suspendue, jusqu'à ce que l'information, à laquelle la dénonciation aura donné lieu, soit terminée. Mais il est bien certain que, si la dénonciation ne constitue un délit que si elle est calomnieuse, elle a ce caractère avant que la fausseté des faits dénoncés et la mauvaise foi du dénonciateur aient été reconnues par une décision judiciaire ; la calomnie existe avant cette décision, qui ne saurait rien changer aux faits en eux-mêmes ; le délit est consommé du jour de la dénonciation ; c'est ce jour qui doit servir de point de départ à la prescription.

Ainsi donc, en matière de presse, comme en toute matière, la prescription court du jour où l'infraction a été commise ou mieux du jour où elle a été consommée.

§ 2. — Computation du délai de la prescription.

Il nous reste à rechercher comment se compte le délai de la prescription, et spécialement si le jour qui sert de point de départ doit être compté dans le calcul du délai ou au contraire doit en être exclu.

Il est généralement admis que les mois, en matière de prescription, doivent se calculer d'après le calendrier grégorien, remis en vigueur par le sénatus-consulte du 22 fructidor an XIII, quantième par quantième, et non par mois de trente jours, ni par heures (1).

Il n'y a aucune raison pour ne pas donner la même solution en matière de presse. Le délai de trois mois doit donc se compter non à raison de trois fois trente jours, mais par l'échéance de trois mois, date par date (2).

(1) Cass., 27 décembre 1811 ; 12 avril 1817, D. *Rép.*,v° *Pr.crim.*, 24 ; 4 avril 1873, D. 73.1.221 ; 29 mai 1884. Nancy, 28 janvier 1846, D. 46.2.69. Colmar, 14 mai 1861, D, 61.2.225.— Mangin, 318 ; Le Sellyer,VI, 2898. En sens contraire : Legraverend, I.93.

(2) Chassan, II.1232 ; Fabreguettes, 2151 ; Barbier, II.1008.

La jurisprudence et la doctrine sont divisées sur le point de savoir si l'on doit compter dans le calcul du délai le jour qui sert de point de départ à la prescription, autrement dit le jour du délit ou le *dies à quo*.

La jurisprudence (1) est aujourd'hui fixée sur l'ancien adage : *Dies à quo non computatur in termino;* la prescription court donc à compter de la dernière heure du jour où le délit a été commis, ou du jour du dernier acte de poursuite. C'est aussi l'opinion d'un grand nombre d'auteurs et notamment de ceux qui ont écrit sur les lois de la presse (2). « Le jour où le délit a été commis, dit M. Chassan, ne compte pas dans la supputation du délai. Cela est vrai, lorsque la loi règle le délai à compter ou à partir du jour du délit. comme la jurisprudence le juge à l'égard des délits de chasse ; car, c'est ainsi que ces mots étaient entendus dans l'ancienne jurisprudence française, et le législateur, en les adoptant, a dû leur attacher le sens légal que ces expressions avaient auparavant. Cela est vrai surtout pour les matières de presse, car le délai n'est pas seulement de six mois à compter de la publication, mais de six mois révolus ; or si le *dies à quo* comptait dans la supputation du délai, les six mois ne seraient jamais révolus, il y aurait six mois moins un jour ou une fraction de jour. »

L'opinion contraire, qui compte de nombreux partisans dans la doctrine (3), nous paraît préférable. Il est de prin-

---

(1) Cass., 10 janvier 1845, D. 45.1.87. Cass., 4 avril 1873, D. 73.1.221. Chambéry, 5 janvier 1871, D. 71.5.304 ; et en matière de presse : Bourges, 18 février 1886, *Droit* du 21 mars 1886. Cass., 2 février 1893, D. 93.1. 581.

(2) Merlin, *Rép.*, v° *Chasse*, § 5, n° 2 ; Cousturier, n° 100 ; Ortolan, II, 1859 ; Chassan, II.1232 ; Fabreguettes, 2151 ; Barbier, II. 1008.

(3) Mangin, II, 319 ; F. Hélie, III, 704 ; Le Sellyer, 516 ; Morin, v° *Pres.*, 611 ; Brun de Villeret, 122 ; Laborde, 872 ; Garraud, *Précis*, n° 417 ; Sourdat, 385 ; D. *Rép.*, v° *Pr. crim.*, n° 22. — Paris, 4 février 1843, S. 43.2.134. Paris, 24 janvier 1857, S. 57.2.381. Grenoble, 24 janvier 1859, S. 59.2.137.

cipe en effet que la prescription commence à courir au moment de la consommation du délit ; puisque d'autre part elle se compte par jours et non par heures, on doit nécessairement compter la fraction du premier jour pour un jour entier ; autrement, on ne ferait plus courir la prescription du jour du délit, mais du lendemain.

On objecte que nous faisons ainsi commencer la prescription avant l'acte qui en fait l'objet, et que le délai exigé par la loi pour la prescription sera presque toujours diminué, car, comme il n'arrivera presque jamais qu'un délit soit commis à la première heure du jour, le premier jour ne constituera plus qu'une fraction de jour.

Il n'est pas vrai qu'en comptant le premier jour dans la supputation du délai, nous fassions courir la prescription avant la naissance de l'action publique ; elle commence en même temps, tandis que, dans le système contraire, elle ne commence qu'après. Du reste les partisans du système de la jurisprudence sont bien obligés de reconnaître que dans certains cas où le texte est précis, le *dies à quo* est compris dans le délai ; le législateur a-t-il alors voulu faire courir le délai avant l'acte qui lui donne naissance, ou n'a-t-il pas plutôt eu l'intention de compter le premier jour pour un jour entier, alors qu'il serait diminué d'une ou de plusieurs heures ?

On dit que, dans notre système, le délai de la prescription sera presque toujours diminué, alors que la loi exige une période de temps révolue. Mais lorsque la loi nous dit que la prescription des délits de presse, par exemple, s'accomplira après trois mois révolus, elle entend dire qu'il faut, pour qu'elle s'accomplisse, que le dernier jour du délai, le *dies ad quem*, soit entièrement expiré ; mais elle n'entend pas dire par là que la prescription s'accomplira par une période de trois mois révolus, plus une fraction de jour, car autrement elle aurait dit que le délai devait se compter à partir du lendemain du jour de l'infraction, et non pas, comme elle l'a fait, à partir de ce jour.

Lorsque la loi a voulu exclure le *dies à quo*, il est à remarquer qu'elle évite de se servir des expressions : à compter du ou à partir du ; elle indique son intention dans des termes formels, comme dans les articles 203 et 373 du Code d'instruction criminelle.

Enfin, il ne faut pas oublier que nous sommes en matière pénale : que, par conséquent, il faut éviter d'étendre arbitrairement, dans une matière toute de rigueur, le délai de la prescription, et que, d'ailleurs, en cas de doute, il est de principe de toujours faire bénéficier l'inculpé de l'interprétation la plus adoucie. Ainsi que le dit M. Brun de Villeret (1) « le législateur voit la prescription criminelle avec faveur, et, dans la pratique, on doit éviter toute interprétation qui serait de nature à en gêner l'exercice et à en rendre les conditions plus dures ».

Quant au jour de l'échéance, le *dies ad quem*, comme nous venons de le dire, il doit être compté dans le délai ; et de plus il doit être complètement expiré ; il ne peut pas y avoir de difficulté ; la loi exige toujours des périodes de temps révolues. Dans notre ancien droit, au contraire, la question était controversée de savoir si la dernière année du délai devait être complète, ou s'il suffisait que le premier jour de la dernière année fût commencé ; et l'on se prononçait en général en faveur de l'adage : *In favorabilibus annus incæptus pro completo habetur.*

(1) **Brun de Villeret**, 124.

CHAPITRE V

§ 1. — Caractères de la prescription.

La prescription criminelle étant une mesure d'ordre et
de justice, et non pas simplement un moyen de libération,
on dit qu'elle constitue une exception d'ordre public. De
ce caractère d'ordre public de la prescription criminelle,
découlent les conséquences suivantes : que les parties
intéressées ne peuvent pas renoncer au bénéfice de la
prescription, qu'elle doit être relevée d'office par le juge,
et qu'elle peut être proposée en tout état de cause.

Il n'est pas douteux que ces principes soient applicables
à la prescription des délits prévus par des lois spéciales
comme à celle des délits de droit commun, et spécialement à la prescription des délits de presse, qui est fondée,
comme nous l'avons vu, sur des raisons de paix et d'ordre
publics (1).

Tout tribunal répressif doit donc, avant de passer à
l'examen du fond, s'assurer que le fait dont il est saisi
n'est pas couvert par la prescription ; quand bien même
les parties n'opposeraient pas la prescription, quand même
elles renonceraient expressément à s'en prévaloir et ré-
clameraient un jugement sur le fond de l'affaire, pour
démontrer leur innocence ou apporter des causes d'excuse, le tribunal, lorsque le fait délictueux est couvert par
la prescription, doit se borner à déclarer que l'action est

(1) V. notamment en matière de presse, Lyon, 10 août 1848, D. 49.2.241.
Cass., 14 février 1874, D. 75.1.190. Crim. rej., 28 juillet 1882, D. 83.1.42.
— Chassan, II, 1242 ; Fabreguettes, II, 2147 ; Barbier, II, 1016.

prescrite ; sans pouvoir pour condamner, il est aussi sans pouvoir pour absoudre : *qui non potest condemnare, non potest absolvere* ; l'aveu même que le prévenu fait du délit ne peut pas dispenser le juge de déclarer d'office que le crime est prescrit. Sur tous ces points la jurisprudence et la doctrine sont d'accord (1).

Si c'est un devoir pour le juge de suppléer d'office le moyen de la prescription, le ministère public lui aussi ne doit pas exercer de poursuites, si les faits délictueux sont couverts par la prescription. Le Code, il est vrai, ne prescrit pas cet abandon des poursuites ; mais c'est une conséquence forcée des principes que nous venons d'exposer.

Nous avons dit aussi que la prescription pouvait être opposée et suppléée d'office en tout état de cause. Cette règle s'impose aussi bien devant les juridictions d'instruction que devant les juridictions de jugement.

Quand une ordonnance ou un arrêt de non-lieu est fondé sur ce que la prescription est acquise, l'action publique est éteinte ; et dans aucun cas, l'inculpé ne peut être soumis à de nouvelles poursuites. Mais des difficultés peuvent se présenter dans deux cas.

D'abord, en serait-il de même, si la prescription avait été admise par suite d'une erreur de fait ou de droit ? par exemple, il n'est reconnu qu'après l'admission du moyen de prescription, que la prescription avait été interrompue ou suspendue. Nous croyons avec Mangin (2) que ces décisions ont un caractère définitif, en ce qui touche le moyen de prescription ; il est de principe, en effet, qu'elles ont l'autorité de la chose jugée, à moins qu'il ne surgisse des charges nouvelles ; or, il n'est pas possible de considérer comme charge nouvelle la constatation de l'erreur de fait ou de droit, qui a fait admettre la prescription.

(1) V. les auteurs et les arrêts cités dans D. *Sup.*, v° *Pres. crim.*, n° 204.
(2) Mangin, 390 ; Brun de Villeret, 85.

Reste le cas, où des charges nouvelles viendraient changer la nature de l'infraction qui a été déclarée prescrite, et la convertir en une infraction, dont la prescription est de plus longue durée ; nous ne supposons pas naturellement, comme on le fait ordinairement, qu'il est reconnu, après l'admission de la prescription d'un délit par exemple, que ce prétendu délit constituait un crime ; la question ainsi posée n'offrirait aucun intérêt en matière de presse, où les délits et les crimes sont soumis à la même prescription ; mais on peut supposer qu'il est reconnu, après l'admission de la prescription de trois mois en faveur d'un délit de presse, que ce prétendu délit de presse constituait en définitive le délit de chantage ou l'un des délits d'outrages prévus par les articles 222 et suivants du Code pénal, qui, d'après la jurisprudence (1), ne sont prescriptibles que par trois ans. alors même qu'ils seraient commis par la voie de la presse. Nous croyons toujours avec Mangin que, dans le cas où des charges nouvelles viennent changer la nature de l'infraction, le moyen de prescription n'a pu couvrir des faits nouveaux, qui étaient ignorés ; il n'y a pas dans ce cas une erreur d'où est résultée l'admission de la prescription, mais des charges nouvelles, qui changent la nature même de l'infraction, qui n'a pu être déclarée prescrite, alors que sa nature n'était pas connue.

De la règle que la prescription peut être opposée en tout état de cause, nous tirons avec la jurisprudence les conséquences suivantes : qu'elle peut être opposée en cour d'assises, avant comme après l'ouverture des débats et même après la délibération du jury, comme l'a jugé la Cour de cassation (2) ; qu'en matière correctionnelle et de simple police, elle peut être proposée en appel, bien qu'on

(1) Lyon, 16 novembre 1887, D. 88.2.175. Cass., 29 mai 1886, D. 87.1.89.
(2) Cass., 20 mai 1824. D. *Rép.*, v° *Pr. crim.*, 176.

ne l'ait pas invoquée en première instance ; et non seulement lorsque le tribunal d'appel est saisi du fond même du litige, mais même lorsqu'il n'est saisi que d'un incident et n'aurait à statuer que sur un moyen de forme (1). Cette solution ne saurait faire de doute dans les cas où la juridiction d'appel, saisie de la connaissance d'un jugement qu'elle annule pour vice de forme, doit évoquer, aux termes de l'article 215 du Code d'instruction criminelle, et statuer sur le fond ; que le jugement de première instance soit définitif ou interlocutoire, le tribunal d'appel devant statuer sur le fond doit nécessairement admettre et suppléer d'office le moyen de prescription. Il en est ainsi non seulement lorsque les premiers juges ont omis une formalité substantielle ou méconnu les dispositions de la loi, mais aussi lorsqu'ils se sont déclarés incompétents, et que le tribunal d'appel reconnaît leur compétence. Cela est du moins généralement admis en doctrine et en jurisprudence.

Mais il est des cas où l'évocation n'a pas lieu ? Devrons-nous décider de même que le tribunal d'appel pourra suppléer le moyen de prescription ? La Cour de cassation (2) s'est prononcée dans le sens de l'affirmative, et a décidé que « la Cour de Nimes, en refusant de faire droit aux conclusions prises devant elle à fin de faire admettre la prescription, sur le fondement qu'elle n'était nantie que du jugement d'un point de forme (il s'agissait en l'espèce de la recevabilité d'une opposition à un jugement par défaut), et que le moyen ne pouvait être utilement proposé que devant les juges du fond, a méconnu les principes de la matière ». Généralisant la doctrine de cet arrêt, nous déciderons que toutes les fois que la juri-

(1) Cass., 18 janvier 1843, D. 47.4.381. Orléans, 25 avril 1853, D. 54.5. 585. Trib. civ. Narbonne, 12 mai 1898, *Mon. Lyon*, 17 septembre 1898.
(2) Cass., 18 janvier 1843, déjà cité.

diction d'appel confirme la décision attaquée, qu'il s'agisse d'une décision provisoire ou définitive, et alors même que, d'après les règles ordinaires elle devrait renvoyer la connaissance du fond de l'affaire devant les premiers juges, elle doit admettre et suppléer d'office le moyen de prescription ; l'exception de prescription étant un moyen d'ordre public éteint en effet complètement l'action et rend inutile l'examen du point litigieux qui a motivé l'appel.

Toutefois, comme le fait remarquer M. Brun de Villeret (1), il n'en serait plus de même si la juridiction d'appel reconnaissait l'incompétence du tribunal, dont la décision lui est déférée, ou bien infirmait une décision par laquelle les premiers juges se sont déclarés incompétents ; c'est qu'en effet le premier devoir du juge, avant de statuer, est de s'assurer de sa compétence ; la juridiction d'appel doit donc, dans ce cas, se déclarer incompétente et renvoyer la cause devant qui de droit, sans pouvoir apprécier le moyen de prescription, qui serait proposé.

L'exception de prescription peut être soulevée pour la première fois devant la Cour de cassation ; alors la Cour devrait annuler le jugement ou l'arrêt de condamnation sans ordonner un renvoi, qui serait sans objet. Mais sur ce point, il faut se conformer aux principes généraux et n'accueillir la prescription qu'autant qu'elle résulte soit des constatations du jugement attaqué, soit de la procédure soumise à l'examen de la Cour ; la Cour de cassation ne peut pas en effet rentrer dans l'examen des faits d'un procès (2).

L'exception de prescription, qui peut être proposée devant la Cour de cassation, devrait de même être accueillie

(1) Brun de Villeret, 89.
(2) Cass., 28 janvier 1888, D. *Rép.*, v° *Pr. crim.*, 176 ; 6 juillet 1878, *Bull.*, n° 145 ; 18 février 1880, P. 80.1195 ; 3 juillet 1880, *Bull.*, n° 138.

par la juridiction saisie par suite du renvoi prononcé par la Cour suprême (1).

En résumé, tant qu'il n'a pas été rendu un jugement définitif réglant le sort du prévenu, le moyen de prescription doit être accueilli et suppléé d'office, quelle que soit la juridiction qui se trouve saisie. Mais dès qu'un jugement définitif, ayant acquis l'autorité de la chose jugée et statuant sur le fond même du litige, a été rendu, il est évident qu'un condamné ne pourrait pas utilement invoquer le moyen de prescription qui aurait pu éteindre l'action, s'il avait été proposé en temps utile (2). Quand bien même la décision rendue ne serait pas définitive, il est encore évident que la juridiction qui l'a prononcée, une fois dessaisie, ne pourrait plus admettre l'exception de prescription invoquée par le prévenu ; l'exception ne pourrait être opposée que devant la juridiction d'appel ou la Cour de cassation. Un arrêt de la Cour suprême (3) a jugé dans ce sens qu'une Cour d'assises ne pouvait pas, plusieurs jours après avoir rendu un arrêt de condamnation, statuer sur une exception de prescription proposée par le condamné.

Notons, en terminant, un arrêt de la Cour de cassation (4) qui a jugé que, si l'exception de prescription est péremptoire et d'ordre public en matière criminelle, elle n'est pas préjudicielle de sa nature ; que, par conséquent, un tribunal peut, en accueillant le moyen de prescription, apprécier les faits incriminés dans un sens favorable au demandeur.

(1) Cass., 5 juin 1830, S. 31.1.52; 28 janvier 1843, cité.
(2) Cass., 28 juillet 1882, D. 83.1.42. Amiens, 5 avril 1884, D. 85.2.103.
(3) Cass., 1er mars 1855, B. 70; 11 janvier 1881, B. 11.
(4) Cass., 7 avril 1854, D. 54.5.585.

§ 2. — Effets de la prescription.

La prescription a pour résultat d'effacer le caractère délictueux du fait punissable : l'agent est réputé innocent parce que la constatation du fait incriminé devient désormais impossible.

Elle produit donc un effet analogue à l'amnistie, mais tandis que l'amnistie laisse subsister l'action en dommages-intérêts, la prescription met obstacle à toute action, tant publique que civile. Son effet est donc absolu.

A un autre point de vue, elle produit un effet absolu : le bénéfice de la prescription, une fois acquis à l'auteur principal, s'étend aussi aux complices, comme l'a jugé la Cour de cassation (1).

Enfin, elle n'a pas seulement pour effet de couvrir le passé, mais aussi de protéger pour l'avenir les possessions qui n'ont de fondement que dans des actes condamnés par la loi pénale. Et il a été jugé (2) notamment que, lorsque trois ans se sont écoulés, sans réclamation aucune, depuis la représentation d'un ouvrage dramatique contrefait, le délit de contrefaçon se trouve prescrit ; cet ouvrage peut continuer à être exploité, de quelque manière que ce soit, par le contrefacteur sans que l'auteur, dont la propriété a été violée, soit fondé à se plaindre.

§ 3. — Preuve de l'existence de la prescription.

Bien que la prescription soit une exception et qu'en général ce soit au demandeur en exception d'en démontrer l'existence et le bien fondé, la preuve de l'existence de la

(1) Cass., 29 décembre 1882, D. 84.1.369.
(2) Paris, 24 février 1855, D. 56.2.71.

prescription n'est pourtant pas à la charge du prévenu qui l'invoque. Cela tient à son caractère tout particulier : elle est d'ordre public, et doit par conséquent être suppléée d'office par le juge, qui ne peut prononcer une condamnation sans s'être assuré que les faits incriminés ne sont pas prescrits. Dans toute poursuite, la partie poursuivante ne doit pas se contenter d'établir que le fait délictueux a été commis, elle doit en outre prouver que l'action est exercée en temps utile, et fixer au moins approximativement la date de l'infraction (1). Si la date de l'infraction ne peut pas être précisée, la partie poursuivante doit prouver qu'elle se place dans le délai de la prescription ; autrement le doute s'interpréterait en faveur du prévenu (2).

Remarquons qu'il n'est pas nécessaire que la date soit indiquée dans la citation ou dans l'arrêt d'accusation ; la preuve alors se fait à l'audience, mais elle incombe toujours à la partie poursuivante.

Comment se fait cette preuve ? En matière de presse, cette preuve sera aisée à faire, tout au moins pour la plupart des délits résultant d'écrits ; mais pour ceux qui ne rentrent pas dans cette catégorie, rappelons que l'existence de la prescription peut être établie par tous les genres de preuves admis par la loi ; et notamment qu'à défaut de témoignages oraux ou écrits le juge peut se fonder sur les diverses circonstances qui ont entouré le délit (3).

---

(1) Brun de Villeret, nos 91 et suiv. ; Garraud, *Précis*, p. 517, note 3.
(2) Crim. rej., 26 juin 1873, D. 73.1.388.
(3) Paris, 26 avril 1837, P. 37.1.319. — Brun de Villeret 94.

DEUXIÈME PARTIE

INTERRUPTION ET SUSPENSION DE LA PRESCRIPTION.

CHAPITRE PREMIER

INTERRUPTION DE LA PRESCRIPTION.

La loi sur la presse a fixé à trois mois le délai de la prescription ; mais a-t-elle voulu qu'une solution définitive intervienne dans ce délai, ou bien, en d'autres termes, la prescription en matière de délits de presse peut-elle être interrompue ?

En droit commun, la prescription peut être interrompue aussi bien en matière criminelle qu'en matière civile ; il n'en était pas ainsi dans l'ancien droit, où, de même qu'en droit romain, la prescription criminelle avait un effet absolu ; celui qui, en se dérobant aux recherches, en suscitant des entraves à l'instruction de son procès, arrivait à éviter d'être condamné dans le délai requis, était désormais hors d'atteinte. Un tel résultat est évidemment choquant ; si le sentiment public peut être froissé par l'application d'une peine tardive, il l'est bien plus encore par le spectacle d'une impunité acquise à l'aide de détours et de subterfuges. La présomption, sur laquelle repose la prescription, présomption de l'oubli de l'infraction, tombe devant ce fait, que le coupable est poursuivi, qu'il est procédé contre lui à une instruction, qui doit recueillir et fixer les preuves de son délit. Il paraît donc juste d'admettre, comme l'a fait le législateur de 1808, et comme l'avait fait avant lui l'Assemblée constituante, que des poursuites intentées conservent le droit de punir.

Mais en matière de presse, nous avons vu que la prescription ne repose plus sur l'oubli présumé de l'infraction ; le législateur, en abrégeant le délai de la prescription des délits de presse, s'est préoccupé de la nature de ces délits, nécessitant des poursuites rapprochées de l'époque de leur perpétration ; en permettant à la partie poursuivante d'augmenter ce délai à l'aide d'actes interruptifs, ne va-t-on pas contre le but que s'est proposé la loi ? Il est certain pourtant qu'elle autorise l'interruption de la prescription des délits de presse ; le texte même de l'article 65 et les mots « ou du jour du dernier acte de poursuite » nous permettent de l'affirmer. Et il ne pouvait pas en être autrement. Le délai de la prescription est tellement abrégé que, dans beaucoup de cas, la prescription se trouverait encourue, bien qu'aucune négligence ne fût imputable à la partie poursuivante ; étant donné les lenteurs de la procédure, la répression des délits de presse n'est souvent possible qu'autant qu'on laisse à la partie poursuivante le moyen d'empêcher l'extinction de son action par des actes interruptifs, et en attribuant l'effet interruptif aux actes faits par le juge dans l'accomplissement de sa mission. Si la loi a voulu que les poursuites en matière de presse soient promptes, elle n'a pas pu vouloir rendre ses poursuites impossibles et assurer d'une façon presque certaine l'impunité aux délinquants.

L'interruption de la prescription apparaît donc en notre matière comme un correctif obligé de l'abréviation de la prescription.

D'ailleurs, n'est-il pas vrai aussi que la prescription, en matière de presse, est fondée sur une présomption de pardon ou sur la présomption que l'offensé ne veut pas poursuivre? Cette présomption doit tomber, tout comme la présomption d'oubli du droit commun, devant ce fait que des actes d'instruction ou de poursuite sont exercés, ces actes marquant d'une façon formelle que l'offensé veut obtenir réparation.

Toutes ces raisons nous autorisent à conclure que l'interruption de la prescription s'impose en matière de presse plus encore qu'en matière de droit commun.

Il nous faut maintenant rechercher si elle s'opère de la même manière.

Nous avons vu que, tandis que, d'après le droit commun (art. 637, 638, 640, Code d'instr. crim.) le délai de la prescription varie avec la nature de l'infraction, crime, délit ou contravention, la loi sur la presse repousse toute distinction entre ces trois sortes d'infractions, et les soumet indistinctement à une prescription uniforme de trois mois. Elle déroge encore au droit commun, en ce qui concerne les règles relatives à l'interruption de la prescription en matière de contraventions.

En droit commun, le système d'interruption est tout différent suivant que l'on est en matière criminelle et correctionnelle, ou en matière de simple police ; dans le premier cas, la prescription est interrompue par des actes de poursuite ou d'instruction (art. 637), tandis qu'en matière de simple police, les actes de poursuite ou d'instruction ne sont plus interruptifs par eux-mêmes, mais qu'autant qu'un jugement de condamnation sera intervenu dans l'année de la contravention, ou dans l'année de la notification de l'appel, si le jugement de première instance est susceptible d'être attaqué par la voie de l'appel.

Cette distinction entre les crimes et délits d'une part,

et les contraventions d'autre part, est supprimée en matière de presse ; l'article 65 de la loi de 1881 est une disposition générale, s'appliquant à toutes les infractions prévues par cette loi, en ce qui touche le système d'interruption de la prescription, comme en ce qui concerne le délai de la prescription ; tout acte de poursuite est interruptif par lui-même de la prescription de l'action résultant d'une simple contravention, contrairement à l'article 640 du Code.

Il n'en était pas de même sous l'empire de la loi de 1819 : l'article 29 de cette loi ne visait en effet que les crimes et délits, et ne s'occupait pas des actions résultant des contraventions, qui demeuraient soumises au droit commun et se prescrivaient conformément à l'article 640 du Code. On faisait toutefois bénéficier de la prescription de l'article 29 les contraventions à la police de la presse, qui étaient, à raison de leurs pénalités correctionnelles, assimilées aux délits ; elles bénéficiaient par conséquent en même temps du système d'interruption applicable en matière de crimes et de délits.

C'est donc le système d'interruption applicable en matière de droit commun aux crimes et aux délits, qu'en matière de presse on applique à toutes les infractions. Il nous reste pour le démontrer, à réfuter quelques objections.

L'article 65 de la loi de 1881, pas plus que l'ancien article 29 de la loi de 1819, ne porte, comme les articles 637 et 638 du Code, les mots « non suivis de jugement » après « les actes de poursuite ou d'instruction » M. Chassan (1) faisait remarquer, sous l'ancien article 29, que la différence était trop grave pour qu'elle n'eût pas été faite avec intention. « Il suit de là, disait-il, que, pour les infractions dont s'occupe cet article, le cours de la prescription commence

____

(1) Chassan, II, 1235.

à partir du dernier acte suivi ou non de jugement. Aussi, en matière de délits communs, M. Carnot enseigne-t-il que, s'il est intervenu un jugement, il faut que la prescription de la peine (et non plus de l'action) soit acquise pour qu'il n'y ait plus lieu à recherche (1) ; tandis qu'il a été jugé, en matière de délits de publication, que l'instance d'appel ne suspend pas la prescription de l'action, et que, malgré le jugement de première instance et l'appel du prévenu, la prescription de l'action publique continue à courir à dater du dernier acte (2). »

La différence de textes signalée par M. Chassan existe bien, mais elle n'a pas la portée qu'il lui attribue ; en matière de publication, comme en matière de délits de droit commun, lorsqu'il est intervenu un jugement, il faut, pour qu'il n'y ait plus lieu à recherche, que la prescription de la peine (et non plus celle de l'action) soit acquise, ainsi que le dit M. Carnot ; mais cela n'est vrai qu'autant qu'il s'agit d'un jugement de condamnation irrévocable, en vertu duquel l'exécution peut avoir lieu. Or, un jugement de condamnation n'est irrévocable et susceptible d'exécution que lorsqu'il a acquis force de chose définitivement jugée ; tant qu'il n'a pas ce caractère, il doit être considéré comme un acte d'instruction, qui laisse subsister l'action publique, et qui a seulement pour effet d'en interrompre la prescription. Comme le dit M. Garraud (3), ce n'est pas à la prescription de la peine, c'est à la prescription de l'action, qu'un arrêt de condamnation, qui n'est pas définitif, sert de point de départ. Il a donc été très bien jugé que, malgré le jugement de première instance et l'appel du prévenu, la prescription de l'action publique continue

---

(1) Carnot, *Instr. crim.*, III, p. 625.

(2) *Sic* : Cass., 18 janvier 1832, 22 septembre 1822, J. P., 33.1.457 ; D. 33.1.52.

(3) Garraud, *Précis*, n° 397.

à courir à dater du dernier acte ; et les décisions rappor-
tées par M. Chassan auraient tout aussi bien pu être données en matière de délits de droit commun (1).

Nous ne croyons pas non plus qu'on doive attacher de
l'importance à une autre différence de rédaction qui existe
entre l'article 65 de la loi de 1881 et l'article 637 du
Code. L'article 637 vise en effet à la fois les actes de poursuite et d'instruction, tandis que l'article 65 ne parle que
des actes de poursuite. De ce que cet article a gardé le
silence sur les actes d'instruction, c'est-à-dire ceux qui
servent à constater le délit et à en rassembler les preuves,
on a conclu qu'il n'avait entendu admettre comme interruptifs de la prescription que les seuls actes de poursuite,
c'est-à-dire ceux au moyen desquels l'action publique est
exercée, ceux qui ont pour objet de mettre en jugement le
prévenu et de s'assurer de sa personne. Ce serait une grave
dérogation au droit commun.

C'est l'opinion adoptée par la Cour d'Aix (2), qui, du
silence gardé par l'article 65 sur les actes d'instruction,
conclut que le législateur a entendu restreindre les causes
d'interruption en matière de délits de presse, ne se contentant plus de démarches ou formalités indiquant de la
part du plaignant la volonté de conserver son droit, mais
exigeant un acte judiciaire qui constitue l'exercice formel
de son action.

Le tribunal de Narbonne (3) lui aussi décide que l'omission des actes d'instruction dans l'article 65 a été voulue,
mais il consacre en même temps un système nouveau en

____

(1) L'étude de cette question eût été mieux placée dans le chapitre consacré aux effets de l'interruption ; nous avons cru devoir la traiter ici, à raison
de l'objection que l'on pourrait tirer de l'opinion de M. Chassan contre la
théorie que nous soutenons de l'identité des systèmes d'interruption en
matière de presse et en matière de droit commun.

(2) **Aix**, 7 décembre 1883, S. 86.2.67.

(3) **Trib. Narbonne**, 26 novembre 1883, *Loi* du 23 janvier.

matière pénale, qui consiste à dire que, si le législateur ne range pas les actes d'instruction et de procédure parmi les actes interruptifs, c'est qu'il était inutile de le faire, l'acte qui saisit le juge ayant pour effet de suspendre et non pas seulement d'interrompre le cours de la prescription. Nous aurons plus loin l'occasion de réfuter ce système, qui consiste à faire produire à la citation en matière de presse un effet suspensif et à donner ainsi aux juges pleine liberté de renvoyer aux calendes la solution des procès ; ainsi une instance engagée deviendrait perpétuelle, puisqu'elle n'aurait à redouter ni la prescription, ni la péremption qui n'existe pas en matière pénale.

Ce système écarté, il nous faut rechercher si la théorie de la Cour d'Aix et du tribunal de Narbonne peut être admise. Nous ne le croyons pas : si l'on admet en effet que ce soit à dessein que le législateur de 1881 ait passé sous silence les actes d'instruction, il n'y aurait que la partie poursuivante qui aurait la faculté d'interrompre la prescription par des actes de poursuite ; et tous les actes faits par le juge d'instruction et les jugements resteraient sans effet sur la prescription, et cela, non seulement en matière d'injures ou de diffamations poursuivies à la requête des particuliers, mais même en matière de délits de presse contre la chose publique. De telle sorte que le plus souvent le juge, dans l'obligation de rendre sa sentence dans les trois mois, se trouvera dans l'alternative ou de juger avant que l'instruction soit complète et sa conviction formée, ou de laisser la prescription s'accomplir au bénéfice du prévenu. D'autre part, la partie poursuivante, qui veut conserver son droit, se trouvera dans l'obligation d'exercer des actes de poursuite, alors même que la justice mettrait à instruire sa plainte toute la hâte désirable. La loi a voulu, il est vrai, que les poursuites en matière de presse soient promptes : mais elle n'a pas pu vouloir, en restreignant les causes d'interruption de la prescription, rendre les poursuites si rapides, qu'elles risquent d'aboutir à des décisions injustes, la conviction du juge n'étant pas faite, ou d'assurer l'impunité aux délinquants dans beaucoup de cas, et obliger la partie poursuivante à faire des actes inutiles et surabondants.

D'ailleurs, pour pouvoir admettre que le législateur a voulu n'attribuer en matière de presse qu'aux actes de poursuite seuls l'effet interruptif, il faudrait un texte formel, impérieux, la volonté clairement manifestée du rédacteur d'apporter une modification aussi grave au droit commun ; or, l'argument de texte sur lequel on s'appuie n'a pas de valeur. Sans doute, lorsque dans un texte on oppose les actes d'instruction aux actes de poursuite, les premiers visent particulièrement les actes qui ont pour objet de constater le délit et ses circonstances, d'en recueillir et rassembler les preuves, d'en découvrir ou convaincre les auteurs, et les seconds désignent plus spécialement les actes qui ont pour but soit de s'assurer de la personne du prévenu, soit de mettre l'action publique en mouvement en saisissant la juridiction d'instruction ou la juridiction de répression, ou, suivant l'expression de Mangin, de provoquer ou d'exécuter les actes destinés à parvenir au jugement du prévenu (1). Mais n'est-il pas vrai de dire que les actes d'instruction sont en définitive des actes de poursuite, dans le sens large du mot, c'est-à-dire dans le sens qu'il comporte naturellement quand il est employé isolément, comme dans l'article 65 et non par opposition aux actes d'instruction ? Des auteurs qualifient indistinctement les actes d'instruction proprement dits, d'actes d'instruction ou d'actes de poursuite : ainsi M. Rau-

____

(1) Mangin, 342 ; Brun de Villeret, 201 ; Faustin-Hélie, III, 726. — Cass., 14 juin 1816 ; 11 février 1843.

ter (1) appelle les actes d'instruction des actes de poursuite
réelle, par opposition aux actes de poursuite, qui sont des
actes de poursuite personnelle ; et de même M. Chassan (2),
sur l'article 29 de la loi de 1819, faisait remarquer que cet
article pas plus que le Code d'instruction criminelle n'exigeait un acte de poursuite personnelle ; « il suffit, disait-
il, d'un acte de poursuite réelle ou d'instruction ». L'expression d'actes de poursuite a donc très bien pu être
employée par le législateur de 1881 dans le sens large
qu'elle comporte et qui comprend à la fois les actes de
poursuite proprement dits et les actes d'instruction, qui
sont cumulativement visés par l'article 637 du Code.

Puis, si le législateur de 1881 avait entendu faire l'innovation qu'on lui prête, il en serait question dans les
travaux préparatoires ; et nulle part, ni dans le rapport,
ni dans la discussion de la loi de 1881, nous ne trouvons
manifestée la volonté du législateur d'apporter une dérogation au droit commun ; d'où nous pouvons bien conclure
que, s'il n'a pas parlé expressément des actes d'instruction,
c'est par simple omission ou parce qu'il a entendu, sous
l'expression d'actes de poursuite, viser à la fois les actes
d'instruction et de poursuite et s'en référer purement et
simplement au droit commun.

Notre solution au surplus a pour elle l'autorité du rapporteur à la Chambre des députés de la loi de 1881,
M. Lisbonne qui, dans une dissertation publiée postérieurement (3), déclare que « par actes de poursuite la loi de
1881 a entendu également tous actes d'instruction qui s'y
rattachent et y adhèrent, tous actes qui se confondent avec
la poursuite elle-même et ont pour but de la faire aboutir ». C'est enfin dans le sens que nous indiquons que

(1) Rauter, II, 854, p. 557.
(2) Chassan, II, 1236.
(3) *Lois nouvelles*, 84.3.11.

se sont prononcés les auteurs (1) qui ont écrit sur la loi de 1881, et la jurisprudence (2), à part les deux arrêts que nous avons cités.

En résumé, sauf en ce qui concerne l'interruption de la prescription en matière de contraventions qui sont assimilées aux crimes et aux délits sous ce rapport comme sous le rapport de la durée de la prescription, la loi sur la presse n'apporte aucune dérogation au système d'interruption du droit commun. Les mêmes actes qui interrompent la prescription des crimes et des délits de droit commun sont interruptifs de la prescription des crimes, délits et contraventions de presse.

(1) Fabreguettes, 2152 ; Barbier, II, 1012 ; Favrot, *loc cit.*
(2) Douai, 19 juin 1882, *Gaz. Pal.*, II, 267. Grenoble, 8 février 1883, D. 84.2.55. Trib. de Pau, 16 mai 1883, L.N. 84.3.52. Paris, 28 novembre 1883, *Fr. jud.*, VIII, 129. Cass., 31 décembre 1885, S. 86.1.137.

CHAPITRE II

ACTES INTÉRRUPTIFS.

Quels sont les actes susceptibles d'interrompre la prescription ? Ce sont, dit la Cour de cassation (1), « tous ceux qui sont faits en justice par les personnes que la loi autorise et dont le but est de parvenir à constater un délit et à en faire punir l'auteur ». La prescription exige pour s'accomplir la négligence combinée de la partie poursuivante (ministère public ou partie civile) et du juge ; tout acte de vigilance accompli par l'un ou par l'autre aura pour effet d'empêcher le cours de la prescription. Ainsi, tous les actes de procédure valables par lesquels la partie interpelle son adversaire en lui manifestant la volonté d'agir ou de continuer la poursuite entamée, tous les actes qui indiquent un progrès dans l'instruction du procès ou dans l'accomplissement de la mission du juge, tous les actes attestant que la partie poursuivante exerce son droit, ou que le juge est saisi et fait son devoir, sont des actes interruptifs de la prescription. Le plus souvent ces actes constituent des actes d'instruction ou de poursuite suivant le vocable dont la loi se sert, mais ils n'en sont pas nécessairement.

Il nous reste à étudier les différents actes qui présentent ces caractères, mais auparavant il convient de noter les règles qui leur sont communes.

D'abord, un acte n'est interruptif, qu'autant qu'il est valable en lui-même, c'est-à-dire qu'il n'est pas nul en la

---

(1) Cass., 19 mars 1856, D. 56.1.269.

forme et qu'il émane de personnes ayant qualité pour agir ou d'une autorité compétente ayant caractère pour instruire ou poursuivre sur le fait du délit. Cette première règle est certaine et est admise par tous les auteurs (1) et par la jurisprudence (2). Nous verrons, à propos de chaque acte, les applications qui en ont été faites par la jurisprudence. Notons immédiatement que l'expression « nul pour défaut de forme » a un sens juridique très déterminé, et ne doit s'entendre que d'une nullité substantielle, prononcée par la loi et non pas d'une simple irrégularité.

Une seconde règle commune à tous les actes interruptifs, c'est qu'il n'est pas nécessaire qu'ils aient été notifiés à l'inculpé, ni même qu'ils soient connus de lui ; ils ont un caractère impersonnel et interrompent, bien qu'ils soient dirigés contre une personne incertaine. L'article 637, auquel se réfère l'article 65, dit en effet qu'un acte est interruptif « même à l'égard des personnes qui n'y seraient pas impliquées ». Nous retrouverons cette question lorsque nous étudierons les effets des actes interruptifs : nous verrons alors qu'ils produisent un effet absolu et interrompent la prescription *erga omnes*, ce qui est une conséquence de la règle que nous venons de poser.

Enfin, ils sont interruptifs par eux-mêmes, et il n'est pas nécessaire qu'ils soient suivis d'un jugement de condamnation : l'article 637 le dit expressément, et nous avons déjà eu l'occasion de dire qu'on ne devait attacher aucune importance à la différence de rédaction qui existe sur ce point entre l'article 65 de la loi de 1881 et l'arti-

---

(1) Mangin, 343, 344 ; F. Hélie, III, p. 727 ; de Grattier, I, 536 ; Brun de Villeret, 216 ; Sourdat, 391 ; Le Sellyer, II, 499 et 500 ; Garraud, *Précis*, p. 511 ; Fabreguettes, 2156 ; Barbier, II, 1013.

(2) V. notamment : Cass., 3 avril 1862, D. 62.1.387. Cass., ch. réun., 27 fév. 1865, D. 67.1.93. Orléans, 8 nov. 1887, D. 88.2.97.

cle 637 du Code. Il est de même généralement admis que les actes d'instruction et de poursuite sont interruptifs, alors même qu'ils sont posés devant un tribunal incompétent (1). La compétence seule de l'autorité ou de la personne qui les a faits doit être prise en considération. Nous étudierons plus spécialement cette dernière question à propos de la citation devant un tribunal incompétent.

Etant donné le grand nombre d'actes qui sont susceptibles d'interrompre la prescription de l'action publique, nous les diviserons en six catégories, et étudierons successivement : 1° les actes pouvant émaner soit du ministère public, soit de la partie civile ; 2° les actes émanant de la partie lésée seule ; 3° les actes émanant du ministère public et des officiers de police judiciaire ; 4° les jugements ; 5° les remises de causes ; 6° les voies de recours.

§ 1. — Actes émanant du ministère public et de la partie lésée.

En matière de délits de presse, le principal des actes de poursuite interruptifs de la prescription est certainement la citation, qu'elle soit donnée au prévenu par le ministère public ou la partie lésée à fin de comparution soit devant la Cour d'assises, soit devant le tribunal correctionnel, soit devant le tribunal de simple police, ou qu'elle soit donnée par la partie lésée au prévenu et aux personnes civilement responsables devant la juridiction civile. La loi de 1881 reconnaît en effet au ministère public la faculté de poursuivre la répression des délits de publication directement devant la Cour d'assises, qui est la juridiction compétente en principe pour le jugement de ces délits (art. 45), ou de procéder par voie d'information

____

(1) Cass., 18 janv. 1822, D. *Rép.*, v° *Pr. crim.*, 145.

préalable (art. 48 et 50); de même, la partie lésée a le droit de citation directe devant la Cour d'assises (art. 47) ou peut, par une plainte, provoquer l'action du ministère public. Devant le tribunal correctionnel, la poursuite des délits peut aussi avoir lieu par voie de citation directe (art. 60) ou par voie d'information préalable. Enfin, devant le tribunal de simple police, il ne peut guère être question que de citation directe, sauf dans le cas où le juge d'instruction ou la chambre des mises en accusation jugent qu'un fait incriminé comme délit ne constitue qu'une contravention.

Le ministère public et la partie lésée ont donc en matière de presse le droit de citation directe devant toutes les juridictions répressives. Etant donné que, dans la plupart des cas, une information n'est pas nécessaire, c'est la voie que le ministère public emploie le plus souvent ; et de même pour la partie lésée, car il est admis qu'en matière de délits de presse l'action du ministère public est indépendante de la plainte de la partie lésée, au moins quand la plainte porte sur une injure ou une diffamation envers un simple particulier ; et il est dans la pratique habituelle du ministère public de ne jamais suivre sur la plainte des particuliers et de laisser toujours aux plaignants le soin de poursuivre eux-mêmes s'ils le jugent à propos.

C'est encore par voie de citation que procédera la partie lésée, lorsqu'elle portera son action civile en réparation du dommage causé, soit devant le juge de paix, si les dommages-intérêts n'excèdent pas le taux de 200 francs, soit devant le tribunal civil, dans le cas contraire. Elle a en effet la faculté d'exercer son action civile soit devant la juridiction répressive en même temps que l'action publique, soit isolément devant la juridiction civile, sauf dans le cas où l'action civile ne peut pas être poursuivie séparément de l'action publique, dans le cas de délits de diffamation envers les personnes publiques, à l'occasion desquels il est permis de faire la preuve de la vérité des faits diffamatoires (art. 46).

Qu'une citation constitue un acte de poursuite interruptif de la prescription, cela n'est pas douteux. Mais on a soutenu (1) que la prescription de l'action publique, la seule dont nous nous occupions en ce moment, ne pouvait être interrompue que par la citation et d'une manière générale que par les actes de procédure émanant du ministère public, et que les actes faits par la partie lésée ne pouvaient avoir aucune influence sur l'action publique, le droit de poursuivre les délits n'appartenant qu'aux fonctionnaires publics préposés pour leur répression. Les actes de la partie civile ne peuvent interrompre que la prescription de l'action civile.

L'opinion contraire nous paraît incontestable (2). Elle se fonde sur l'indivisibilité, qui résulte formellement de l'article 637 du Code et aussi de l'article 65 de la loi de 1881, des deux actions publique et civile et sur l'appui mutuel qu'elles se prêtent par rapport à la prescription. Autrement, il faudrait dire que les actes de poursuite faits par la partie lésée n'interrompraient pas même le cours de la prescription de l'action civile, car l'article 637 et l'article 65 s'occupent de la prescription de l'une et de l'autre action et s'opposent à ce que l'une survive, lorsque l'autre a été éteinte par la prescription.

L'article 637 ne fait aucune distinction entre les actes interruptifs ; il dit : « si, dans cet intervalle, il n'a été fait aucun acte d'instruction ou de poursuite », ce qui indique bien un acte quelconque, pourvu qu'il ait le caractère

---

(1) Collet, *Rev. critique*, 1868, p. 1 ; Bertauld, *Code pénal*, p. 652.

(2) Dans le sens de l'opinion que nous adoptons : Cousturier, n° 88 ; Carnot, III, p. 611 ; Le Sellyer, II, n° 480 ; Hoorebeke, p. 126 ; Labroquère, *Rev. critique*, 1861, p. 171.

d'acte d'instruction ou de poursuite ; mais peu importe la personne ou l'autorité, de qui il émane.

Cela est d'autant plus remarquable que la règle, qui admet que les poursuites de la partie lésée interrompent la prescription de l'action publique, était consacrée par l'article 10 du Code de brumaire an IV ; si le législateur de 1808 avait voulu l'abroger, il se serait exprimé autrement dans l'article 637.

Merlin, qui était l'auteur du Code de brumaire, et qui a pris une grande part aux délibérations du Conseil d'Etat sur le chapitre relatif à la prescription, et qui était par conséquent mieux que personne à même de constater les changements apportés aux principes du Code de brumaire par le Code de 1808, admet notre solution (1).

Dans l'opinion généralement admise en doctrine et par la jurisprudence (2), on décide que les actes émanant de la partie lésée sont interruptifs, mais seulement s'ils sont posés devant la juridiction répressive.

C'est ce que décidait un arrêt de la Cour de cassation (3), qui jugeait que « d'après les dispositions générales du Code d'instruction criminelle, il suffit d'une citation signifiée au prévenu, soit à la requête de la partie civile, soit au nom du ministère public, pour que les tribunaux correctionnels, légalement saisis de la connaissance des délits qui en sont l'objet, soient appelés à statuer, soit ensemble, soit séparément, tant sur l'action civile que sur l'action publique fondées l'une et l'autre sur les mêmes faits.., que la prescription ne saurait être interrompue en faveur de la partie civile sans l'être en faveur du ministère public, qui est nécessairement partie jointe dans toute

---

(1) Merlin, *Rép.*, v° *Pres.* sect. 3, § 7, art. 4.

(2) Cette opinion est adoptée notamment par Brun de Villeret, n° 371 et Garraud, *Précis*, p. 533 ; Villey, p. 271.

(3) Cass., 15 avril 1826, D. *Rép.*, v° *Pr. crim.*, 165.

procédure criminelle. » Depuis, la Cour de cassation et les cours d'appel ont toujours jugé que la prescription de l'action publique était interrompue par les actes de poursuite émanant de la partie civile et posés devant la juridiction répressive (1).

Mais cette solution devrait être restreinte aux actes de poursuite tendant à la fois à la réparation du préjudice causé et à la répression du délit et posés devant un tribunal répressif, et ne saurait être étendue ni aux actes posés devant la juridiction civile ni même aux actes qui, bien que posés devant un tribunal de répression, ne servent qu'à la sauvegarde des intérêts particuliers de la partie civile, et dont l'exercice ne protège que son action à fin de réparation du dommage qu'elle a subi (2). Telle est l'opinion à peu près unanime de la jurisprudence ; nous ne trouvons en sens contraire qu'un arrêt (3).

D'après M. Garraud, « la prescription est interrompue, même à l'égard des personnes qui ne seraient pas impliquées dans l'acte de poursuite ou d'instruction, ce qui suppose bien un acte de poursuite ou d'instruction posé devant la juridiction répressive, puisque les actes de poursuite en matière civile n'ont pas ce caractère absolu et impersonnel ». M. Garraud oublie que la plupart des actes de poursuite, auxquels il reconnaît pourtant l'effet interruptif de la prescription de l'action publique, et notamment un acte émanant de la partie lésée et posé devant un tribunal de répression, n'ont pas par eux-mêmes un caractère absolu

(1) V. Cass., 29 mars 1856, D. 56.1.269. Crim. rej., 4 avril 1873, D. 73.1. 221 et spécialement en matière de presse, pour la citation donnée par un particulier devant un tribunal correctionnel : Crim. rej., 24 mai 1884, D. 86. 1.143 ; Grenoble, 8 février 1883, D. 84.2.56 ; Cass., 27 juin 1884, D. 85.1. 135 et devant la Cour d'assises : Cass., 14 février 1890, D. 91.1.281 ; 14 mai 1884, D. 85.1.90.

(2) Cass., 29 mars 1856, *loc. cit.* ; 5 novembre 1886, D. 87.1.240 ; 28 février 1870, D. 71.1.184.

(3) Bordeaux, 16 avril 1886, D. 87.2.79.

et impersonnel ; ils l'ont seulement par rapport à l'interruption de la prescription, et parce que la loi, dans l'article 637, le leur attribue, en vertu d'une fiction ; pourquoi cette fiction ne s'étendrait-elle pas aux actes posés devant la juridiction civile ?

Nous avons déjà fait justice de l'opinion de quelques auteurs qui soutiennent que les actes de poursuite faits par la partie lésée n'interrompent pas la prescription de l'action publique, mais interrompent cependant la prescription de l'action civile. Nous avons vu qu'en présence des textes il n'est pas possible d'admettre la survivance de l'une des actions, lorsque l'autre est éteinte par la prescription, et que par conséquent un acte ne peut interrompre la prescription de l'une, sans interrompre la prescription de l'autre. M. Garraud le reconnaît avec nous, mais, dit-il, « est-ce à dire que l'acte de poursuite de la partie lésée, impuissant comme acte interruptif, soit sans effet pour conserver l'action civile ? Je ne le pense pas, car de deux choses l'une : ou l'action intentée ira jusqu'au bout, et le tribunal devra rendre sa décision, encore que les délais de la prescription soient expirés en cours d'instance, car la recevabilité d'une action doit être appréciée au jour de la demande, — ou l'action s'arrêtera, et alors la procédure sera considérée comme non avenue par suite de la péremption. » M. Garraud est obligé de s'appuyer sur la maxime : *actiones, quæ tempore pereunt, semel incluse judicio salvæ permanent*, maxime qui n'est sanctionnée par aucun texte et qui d'ailleurs, dans l'application qu'il en est fait, est détournée du sens qu'elle avait en droit romain, comme nous aurons l'occasion de le démontrer.

La théorie de M. Garraud nous semble en outre contraire aux principes. Ni la suspension de la prescription, ni son correctif, la péremption d'instance, ne sont

admissibles en pareille matière Il est certain en effet
qu'une citation ne peut avoir pour effet que d'interrompre
et non de suspendre la prescription, et qu'une nouvelle
prescription commencera à courir du jour de la citation ;
que, lorsqu'une action civile pour réparation du dommage
causé par une infraction est portée devant un tribunal
civil avant l'expiration de la prescription, elle est régie,
sous le rapport du cours de la prescription, par les règles
du droit criminel, en échappant formellement aux règles
du droit civil, en tant que celles-ci auront pour résultat
d'allonger les délais relatifs à l'extinction de l'action ;
c'est une conséquence de l'assimilation complète des deux
actions quant à leur durée ; « de ce qu'un tribunal est
saisi par une citation, dit un arrêt de la Cour de Grenoble (1), il ne faut pas conclure que l'instance ainsi liée
persiste jusqu'à ce qu'elle reçoive une solution et que les
parties n'ont plus qu'à attendre la décision du tribunal ».
La Cour de cassation (2) a donc jugé avec raison, à propos
d'une action en dommages-intérêts portée devant la juridiction civile, pour réparation pécuniaire d'une contravention d'injure verbale, que « bien que cette action soit
intentée au civil, la prescription en cette matière spéciale
demeure assujettie aux règles du droit criminel, d'où il
suit qu'elle est simplement interrompue et non pas suspendue par la citation en justice ». De nombreux arrêts (3)
ont de même décidé, en matière de presse, que l'action
civile, intentée dans les trois mois de la publication, est
prescrite, si elle n'est pas entretenue devant la juridiction civile par des actes de poursuite distants de moins de
trois mois.

(1) Grenoble, 8 février 1883, D. 84.2.55.
(2) Cass., 21 décembre 1885, D. 86.1.317.
 (3) V. notamment : Cass., 14 mai 1884. Paris, 20 mars 1885, D. 85.2.
264. Nancy. 15 décembre 1883, D. 84.2.54. Grenoble, 26 novembre 1892,
D. 93.2.270. — Fabreguettes, II, 2142 ; Barbier, II, 1018.

En outre, en matière de presse, la théorie de M. Garraud, qui a pour effet de substituer à la prescription de trois mois le délai de trois ans de la péremption, est certainement contraire à l'intention du législateur qui a voulu que les auteurs des infractions commises par la plume ou la parole cessent, dans un délai court et uniforme, de pouvoir être l'objet d'une recherche quelconque, pécuniaire ou pénale, à l'occasion de faits essentiellement fugitifs de leur nature.

Cette théorie écartée, il nous suffit de signaler les conséquences du système de la jurisprudence en matière de presse, pour le faire repousser. Supposons en effet une citation émanant de la partie lésée et posée devant le tribunal civil ; cette citation n'étant pas interruptive de la prescription de l'action publique, et ne pouvant pas l'être non plus de l'action civile, il faudrait que la décision intervînt avant l'expiration du délai de trois mois du jour de l'infraction, aucun acte interruptif n'étant possible que s'il est posé devant la juridiction répressive ; que l'on ne dise pas que le ministère public ,averti par l'exercice de l'action civile, a pu et dû poursuivre ; car surtout en matière de diffamation et d'injure envers un particulier, il restera dans l'inaction. On expose donc la partie lésée à souffrir de cette inaction et des lenteurs de la procédure, si elle agit devant la juridiction civile, ou on l'oblige à porter dans tous les cas son action devant la juridiction répressive, à demander non plus seulement une simple réparation pécuniaire, mais aussi la répression d'une infraction, et à s'exposer parfois elle-même à l'application d'une peine, en cas de dénonciation jugée calomnieuse. Il faut donc admettre que les actes de la partie civile sont interruptifs de la prescription de l'action publique, bien que posés devant la juridiction civile. Notre solution est seule conforme aux textes impératifs des articles 637 et 65, aux principes et à la législation antérieure du Code de brumaire an IV, à laquelle le Code de 1808 n'a pas dérogé.

Quant à la citation donnée aux personnes civilement responsables, elle n'interromprait la prescription ni de l'action publique, ni de l'action civile contre l'auteur du délit (1), ni même de l'action contre les personnes civilement responsables, qui ne peut survivre à l'action publique.

D'après M. Barbier (2), elle interromprait la prescription de l'action contre les personnes civilement responsables et aussi de l'action civile contre l'auteur du délit, celui-ci étant tenu solidairement avec la partie civilement responsable de réparer le préjudice causé.

Pour nous, nous croyons que l'on doit donner pour cette citation la même solution que pour la citation donnée à l'auteur du délit devant la juridiction civile. Nous étudierons plus loin les raisons qui font décider que l'action contre les personnes civilement responsables doit être soumise à la même prescription que l'action civile et que l'action publique ; nous verrons que cette action contre les personnes civilement responsables n'est que l'action civile ou l'action en réparation du dommage causé par une infraction, comme la définit l'article 1er du Code d'instruction criminelle ; or, à aucun point de vue, l'on ne doit distinguer suivant qu'elle est dirigée contre les auteurs mêmes ou contre les personnes civilement responsables de l'infraction : dans tous les cas, les mêmes règles doivent s'appliquer.

Quoi qu'il en soit, si, conformément à la jurisprudence, seules les citations émanant du ministère public et celles de la partie civile posées devant les tribunaux de répression sont interruptives de la prescription de l'action

(1) Grenoble, 8 février 1883, D. 84.2.55. Fabreguettes, II, 2167.
(2) Barbier, II, 1019. En ce sens : Trib. Seine, 11 mai 1886, *Gaz. Pal.*, 86. 2, Sup. 85.

publique, la citation n'en est pas moins le principal acte interruptif, surtout en matière de délits de presse.

Il ne faut pas en conclure, comme le fait Mangin (1), qu'il n'y a que la citation qui puisse interrompre la prescription et que les actes de poursuite ou d'instruction qui l'ont précédée n'ont pas le même effet. Le prévenu ne pourrait donc pas opposer valablement la prescription, quoiqu'il ait été cité hors du délai dans lequel les poursuites ont dû être commencées, s'il y a eu dans ce délai des actes d'instruction. Et ces principes s'appliquent aux délits prévus par des lois spéciales et qui sont soumises à de courtes prescriptions ; c'est d'ailleurs surtout en ces matières que la question présente de l'intérêt (2). Les auteurs se prononcent tous dans ce sens, sauf toutefois Carnot (3).

La citation, comme tout acte de poursuite et d'instruction doit, pour être interruptive de la prescription, émaner d'un officier public compétent ou d'une personne ayant qualité pour agir et être régulière en la forme.

La compétence du ministère public se détermine en matière de presse comme en toute autre matière *ratione loci*, *ratione personæ*, *ratione materiæ*, mais tandis qu'en règle générale le ministère public a le droit de poursuivre d'office la répression des infractions prévues par les lois pénales, le législateur de 1881, comme celui de 1819, a pensé que, dans beaucoup de cas, il fallait laisser à la partie lésée le soin de décider s'il valait mieux pour son repos et pour sa considération relever un outrage ou le négliger, et a apporté d'importantes restrictions, dans les articles 47 et 60, au droit qu'a le ministère public de poursuivre d'office les délits.

(1) Mangin, n° 346.
(2) V. les arrêts cités dans D. *Rép.*, v° *Pres. crim.*, n° 115.
(3) Carnot, III, p. 642.

Ainsi, dans les cas de diffamations ou d'injures envers les corps énumérés dans l'article 30 ; envers les personnes qualifiées visées dans l'article 31 ; envers les particuliers (art. 60) ; envers les chefs d'États étrangers et les agents diplomatiques (art. 47-5° et loi du 16 mars 1893, art. 1er), l'exercice de l'action publique est subordonnée à la plainte de la partie lésée, de l'autorité outragée ou de la personne ayant qualité pour porter plainte en leur nom, ou à la réquisition de poursuites qui remplace la plainte dans les cas spécifiés dans l'article 47.

Il a été jugé notamment qu'en l'absence d'une plainte de la partie lésée, la poursuite et la condamnation sont nulles (1), que la plainte de la partie lésée, à laquelle est subordonné l'exercice de l'action du ministère public pour diffamation ou injure, doit précéder cette action à peine de nullité de tous actes de procédure antérieurs au moment où elle est intervenue (2) ; que la même nullité frappe la poursuite et la condamnation intervenues sur la plainte d'une personne sans qualité (3) : ainsi, par exemple, lorsque la diffamation ou l'injure ont été commises contre une femme mariée, le délit ne peut pas être poursuivi par le parquet sur la plainte du mari, à moins que l'injure ou la diffamation n'ait atteint ce dernier dans sa considération et son honneur ; le parquet ne pourrait pas poursuivre non plus sur la plainte des héritiers dans le cas d'injure ou de diffamation envers un individu décédé postérieurement à la perpétration du délit. Mais il a été jugé que, si le tuteur d'un mineur ou d'un interdit diffamé ou injurié a qualité pour porter plainte en son nom, cette intervention n'est pas indispensable ; le parquet peut agir sur la plainte du mineur (4).

(1) Crim. rej., 11 avril 1827, D. *Rép.*, v° *Pr. outr.*, n° 1072.
(2) Montpellier, 2 avril 1855, D. 55. 5.343.
(3) V. les arrêts cités dans D. *Sup.*, v° *Pr. outr.*, n°ˢ 1232 et suiv.
(4) Cass., 5 févrie r 1857, D. 57.1.109.

Dans une affaire récente de diffamation envers le premier conseil de guerre du gouvernement de Paris, la Cour de cassation (1) a jugé que le ministère public avait été sans qualité comme sans pouvoir pour saisir la Cour d'assises, à défaut de la plainte personnelle, préalable et précédée des solennités prescrites par la loi de ce conseil de guerre, qui seul avait le droit de requérir des poursuites (art. 47-1°) ; qu'en l'espèce le ministre de la guerre n'avait pu se substituer à ce conseil de guerre, au nom duquel il avait porté plainte ; en conséquence, elle a cassé et annulé la procédure à partir du plus ancien acte nul. Remarquons que sauf le cas de l'article 47-1° où la réquisition de poursuites doit être précédée d'une délibération prise en assemblée générale par le corps diffamé, la loi de 1881 n'a soumis la plainte à aucune forme sacramentelle ; il suffit donc, comme en droit commun (art. 63, C. inst. crim.), pour qu'il y ait une plainte régulière de nature à mettre en mouvement l'action publique, que la partie qui se prétend lésée manifeste clairement l'intention de provoquer cette action (2). Dans le cas de l'article 47-1° une plainte collective des membres du corps diffamé ne saurait suppléer à la délibération en assemblée générale, ainsi qu'il a été jugé sous l'empire de la loi de 1819 par la Cour de cassation (3).

En outre, dans tous les cas d'absence, de nullité ou de tardiveté de la plainte, la nullité qui atteint la poursuite est une nullité d'ordre public ; elle doit être relevée d'office (4) ; le prévenu est recevable à s'en prévaloir en tout état de cause et notamment pour la première fois

---

(1) Crim. cass., 2 avril 1898, D. 98.1.470.
(2) V. les arrêts cités dans D. *Sup.*, v° *Pr. outr.*, n°ˢ 1227 et s.
(3) Cass., 3 août 1850, D. 50.5.386.
(4) Aix, 3 mars 1867, D. 67.5.326.

devant les juges d'appel ou devant la Cour de cassation (1).
La poursuite ne pourrait pas être validée par le dépôt
d'une plainte régulière faite avant toute fin de non-recevoir
présentée par le prévenu, la loi exigeant expressément
une plainte préalable (2).

De tout ce qui précède nous concluons que la citation
donnée dans ces conditions par le ministère public étant
nulle et censée n'avoir jamais existé ne saurait produire
aucun effet, et n'interromprait pas la prescription : *quod
nullum est, non producit effectum.*

De même, la citation donnée à la requête d'une personne
n'ayant pas qualité pour se plaindre d'un délit de diffamation ou d'injure ou n'ayant pas la capacité d'ester en justice ne serait pas non plus interruptive.

Toutefois, la Cour de cassation (3) a jugé, pour un délit
de presse, que la citation donnée à la requête d'un prodigue interrompt la prescription, alors même que son conseil judiciaire n'est intervenu dans la poursuite que plus
de trois mois après le jour du délit. La Cour de Paris (4)
avait déjà jugé que l'intervention du conseil judiciaire
postérieurement à l'instance engagée par le prodigue seul,
même après le jugement de première instance et sur l'appel, suffit pour ratifier tous les actes de la procédure et
habiliter le prodigue ; les intérêts de ce dernier sont suffisamment protégés si le conseil intervient pour ratifier les
actes de la procédure.

La citation doit aussi être régulière en la forme, pour
être interruptive de la prescription. Mais seules, les irrégularités qui consistent dans l'inobservation d'une forma-

(1) Aix, 3 mars 1867, *loc. cit.* Cass., 20 avril 1867, D. 67.1.462. Dijon,
28 déc. 1881, D. 82.1.458. Cass., 2 avril 1898, *loc. cit.*

(2) Barbier, II, 868. En sens contraire : Grellet-Dumazeau, II, 833 ; Fabreguettes, II, 1951.

(3) Cass., 27 juin 1884, D. 85.1.135.

(4) Paris, 12 décembre 1861, D. 62.5.106.

lité substantielle entraînant la nullité de la citation aux
termes de la loi, empêchent la citation de valoir comme
acte interruptif.

En règle générale, en effet, ainsi que l'a jugé dans un
arrêt très récent (1) la Cour de cassation, « les formalités
des exploits en matière civile ne sont pas applicables aux
citations données en matière criminelle; il suffit pour la
validité de ces dernières qu'elles soient portées à la connaissance du prévenu ; elles n'ont d'autre but que d'obtenir sa comparution à l'audience, pour laquelle il est assigné ». Il faut donc qu'un texte prescrive des formalités à
peine de nullité ; comme nous l'avons déjà dit, le défaut
de forme est une expression qui a un sens juridique très
déterminé ; et on ne peut considérer comme nulle pour
défaut de forme que l'assignation dans laquelle manque-
rait une des conditions légalement prescrites pour sa validité.

Ainsi, en matière de presse, les formalités exigées par
l'article 50 pour la citation devant la Cour d'assises, et par
l'article 60 pour la citation devant les tribunaux de police
correctionnelle et de simple police, sont exigées à peine de
nullité de la poursuite. Serait donc nulle et sans effet sur
la prescription la citation devant la Cour d'assises, qui ne
contiendrait pas une des énonciations suivantes : 1° l'indication précise des écrits, discours ou dessins poursuivis ;
2° la qualification du fait poursuivi ; 3° l'indication du
texte de loi applicable à la poursuite ; et si la citation est
à la requête du plaignant : 4° une copie de l'ordonnance
du président fixant les jours et heures auxquels l'affaire
sera appelée ; 5° élection de domicile. Et de même serait
nulle la citation devant le tribunal correctionnel ou de
simple police qui ne contiendrait pas les trois premières

____

(1) Cass., 9 mars 1899, *Gaz. Trib.*, 12 mars 1899.

de ces énonciations ; il n'y a pas en matière correctionnelle nécessité d'obtenir une ordonnance du président ;
quant à l'élection de domicile, elle n'est imposée à la partie lésée qu'en vertu du droit commun, auquel renvoie
l'article 60 § 1, c'est-à-dire en vertu de l'article 183 du
Code, qui n'attache pas la sanction de la nullité à l'inobservation des formes ordinaires de la citation ; en Cour
d'assises, au contraire, cette énonciation est expressément
exigée à peine de nullité par l'article 50 (1).

La jurisprudence a parfois sanctionné d'une manière
rigoureuse l'observation des formalités prescrites par les
articles 50 et 60. C'est ainsi qu'un arrêt de la Cour de Paris (2) a déclaré nulle la citation qui n'indique pas le lieu
dans lequel les propos diffamatoires auraient été tenus.
Plusieurs arrêts (3) ont décidé qu'était nulle la citation
qui contenait une date inexacte de la loi applicable ou une
indication erronée du millésime de la loi de 1881, alors
même qu'elle énoncerait que la poursuite a pour objet la
répression d'un délit d'injure publique et de diffamation (4) ; c'est ainsi que le tribunal d'Avignon (5) a jugé
qu'était nulle la citation portant que le délit de diffamation reproché au prévenu est puni par les articles 29 et
32 de la loi du 17 juillet 1881, la loi portant la date du
29 juillet et non du 17 juillet 1881. Par contre, il a été
jugé (6) qu'une erreur relative au millésime de la loi ne

____

(1) V. sur tous ces points : Cass., 14 mars 1884, D. 85.1.90 ; 29 mai
1884, D. 85.1.381. — Fabreguettes, II, 2158.
(2) Paris, 9 juin 1896, S. 97.2.76.
(3) Rennes, 30 janvier 1884, D. 84.2.27 ; 20 février 1889, *Gaz. Pal.*, 89.
1.518. Orléans, 23 mars 1897, *Loi*, 1er mai 1897. Pau, 30 avril 1887, et
19 janvier 1889, S. 89.2.54. En sens contraire : Forcalquier, 12 décembre
1896, *Droit*, 9 janvier 1897.
(4) Pau, 19 janvier 1889, *loc. cit.*
(5) Avignon, 13 juin 1898, *Gaz. Pal.*, 98.2.370.
(6) Pau, 30 avril 1887 et 19 juin 1889, *loc. cit.* Cass., 29 novembre 1889,
D. 90.1.456.

7

saurait entraîner la nullité de la citation, si elle indiquait
en même temps qu'il s'agit de la loi sur la presse. — Il
ne faut pas oublier que les formalités des articles 50 et
60 n'ont été prescrites que dans le but de faire connaître
au prévenu la nature de l'accusation ou de la prévention
dont il est l'objet et de le mettre à même de préparer sa
défense ; on ne doit donc pas sanctionner trop rigoureusement l'inobservation de ces formalités, lorsqu'il ne s'a-
git que d'erreurs de peu de conséquence, qui n'ont pas
pu tromper le prévenu sur la nature de l'infraction qui
lui est reprochée : aussi nous estimons avec le tribunal de
Narbonne (1), qui a jugé qu'une citation pour injure publique, qui vise l'article 33 de la loi sur la presse sans indication de l'alinéa, satisfait complètement aux dispositions de l'article 50, que les articles 50 et 60 constituent
des « dispositions exorbitantes du droit commun, dont il
convient de limiter l'application, sous peine de tomber
dans un formalisme exagéré, absolument proscrit par le
législateur. »

Remarquons que les formalités des art. 50 et 60 ne
sont exigées que pour les citations introductives d'instance qui saisissent le tribunal. Les citations, qui ne sont
que de simples exploits d'avenir à l'audience ou sommations d'audience, par lesquelles la partie poursuivante
cite à nouveau le prévenu pour le mettre en demeure de
revenir devant une juridiction déjà saisie par un exploit
introductif d'instance, ne sauraient donc être déclarées
nulles pour inobservation des formalités des articles 50 et
60-3°. Elles n'apparaissent que comme la continuation de
l'assignation primitive, à laquelle elles se réfèrent pour les
énonciations exigées par la loi, et vaudront comme actes
interruptifs de la prescription, du moment où elles rem-

(1) Trib. Narbonne, *Mon. Lyon*, 5 octobre 1897.

pliront les conditions de forme substantielles de tous les
exploits (1).

Citons, parmi ces citations non introductives d'instance,
celles qui, après remise de cause, donnent avenir à l'audience, soit pour que le tribunal puisse valablement statuer à l'égard du prévenu, quand la remise a été prononcée hors de sa présence ou quand elle n'a pas fixé le
jour où l'affaire reviendrait, soit pour interrompre la prescription ; celles qui sont données simplement pour changer le jour de la comparution ; toutes celles enfin qui,
après une décision d'avant-faire droit ou une remise et
« procédant sur et aux fins de l'exploit introductif d'instance », mettent le prévenu en demeure de revenir à l'audience à un jour fixe (2).

Il importe de ne pas confondre avec ces citations non
introductives d'instance certains actes, comme la signification par huissier d'actes extrajudiciaires, dans laquelle
la partie civile déclare qu'elle entend conserver son droit
d'agir, alors que cette signification ne contient pas citation à comparaître à l'audience du tribunal déjà saisi ; la
Cour de cassation (3) a jugé qu'un pareil acte ne constituait pas une citation et ne pouvait pas remplacer l'acte
de poursuite exigé par l'article 65 pour interrompre la
prescription.

Les citations introductives d'instance sont donc seules
soumises aux conditions de forme spéciales prescrites par
les articles 50 et 60.

On s'est demandé si la nullité tirée de l'inobservation
de ces formes est une nullité d'ordre public, devant être

---

(1) Douai, 19 juin 1882, *Gaz. Pal.*, II, p. 267 ; Trib. Seine, 5 février
1883, *Gaz. Pal.*, III, 362.

(2) Cass., 18 et 24 juillet 1885, *Gaz. Trib.*, 9 et 10 septembre 1885 ; 24 mai
1884, D. 86.1.148 ; 16 juillet 1887, *Pand. fr.*, 87.347 ; 26 avril 1888, D. 88.
2.281. Bordeaux, 30 décembre 1886, D. 87.5.349.

(3) Cass., 5 novembre 1886, D. 87.1.240.

prononcée d'office par le juge et en tout état de cause, ou si elle peut se couvrir par la comparution du prévenu et par sa défense au fond, comme cela est admis en matière ordinaire, où la comparution volontaire des parties suffit, d'après la jurisprudence, pour saisir le tribunal.

Quelques arrêts ont décidé que cette nullité était d'ordre public, qu'elle devait être prononcée d'office par le juge (1), et qu'elle pouvait être proposée en tout état de cause, même pour la première fois en appel (2).

Mais la jurisprudence en général décide au contraire qu'on doit faire à la citation nulle pour inobservation des formes prescrites par les articles 50 et 60 l'application de l'article 173 du Code de procédure civile, suivant lequel toute nullité d'exploit est couverte si elle n'est proposée *in limine litis* avant toute exception ou défense autre que les exceptions d'incompétence. Ainsi, il a été jugé que ce moyen de nullité est non recevable, si le prévenu ne l'a invoqué qu'après avoir donné son assentiment à une demande d'enquête de la partie civile (3), qu'il ne peut être proposé pour la première fois en appel (4), ni devant la Cour de cassation (5).

La jurisprudence a estimé avec raison que les énonciations, auxquelles les articles 50 et 60 ont assujetti la citation, n'avaient été prescrites que dans l'intérêt du prévenu, dans le but, comme nous l'avons déjà dit, de lui faire connaître la nature de l'accusation ou de la prévention dont il est l'objet et de le mettre à même de préparer sa défense.

---

(1) Trib. civ. Seine, 16 août 1881, D. 82.2.92. Trib. Compiègne, 22 novembre 1881, D. 83,2.28. Trib. Oran, 14 décembre 1881, *ibid.* Trib. Seine, 18 janvier 1882, *ibid.*

(2) Paris, 4 février 1882, D. 83.2.39.

(3) Angers, 17 juillet 1882, D. 83,2.183.

(4) Agen, 5 mai 1882, D. 83.2.38. Besançon, 26 mai 1882, *ibid.* Civ. cass., 21 juillet 1884, D. 85.1.167.

(5) Cass., 10 février 1883, D. 83.1.364.

La nullité tirée du défaut de ces énonciatious doit donc
être couverte, quand le prévenu, venant lui-même présenter sa défense au fond, montre par là qu'elles étaient inutiles.

Nous avons vu que la jurisprudence donne une solution
différente dans le cas où la citation est nulle, parce qu'elle
émane d'une personne n'ayant pas qualité pour agir ;
c'est que, dans ce cas, le législateur n'a pas eu en vue l'intérêt du prévenu ; en exigeant la plainte de la partie lésée,
il a voulu limiter les risques de trouble de la paix publique, et laisser à chacun le soin de juger s'il convient de
relever les outrages qui lui sont adressés.

Si la nullité tirée de l'inobservation des formes prescrites par les articles 50 et 60 n'est pas d'ordre public, la
jurisprudence admet toutefois qu'elle ne peut être couverte que dans les conditions édictées par l'article 173 du
Code de procédure civile. Ainsi, elle ne serait pas couverte
par le seul fait de la comparution du prévenu à
l'audience pour demander le renvoi à un autre jour (1), ou
lorsqu'il s'est borné à proposer l'incompétence du tribunal
sans défendre au fond (2).

Il n'y a pas d'autres formalités spéciales à la citation
directe en matière de presse que celles énoncées aux articles 47, 50 et 60. L'article 43 a pourtant fait naître des
difficultés : il porte que « lorsque les gérants ou les éditeurs seront en cause, les auteurs seront poursuivis comme
complices ».

Plusieurs arrêts (3) avaient interprété ce texte en ce sens
que la poursuite est irrecevable, quand elle est dirigée
seulement contre l'auteur d'un écrit diffamatoire ou inju-

_____

(1) Rennes, 30 janvier 1884, D. 84.2.87.
(2) Rennes, 20 fév. 1889, D. 90.2.271.
(3) Cass., 28 juillet 1883, D. 84.1.310. Aix, 6 janv. 1883, D. 85.2.154.
Paris, 9 janv. 1890, D. 91.2.36.

rieux, sans que l'éditeur ou le gérant du journal qui a publié l'écrit ait été mis simultanément en cause comme auteur principal ; d'où on avait conclu que l'assignation pour diffamation ou injure décernée contre l'auteur d'un article paru dans un journal, sans que le gérant ait été appelé en cause, était nulle (1) ; que même cette nullité pouvait être proposée pour la première fois en appel (2) ; que, par conséquent, une telle assignation frappée de nullité n'interrompait pas la prescription (3).

L'interprétation donnée à l'article 43 par la jurisprudence nous paraît inexacte, et, avec M. Barbier (4), nous croyons que cet article doit être entendu de la façon suivante : lorsque les gérants ou les éditeurs sont en cause ou auraient pu être mis en cause, les auteurs ne peuvent être poursuivis que comme complices. La Cour de cassation, abandonnant sa première jurisprudence de 1883, s'est, dans plusieurs arrêts (5), ralliée à cette manière de voir.

Mais, même avec la première interprétation donnée par la jurisprudence, on ne peut pas dire qu'une assignation donnée à l'auteur d'un article, sans mise en cause du gérant, soit nulle en la forme ; nous avons vu quelles étaient les formalités exigées par la loi à peine de nullité ; aucune autre n'est exigée à peine de nullité ; du moment que la citation répond aux exigences des articles 47, 50 et 60, elle doit être considérée comme un acte de poursuite valable en la forme. Notons que quelques arrêts, bien que

(1) Montpellier, 7 avril 1892, D. 93.2.85. Cet arrêt admettait toutefois que la nullité était couverte, si le gérant était mis en cause ultérieurement avant le jugement définitif.

(2) Grenoble, 23 avril 1891, D. 92.2.534.

(3) D. *Sup.*, v° *Pr. outr.*, n° 1504.

(4) Barbier, II, n° 810.

(5) Cass., 17 juin 1892, D. 93.1.130 ; 26 janv. et 14 juin 1894, D. 94.1. 457.

soutenant encore l'ancienne jurisprudence, ont néanmoins décidé que cette citation est interruptive (1).

De plus, les articles 637 et 638, auxquels la loi de 1881 n'a pas dérogé sur ce point, décident que la prescription est interrompue par tout acte d'instruction ou de poursuite, à l'égard même des personnes qui n'y seraient pas impliquées. Et la Cour suprême a ainsi jugé avec raison que la citation donnée au gérant d'un journal, auteur principal du délit de publication, interrompait la prescription vis-à-vis de l'auteur de l'écrit son complice (2) et réciproquement que les poursuites exercées contre le rédacteur d'un journal considéré comme complice conservaient l'action à l'égard du gérant de ce journal considéré comme auteur principal (3). Une citation donnée à l'auteur de l'écrit complice du délit de publication, sans mise en cause du gérant, auteur principal, aura donc interrompu la préscription à l'égard de ce dernier, bien qu'il ne soit pas impliqué dans les poursuites, comme à l'égard de l'auteur de l'écrit.

Est également interruptive la citation donnée à trop bref délai. L'article 51 qui fixe le délai entre la citation et la comparution en Cour d'assises à cinq jours francs, et l'article 52 qui fixe ce délai à douze jours en matière de diffamation ne disent point en effet que ces délais doivent être observés à peine de nullité de la citation, et, en matière correctionnelle, l'article 184 du Code auquel se réfère l'article 60 ne prononce pas non plus la nullité d'une citation parce qu'il n'y a pas eu un délai de trois jours entre la citation et le jugement. La nullité prononcée par l'article 184 s'applique seulement à la condamnation qui

(1) Trib. cor. Seine, 21 fév. 1890, *Loi*, 3 juin 1890 ; Paris, 27 mars 1893, L. N. 94.2.11, et 17 fév. 1892. D. 92.2.31.
(2) Cass., 29 mai 1884, D. 85.1.381.
(3) Cass., 21 juillet 1889, D. 90.1.94.

serait prononcée par défaut contre la personne citée, sans que le délai imparti ait été observé. La même solution doit être donnée pour les cas des articles 51 et 52 de la loi de 1881. Dans tous les cas donc, la citation, quoique donnée à trop bref délai, est valable (1).

Quant à la citation devant le tribunal de simple police, devons-nous appliquer l'article 146 du Code, qui fixe un délai de vingt-quatre heures à peine de nullité tant de la citation que du jugement qui serait rendu par défaut, ou l'article 184, qui ne prononce la nullité que du jugement qui interviendrait avant le délai de trois jours à compter de la citation ? Dalloz (2) décide que c'est l'article 146 qui doit recevoir son application. Nous croyons au contraire que la disposition générale de l'article 60 est formelle et ne comporte aucune distinction entre la juridiction de simple police et la juridiction correctionnelle. La poursuite devant ces deux juridictions aura lieu, dit cet article, « conformément aux dispositions du chapitre II, titre Iᵉʳ du livre II du Code d'Instruction criminelle » ; c'est-à-dire que dans les deux cas le délai de la citation est déterminé par l'article 184, et qu'on ne peut appliquer à la citation devant le tribunal de simple police l'article 146, qui fait partie du chapitre Iᵉʳ et non du chapitre II du titre Iᵉʳ du livre II.

La prescription est également interrompue par une citation, désignant le prévenu sous des noms et prénoms qui ne sont pas les siens et ne contenant pas la mention de son véritable domicile (3).

Il en est de même d'une citation qui, donnée en temps utile, indique au prévenu un autre jour d'audience qu'un de ceux fixés par le règlement du tribunal ; une pareille

(1) Crim. cass., 25 février 1819, D. *Rép.* vᵒ *Pr. crim.*, 135 et 136. Brun de Villeret, 219 ; Garraud, II, nᵒ 65, p. 101.
(2) D. *Sup.* vᵒ *Pr. outr.*, nᵒ 2015.
(3) Cass., 26 juin 1841, D. 41.1.416. Chassan, II, 1236.

citation n'est pas nulle ; aucune loi n'en prononce la nullité ; le plaignant est seulement mis dans la nécessité d'en donner une nouvelle (1).

La Cour de Paris (2) a jugé au contraire qu'une citation avait pu être annulée pour vice de forme comme ne contenant pas l'indication exacte ou suffisamment précise de la Chambre à laquelle l'affaire était déférée, et que, par suite, cette citation ne saurait, au point de vue de l'effet interruptif de la prescription, être assimilée à une citation régulière en la forme, quoique donnée devant un juge incompétent. Dans l'espèce, il s'agissait d'une assignation dans laquelle, par erreur typographique, le mot 7ᵉ chambre avait été placé au haut de l'exploit et en dehors du corps même de l'exploit, alors qu'en réalité c'était la chambre ordinaire des appels de police correctionnelle, et non la 7ᵉ chambre, qui était saisie de l'affaire. La partie civile soutenait avec raison qu'il n'y avait là qu'une erreur matérielle, qui ne lui était pas imputable, et qui d'ailleurs n'avait pu engendrer aucune conséquence préjudiciable au prévenu. La Cour de Paris a oublié qu'il fallait un texte formel pour prononcer une nullité, et pour créer une pareille déchéance des droits de la partie intéressée qui, par cette citation, avait bien témoigné de son intention d'agir. Une simple irrégularité purement matérielle ne saurait faire entacher de nullité une assignation qui renferme toutes les conditions de fond et de forme exigées pour la validité des exploits.

Par contre, nous croyons qu'il a été bien jugé par la Cour suprême (3) qu'une citation donnée à un prévenu de délit forestier pour un jour d'audience postérieur à

---

(1) Cass., 29 avril 1808, D. *Rép.* vᵒ *Pr. crim.*, 141. Cass., 4 avril 1873, D. 73. 1.221.

(2) Paris, 24 déc. 1884, *Gaz. Trib.*, 7 janv. 1885.

(3) Cass., 22 mars 1822, D. *Rép.*, vᵒ *Pr. crim.*, 141.

l'expiration du délai de la prescription de trois mois n'interrompait pas la prescription, la copie donnée au prévenu ne portant que la date vague du mois d'octobre sans indiquer le quantième du mois, encore bien que l'exploit original présente une date utile. C'est que, dans ce cas, la copie n'étant pas conforme à l'original, il n'est pas établi légalement que le prévenu a été régulièrement et en temps de droit atteint par la citation.

La notification de la citation est faite en matière criminelle par le ministère des huissiers, conformément aux règles tracées par le Code de procédure civile. Que devons-nous décider pour une citation qui n'aurait pas été donnée au domicile du prévenu ?

Un arrêt de la Cour de cassation (1) a décidé que lorsqu'un domestique a quitté le domicile de son maître pour entrer dans une autre condition, qu'une citation lui a été donnée chez son ancien maître, où il était présumé de droit avoir son domicile et que ce maître n'a pas fait connaître à l'huissier parlant à sa personne que ce domestique avait quitté sa maison, cette citation bonne et valable a interrompu la prescription de l'infraction reprochée à ce domestique. Aucune faute n'était imputable en l'espèce à la partie poursuivante ni à l'huissier, qui agissait en son nom ; de plus cette citation réunissait toutes les conditions de validité des exploits et témoignait de l'intention d'agir de la partie poursuivante.

Un arrêt de la Cour de cassation (2) a décidé au contraire que la citation donnée au lieu de sa résidence à un prévenu domicilié en Algérie, sans qu'elle ait été remise à sa personne et sans qu'elle ait été suivie de sa comparution, était irrégulière et ne pouvait interrompre la prescription. L'article 2 de l'ordonnance du 16 avril 1843, qui

(1) Cass., 30 avril 1807, D. *Rép.*, v° *Pr. crim.*, 139.
(2) Cass., 16 mai 1889, D. 90.1.189.

porte qu'en Algérie la résidence habituelle vaut domicile, n'est en effet applicable qu'aux parties non domiciliées en Algérie, c'est-à-dire à celles qui ont domicile en France et résidence en Algérie. Pour celles qui ont à la fois domicile et résidence en Algérie, les significations ne peuvent être régulièrement faites qu'à la personne ou au domicile. Mais si dans l'espèce il y avait une erreur certaine imputable à la partie poursuivante, il nous paraît pourtant que l'irrégularité n'était pas de nature à faire annuler la citation, et qu'au moins la partie poursuivante avait suffisamment témoigné de son intention d'agir, pour que la prescription fût interrompue par cette citation.

Il a été jugé par la Cour d'assises de la Seine (1) que la citation donnée à un député, sans que l'autorisation de poursuivre ait été accordée par la Chambre des députés, était nulle. Mais nous verrons que la demande d'autorisation est interruptive et que la jurisprudence admet que la prescription est suspendue pendant toute la durée des sessions parlementaires.

Serait naturellement nulle la citation, qui n'aurait pas été précédée de la demande d'autorisation de poursuites (art. 6, loi du 16 juillet 1875).

Nous venons de voir dans quels cas les irrégularités dans les formes d'une citation peuvent entraîner la nullité de cette citation. Mais suffit-il qu'une citation émane d'une personne ayant qualité pour agir et ne soit pas nulle en la forme, pour qu'elle soit interruptive de la prescription? Ne cessera-t-elle pas de pouvoir produire ses effets quand, par exemple, elle sera suivie d'un jugement nul ou quand elle sera suivie du désistement de la partie qui l'aura donnée? Ne doit-on pas exiger en outre qu'elle soit donnée devant une juridiction compétente (2)?

(1) Cour d'assises Seine, 30 octobre 1882, D. *Sup.*, v° *Pr. crim.*, 155.
(2) Remarquons qu'il n'est pas nécessaire, pour qu'une citation soit inter-

Sur la première de ces questions, il ne peut pas y avoir de difficultés. Quel que soit le motif qui ait fait annuler un jugement, la citation n'en reste pas moins régulière et aura interrompu la prescription. Notons toutefois qu'en matière de contraventions la nullité d'un jugement rendu, sans que le délai de vingt-quatre heures prescrit par l'article 146 soit observé, entraîne la nullité de la citation ; mais nous avons déjà dit que nous ne pensions pas que l'article 146 du Code soit applicable aux contraventions de presse.

Lorsque la citation est suivie de désistement, on décide généralement que l'article 2247 du Code civil est applicable en matière criminelle et que l'interruption de la prescription doit être considérée comme non avenue. Il semble pourtant que le désistement de la partie poursuivante ne peut faire qu'à une époque antérieure un acte valable a interrompu la prescription, et l'a interrompue *erga omnes* ; il n'en est pas de même en matière civile, où l'interruption de la prescription n'a pas d'effet absolu ; aussi la disposition de l'article 2247 du Code civil qui se comprend en matière civile se justifie difficilement en matière pénale.

Quoi qu'il en soit, si en matière pénale on peut considérer comme non avenue l'interruption, lorsque la citation interruptive a été suivie de désistement, cela ne peut s'entendre que d'un désistement pur et simple ; et il n'en est certainement plus de même, lorsque le désistement est motivé sur l'incompétence du juge primitivement saisi et énonce en termes exprès que l'action sera portée devant le juge compétent (1) ; un désistement donné dans ces

ruptive, qu'elle soit suivie d'une comparution devant le tribunal saisi : la citation est par elle-même interruptive. V. sur ce point, Cass., 14 mai 1884, L. N. 84.3.138.

(1) V. Cass., ch. réunies, 27 février 1865, D. 67.1.93. Cass., 14 mars 1884, D. 85.1.90. — Fabreguettes, II, 2159.

conditions ne peut être considéré comme un abandon de l'action, puisqu'au contraire il la réserve formellement.

Remarquons qu'il ne peut être question que du désistement de la partie lésée, le ministère ne pouvant pas se désister, parce qu'il n'a que l'exercice et non la disposition de l'action publique. De plus, tandis qu'en droit commun le désistement de la partie lésée devant le tribunal de répression ne peut avoir pour effet d'arrêter l'action publique, il en est autrement dans les cas de diffamation ou d'injure envers un particulier (art. 69 de la loi de 1881).

Sur la troisième question, la jurisprudence et la doctrine sont d'accord pour décider qu'une citation est interruptive quoique donnée devant une juridiction incompétente ; peu importe qu'elle émane de la partie civile ou du ministère public, qu'elle soit donnée devant la juridiction civile ou la juridiction répressive ; la solution est toujours la même.

Les motifs, en effet, qui ont fait adopter l'article 2246 du Code civil s'imposent aussi en matière pénale. L'erreur sur la compétence est souvent une erreur excusable : elle ne doit pas avoir pour conséquence de faire perdre à la citation son effet interruptif ; ce qui pourrait entraîner un préjudice irréparable pour la partie lésée, si, au moment où son erreur est découverte et qu'elle se met en devoir de la réparer, le délai de la prescription se trouve expiré. D'ailleurs, cette citation émanant d'une personne ayant qualité pour agir et régulière en la forme a un caractère légal par elle-même ; et si elle a été mal dirigée, elle n'en a pas moins existé. Aucun texte enfin ne prononce la nullité d'une pareille citation ; le tribunal mal à propos saisi doit se borner à déclarer son incompétence (art. 192 et 193 du Code d'instruction criminelle), sans pouvoir prononcer la nullité de la poursuite. Nous sommes en présence d'un acte valable qui, pour avoir été posé devant un tribunal incompétent, n'en témoigne pas moins énergiquement de la volonté chez son auteur de ne pas laisser périr son droit ; c'est donc bien un acte de poursuite interruptif de la prescription.

Tous les auteurs, sauf toutefois M. Cousturier (1), sont d'accord sur ce point ; et de même la jurisprudence (2) est fixée en ce sens ; un arrêt de la Cour de cassation (3) a même décidé que la citation devant un juge incompétent interrompait la prescription, alors qu'elle a été donnée sciemment. Dans l'espèce, il s'agissait d'un prévenu de délit de chasse, qui avait été assigné devant le tribunal correctionnel, alors que le plaignant savait qu'à raison de sa qualité et de sa fonction, le délinquant était justiciable de la 1re chambre de la Cour d'appel. La Cour s'est fondée sur ce que « la disposition de l'article 2246 du Code civil est générale et que son application ne saurait être subordonnée à l'existence ou à l'absence de faits accidentels, d'une constatation souvent difficile et d'une portée incertaine ».

Nous ne pouvons qu'approuver cette doctrine ; toutefois la solution donnée par cet arrêt ne saurait être admise si, comme l'a jugé la Cour suprême (4) elle-même, le procureur général seul a le droit de citer les fonctionnaires énumérés dans l'article 479 du Code devant la 1re chambre de la Cour ; car alors, dans l'espèce de l'arrêt du 29 mars 1884, la citation donnée par la partie lésée serait nulle comme donnée par une personne n'ayant pas pouvoir pour agir.

Dans l'espèce d'un arrêt de la Cour de cassation du 9 mai

---

(1) Cousturier, 35 et 36.

(2) V. les auteurs et les arrêts cités dans D. *Sup.*, v° *Pr. crim.*, 143 et spécialement en matière de presse : Cass., 14 mars 1884, D. 85.1.90 ; 16 août 1883, S. 86.1.389 ; 4 mai 1893, D. 94.1.55. — Fabreguettes, II, 2157.

(3) Cass., 29 mars 1884. D. 85.1.183.

(4) Cass., 12 mai 1881, S. 83.2.185.

1893 (1), un fonctionnaire public avait cité un diffamateur
devant le tribunal correctionnel pour deux délits distincts
de diffamation qu'il considérait l'un et l'autre comme
l'ayant atteint uniquement dans sa vie privée, alors qu'en
réalité l'une de ces diffamations l'atteignait à raison de ses
fonctions ou de sa qualité. Le tribunal correctionnel avait
retenu le premier délit de diffamation envers un particulier, mais s'était déclaré incompétent en ce qui concernait
le deuxième délit de diffamation envers une personne publique. Le plaignant pouvait-il ensuite, devant la cour d'assises où il appelait le prévenu, se prévaloir de la citation
donnée devant le tribunal correctionnel comme d'un acte
interruptif de la prescription, bien que cette citation n'ait
visé que l'article 32 de la loi sur la presse, et non l'article 31 relatif à la diffamation envers les personnes publiques ? La Cour de cassation a jugé que cette citation était
régulière et satisfaisait aux prescriptions de l'article 50 de
la loi de 1881, dès l'instant qu'elle visait l'article 32 de la
loi relatif à la diffamation commise envers les particuliers,
et bien qu'elle ait omis de viser l'article 31. Cette citation
ne serait donc pas une citation nulle pour défaut de forme, mais simplement une citation donnée devant un tribunal incompétent, qui, par conséquent, est interruptive de
la prescription.

M. Barbier (2) critique cette solution : d'après lui on ne
saurait voir dans cette citation simplement une citation
donnée devant un juge incompétent ; elle est aussi nulle
pour défaut de forme. L'article 50 exige en effet à peine de
nullité que la citation contienne la qualification des faits,
objet de la poursuite, et indique les textes de loi invoqués
à l'appui de la demande. Or la citation, après avoir précisé
les faits, les qualifiait inexactement de diffamation envers

_____

(1) Cass., 9 mai 1893, D. 94.1.54.
(2) Barbier, II, 1013.

un particulier et indiquait l'article 32 et non l'article 31
applicable à la répression de la diffamation commise envers un fonctionnaire public. Il est évident que cette qualification inexacte des faits et l'indication d'un texte autre
que celui qui est réellement applicable à leur répression
vicient la citation comme le ferait l'absence de toute qualification. « Notons même, dit M. Barbier, que l'inexactitude de la qualification, qui trompe le prévenu sur le caractère de la poursuite, apparaît comme plus dangereuse
pour lui, au point de vue de la préparation de sa défense,
que l'absence complète de qualification. Or, il ne faut pas
perdre de vue que les formalités exigées dans la citation à
peine de nullité par l'article 50 ont été introduites dans
l'intérêt de la défense. » Enfin, M. Barbier signale les
conséquences que pourrait entraîner la doctrine de la
Cour de cassation ; dans les termes généraux où elle statue,
on devrait décider aussi que la citation serait valable,
quand bien même elle donnerait des faits objet de la poursuite une qualification quelconque manifestement erronée, et même qu'un juge, compétemment saisi d'un fait
mal qualifié, pourrait rectifier cette qualification et condamner le prévenu comme coupable d'un délit autre que
celui dénoncé par la citation.

Sur tous ces points, nous sommes parfaitement d'accord
avec M. Barbier, et croyons avec lui qu'on doit assimiler
la qualification inexacte donnée aux faits et l'indication
fausse d'un texte à l'absence de qualification et à l'omission du texte. Mais, dans l'espèce particulière où a eu à statuer la Cour de cassation, nous croyons que si la solution
a été mal motivée, il a pourtant été bien jugé. L'article 50
a été écrit en effet pour protéger les prévenus contre le
danger des poursuites mal définies ; et, avec M. Barbier,
nous reconnaissons qu'en généralisant la doctrine de la
Cour de cassation on priverait les prévenus de cette pro-

tection, et on les exposerait aux pièges de la partie poursuivante qui, pour embarrasser la défense, pourrait donner aux faits précisés par la citation une qualification volontairement inexacte. Mais, dans notre espèce particulière,
le prévenu n'aura-t-il pas été suffisamment éclairé par
les débats devant le tribunal correctionnel, où la poursuite
aura été bien définie ? L'intérêt du prévenu, qu'a voulu
protéger l'article 50, n'est donc plus en cause. Pourquoi
vouloir alors continuer à appliquer une disposition exor-
bitante ?

Mais c'est sur une raison plus solide encore que nous
fondons notre opinion. Nous avons vu en effet que la
nullité tirée de l'inobservation des formalités prescrites
par l'article 50 doit être demandée et prononcée ; sinon
elle est couverte. Or, dans notre espèce, cette nullité
n'avait pas été prononcée. Si les motifs sur lesquels s'est
appuyé l'arrêt du 9 mars 1893 ne sont pas fondés, il n'en
a donc pas moins été bien jugé.

Parmi les autres actes interruptifs de la prescription
communs à la fois au ministère public et à la partie lésée,
citons :

La citation aux témoins (1). Les formalités exigées par
la loi de 1881 pour la citation au prévenu ne sont naturellement pas applicables aux citations aux témoins. Ici,
le droit commun reprend tout son empire ; les irrégularités qui n'entraînent pas la nullité de la citation au prévenu
n'entraînent pas non plus celle de la citation aux témoins ;
ainsi, de même que la citation au prévenu, la citation à
un témoin qui ne contiendrait pas ses véritables noms et
prénoms, ni la mention de son véritable domicile, interromprait la prescription (2).

(1) Chassan, II, 1236.
(2) Cass., 26 juin 1841, D. 41.1.416.

8

La demande en autorisation de poursuites (1) exigée par l'article 14 de la loi du 16 juillet 1875, pour la poursuite des crimes et délits commis par un député ou un sénateur pendant la durée des sessions.

La notification d'un rapport d'experts au prévenu par la partie civile pourrait être considérée comme un acte interruptif de la prescription (2).

De même, la signification d'un jugement ou d'un arrêt. Enfin, les voies de recours, opposition, appel, pourvoi en cassation, que nous étudions plus loin.

§ 2. — Actes émanant de la partie lésée.

Une plainte ou une dénonciation déposées au parquet ne sont pas interruptives de la prescription ; elles n'ont pas en effet le caractère d'actes d'instruction ou de poursuite ; elles ne saisissent aucune juridiction et n'ont d'autre but que de porter le délit à la connaissance de l'autorité judiciaire et de provoquer des poursuites ; mais elles sont sans influence sur l'action du ministère public, qui reste libre d'y donner suite ou de s'abstenir. Cela est généralement admis (3). Mais une plainte serait interruptive, si elle contenait la déclaration de la partie lésée qu'elle se porte partie civile ; nous entendons une déclaration formelle ; il ne suffirait pas au particulier lésé d'exprimer seulement son intention de se porter partie civile (4) (art. 66 du Code d'instruction criminelle).

Dans le cas où la partie lésée déclare se porter civile,

---

(1) Chassan, II, 1239.

(2) Douai, 19 juin 1882, *Gaz. Pal.*, II, p. 267.

(3) V. Crim. rej., 14 février 1874, D. 75.1.190.

(4) Les auteurs sont d'accord sur ce point. V. toutefois : Le Sellyer, n° 2249. La jurisprudence est conforme à l'opinion générale : Cass., 29 mars 1856, D. 56.1.269. Trib. St-Jean d'Angély, 16 décembre 1881, S. 82.2.91. Trib. Marvejols, 4 janvier 1883, *Gaz. Pal.*, III, 410.

sa plainte constitue, dit Legraverend (1) « une véritable demande, l'introduction d'une action civile portée devant le tribunal de répression, et par conséquent un acte de poursuite ». Quand la partie lésée porte plainte conformément à l'article 63 du Code et se constitue partie civile devant le juge d'instruction, elle provoque une information et une décision de ce magistrat, qui ne saurait refuser d'y donner suite. La plainte dans ce cas a la même puissance que le réquisitoire du parquet ; elle doit avoir en tout les mêmes effets.

C'est d'ailleurs, en droit commun, la seule voie ouverte à la partie lésée pour recourir à la justice en matière criminelle ; et même, en cas de simple délit, elle n'est pas toujours en mesure de procéder autrement, faute d'avoir en mains les preuves nécessaires pour justifier sa demande et que seule une instruction peut lui fournir.

Devons-nous assimiler la réquisition de poursuites, dont il est question dans l'article 14 de la loi de 1881, à la plainte ? La réquisition de poursuites n'a-t-elle pas, à la différence de la plainte, pour effet d'obliger le ministère public à agir, ce qui lui donnerait le caractère d'acte de poursuite ? On serait tenté de le croire : en cas de plainte, en effet, la partie lésée a, devant l'inaction du ministère public, la ressource de la citation directe, soit devant les tribunaux répressifs, soit devant les tribunaux civils ; tandis que, dans le cas de réquisition de poursuites ou de plainte des personnes qualifiées visées dans l'article 47, la seule juridiction compétente est, aux termes de l'article 45, la Cour d'assises ; ces personnes n'ont donc pas la faculté de porter leur action devant les tribunaux civils ; et de plus, seules celles qui sont visées dans les paragraphes 3 et 4 ont le droit de citation directe devant la Cour

____

(1) Legraverend; I, p. 69.

d'assises ; en ce qui concerne les diffamations envers les personnes visées dans les paragraphes 1 et 2, c'est-à-dire les corps constitués, les ministres, les membres du Parlement, l'action ne peut être intentée que par le ministère public sur leurs plaintes ; et si l'on décide que celui-ci peut, s'il le juge à propos, ne pas donner suite à leurs réquisitions de poursuites ou à leurs plaintes, leur droit est entièrement paralysé.

Malgré ce que ce résultat a de choquant, on décide généralement que l'action du ministère public ne peut être forcée ; il ne relève que de sa conscience ; on ne saurait pas plus lui imposer l'obligation de poursuivre contre sa conviction et de demander une condamnation qu'il estime injuste, qu'on ne peut imposer aux juges l'obligation de condamner ; la réquisition de poursuites et la plainte des personnes qualifiées ne doivent donc pas plus que la plainte d'un simple particulier l'engager dans la poursuite.

Une controverse s'était élevée sur ce point sous l'empire de la loi de 1819, et les auteurs se prononçaient en ce sens (1). Seul M. Parant (2) décidait que l'action du ministère public n'était libre qu'à l'égard des plaintes des particuliers : cet auteur faisait observer que dans le cas de réquisition de poursuites par un corps constitué, le refus de poursuites serait une nouvelle atteinte à sa dignité, qui doit être évitée.

On se fonde dans l'opinion générale sur ce passage de l'exposé des motifs de la loi de 1819, où il est dit : « Ce n'est pas à dire cependant qu'il suffira de la plainte d'une partie pour déterminer l'action publique. Toutes les fois que le délit de diffamation ou d'injure est plutôt une atteinte à l'intérêt privé qu'à celui de la société, et c'est presque toujours le cas, la partie publique laisse à la partie

(1) Chassan, II, 118 ; Grellet-Dumazeau, II, p. 151 ; de Grattier, I, 307.
(2) Parant, p. 221 et 222.

civile le soin d'obtenir elle-même réparation (1) ». Or dit-on, dans le langage juridique, les agents ou dépositaires de l'autorité, les corps constitués eux-mêmes ne sont pas moins des parties que les simples particuliers, lorsqu'il s'agit d'instances judiciaires. Cela est vrai ; mais de ce passage de l'exposé des motifs de la loi de 1819, il résulte que le ministère public peut refuser d'agir, parce que ce refus laisse entière l'action civile du plaignant ; or, nous venons de voir que tout recours par voie de citation directe, soit au civil soit au répressif, est fermé aux plaignants visés dans l'article 47 § 1 et 2. Il n'est donc pas possible de s'appuyer sur ce passage de l'exposé des motifs de 1819. Alors, à seule fin de respecter le principe de l'indépendance du ministère public, croit-on pouvoir sacrifier les droits de certaines personnes ? Une telle solution paraît bien injuste, alors qu'en imposant au ministère public le devoir d'agir, on pourrait toujours lui laisser le droit de conclure à l'audience suivant son opinion personnelle.

Pour nous, nous estimons que l'assimilation de la réquisition des poursuites et de la plainte des personnes visées dans l'article 47 § 1 et 2 avec la plainte des simples particuliers n'est pas exacte ; en conséquence, il nous paraît possible de décider qu'à la différence de cette dernière, les premières constituent des actes de poursuite dans le sens de l'article 65.

Parmi les autres actes émanant de la partie lésée, il a été jugé que n'étaient pas interruptives : la consignation faite au greffe par la partie civile poursuivante de la somme destinée à couvrir le greffier des frais de timbre et de répertoire du jugement à intervenir (2) ; ni les sommations de communication de pièces ou de mise au rôle (3) ; ni la

(1) *Moniteur*. Séance du 22 mars 1819.
(2) Cass., 19 juillet 1883. *Gaz. Trib.*, 9 août 1883.
(3) Trib. Blois, 13 mars 1890, D. 92.1.45.

signification par huissier d'actes dans lesquels la partie
civile déclare conserver son droit d'agir (1) ; ni la constitution d'avoué devant le tribunal (2) ou devant la Cour (3);
ni la mise de la cause au rôle de la Cour ; ni la requête
adressée par la partie civile au président de la Cour d'assises à fin de fixation du jour et de l'heure auxquels l'affaire sera appelée (art. 47 *in fine*), cette requête n'appa-
raissant que comme une mesure d'ordre intérieur.

Mais les conclusions signifiées par l'intimé à l'appelant
constituent un acte de poursuite (3), et même les conclusions d'audience, tendant à une mesure simplement préparatoire comme une remise de cause, doivent être considérées comme un acte de poursuite interruptif de la prescription (4).

Enfin, d'après nous, sont encore interruptifs de la prescription de l'action publique, en vertu de l'indivisibilité
des deux actions, tous les actes posés devant le tribunal
civil, et qui interrompent la prescription de l'action civile.
Nous étudions plus loin ces actes dans la partie que nous
consacrons à la prescription de l'action civile.

§ 3. — Actes émanant du ministère public et des officiers de police judiciaire.

Ce sont d'une façon générale tous les actes rentrant dans
les attributions des agents officiels énumérés à l'article 9
du Code d'instruction criminelle, et qui sont chargés de la
découverte et de la répression des infractions.

Ce sont d'abord les procès-verbaux régulièrement dressés. Ces actes en effet, qui tendent à la constatation des

---

(1) Crim. rej., 5 novembre 1886, D. 87.1.240.
(2) Trib. Blois, 13 mars 1890, *loc. cit.*
(3) Cass., 26 octobre 1887, D. 88.1.13.
(4) Trib. Tarbes, 17 novembre 1896. *Gaz. Pal.*, 97.2, Sup. 8.

infractions et des circonstances dans lesquelles elles se
sont accomplies, sont assurément des actes d'instruction
interruptifs de la prescription. Le contraire a été jugé sous
le Code de brumaire an IV (1), mais il faut remarquer que
sous ce Code, comme sous le Code de 1791, la prescription
ne courait point du jour du délit, mais du jour où le délit
avait été légalement constaté par un procès-verbal ; les
poursuites seules pouvaient donc interrompre la prescription.

Aujourd'hui, tout le monde est d'accord sur ce point (2).

La seule raison de douter pourrait provenir de l'article 640 du Code, où, pour le cas particulier d'interruption
de la prescription en matière de contraventions, la loi
attribue expressément le caractère interruptif au procès-
verbal ; il ne l'aurait donc pas dans les autres cas, puisque
dans un cas particulier la loi prend soin de le lui attribuer. Cette objection n'est pas fondée : car si l'article 640
a mentionné spécialement le procès-verbal, ce n'est pas
pour lui attribuer un caractère qu'il n'aurait pas par lui-
même, mais simplement parce que, les contraventions
étant en général constatées par des procès-verbaux, il a
paru utile de mentionner un acte très fréquent en cette
matière ; d'ailleurs, l'article 640 nous dit que la prescription des contraventions ne sera interrompue que par un
jugement de condamnation, même lorsqu'il y aura eu procès-verbal, saisie, etc. ; d'où il résulte très clairement que
le procès-verbal est interruptif en toute autre matière.

Les procès-verbaux ne sont interruptifs que lorsqu'ils
sont dressés par des agents procédant dans l'exercice des
fonctions que la loi leur attribue.

Ainsi, ne seraient pas interruptifs les procès-verbaux

(1) Cass., 7 oct. 1808.
(2) Cass., 29 mars 1856, D. 56.1.269 ; 28 juillet 1870, D. 71.1.184. V. pourtant en sens contraire; Le Sellyer, n° 2250.

d'une information, à laquelle le procureur de la République a procédé en dehors du cas de flagrant délit ou de réquisition par un chef de maison (art. 32, 46 et 52 du Code d'instruction criminelle) (1) ; le procès-verbal dressé par un officier du ministère public de faits délictueux révélés à l'audience où il siège (2).

Si, pour être interruptif, il est nécessaire que le procès-verbal émane d'un agent ayant qualité et compétence pour constater l'infraction, il n'est pas nécessaire, comme l'enseigne Legraverend (3), que le procès-verbal émane d'un préposé qui a reçu de la loi la faculté d'être cru jusqu'à inscription de faux. Ainsi les procès-verbaux dressés par les gardes champêtres, les commissaires de police, les maires, etc., sont certainement des actes d'instruction susceptibles d'interrompre la prescription (4) ; il en est de même des procès-verbaux dressés par les gendarmes et les sous-officiers de gendarmerie (5).

Enfin, sont interruptifs non seulement les procès-verbaux qui ont pour objet de constater les délits, mais aussi ceux qui ont pour objet de compléter les premières constatations, en recueillant les indices et les nouveaux éléments de preuves qui ont pu se manifester (6).

Sont interruptives les réquisitions du ministère public au juge d'instruction à fin d'information (7) ; il en est de même des réquisitions à fin de mise en liberté, à fin de

(1) En dehors du cas de flagrant délit, les officiers du ministère public sont en effet sans qualité pour faire aucun des actes qui composent une instruction, et pour déléguer à cet effet aucun officier de police judiciaire. Cass., 19 avril 1855, D. 55.1.269 ; 9 août 1862, D. 63.1.107.

(2) Toulouse, 12 mai 1866, D. 66.2.188. V. Douai, 6 fév. 1871, P. 72. 219. Amiens, 7 mars 1872. S. 72.2.105.

(3) Legraverend, I, 80.

(4) Cass., 29 mars 1856, D. 56.1.269. D. *Rép. Pr., crim.*, 113.

(5) Cass., 25 juillet 1890, D. 90.1.449.

(6) Cass., 29 mars 1856, *loc. cit.* Nancy, 19 mai 1856, S. 56.1.75.

(7) Crim. rej., 8 octobre 1846, D. 47.4.382 ; 19 novembre 1887, D. 88. 1.191. Orléans, 25 avril 1853, D. 54.5.586.

renvoi etc., et même des réquisitions tendant au non-lieu quant à présent, nonobstant leur caractère d'actes favorables au prévenu (1) ; à condition naturellement qu'ils soient valables en la forme (2).

Ainsi, s'il a pu être jugé (3) que le réquisitoire du ministère public adressé au juge d'instruction à fin d'informer est interruptif, lors même que tous les chefs d'inculpation n'y sont pas expressément et nommément énoncés, s'ils sont implicitement compris dans les faits généraux, d'où résulte la preuve de l'infraction reprochée, la même solution ne pourrait pas être donnée, s'il s'agissait d'un délit de presse ; l'article 48 de la loi de 1881, comme l'article 6 de la loi de 1819, exige en effet, à peine de nullité du réquisitoire, qu'il contienne l'articulation et la qualification du fait poursuivi et l'indication des textes applicables ; le réquisitoire qui ne contiendrait pas ces qualifications et ces mentions ne pourrait donc pas interrompre la prescription. Il en est de même de celui qui serait déposé sans la plainte préalable de la partie lésée, dans les cas où l'action du ministère public est subordonnée à cette plainte ; nous avons vu, à propos de la citation, que l'action du ministère public était subordonnée dans certains cas à la plainte de la partie lésée ; tout ce que nous avons dit de la nullité, qui résulte de l'absence de plainte ou d'une plainte nulle ou non préalable, s'applique par identité de motifs au réquisitoire du ministère public, quand il procède par voie d'information préalable. Ainsi, comme l'a jugé la Cour de cassation (4), la prescription n'a pas pu être interrompue par le réquisitoire déposé sans plainte préalable de la

(1) Cass., 17 janvier 1870, D. 70.1.442 ; 12 avril 1873, D. 73.1.445.
(2) La nullité d'un réquisitoire entraînerait la nullité de tous les actes qui le suivent. Cass., 21 mai 1841, *Bull.*, 149 ; 28 décembre 1854, D. 55. 1.183.
(3) Orléans, 25 avril 1853, *loc. cit.*
(4) Cass., 29 mai 1886, D. 87.1.89.

partie lésée et qui ne visait que le délit d'outrage envers
un maire, prévu par l'article 222 du Code pénal, alors que
le fait constaté devait être qualifié injure envers un particulier (art. 32, loi 1881) et ne pouvait en conséquence être
poursuivi qu'après la plainte préalable du particulier injurié. On a pourtant jugé (1) que, dans le cas où le ministère public avait procédé par voie d'information préalable,
la poursuite d'un délit d'outrage envers un fonctionnaire
public, commencée d'office par le ministère public, était
régularisée par la plainte de ce fonctionnaire lorsqu'elle
intervenait avant l'ordonnance de mise en prévention rendue par le juge d'instruction. Cette solution ne paraît pas
devoir être approuvée.

Dans le cas où un tribunal correctionnel a été régulièrement saisi par une citation directe de la partie civile, il
a seul compétence pour ordonner une information contre
le prévenu cité devant lui. Ne serait donc pas valable le
réquisitoire du ministère public adressé au juge d'instruction à fin d'information. Mais, comme l'a jugé la Cour de
cassation (2), ce réquisitoire serait valable, s'il était dirigé
non plus contre les prévenus cités devant le tribunal,
mais contre d'autres personnes accusées du même délit et
inconnues à l'origine.

Quant aux réquisitions à l'audience, il a été jugé (3) qu'il
suffit que, sur la citation directe donnée par le plaignant
devant un tribunal de répression, le ministère public ait
fait des réquisitions tendant à l'application de la peine,
pour que la prescription soit interrompue ; et il en est de
même relativement aux diverses instances auxquelles
aurait donné lieu, à la suite de plusieurs cassations, l'exception d'incompétence soulevée par le prévenu, si le ministère public a été entendu chaque fois.

(1) Crim. rej., 23 août 1872, D. 73.1.169.
(2) Cass., 3 juillet 1880, S. 81.1.481.
(3) Cass., 5 avril 1839, D. *Rép.*, v° *Pr. crim.*, n° 109.

Mais ne seraient pas interruptives les réserves faites par le ministère public de poursuivre un crime ou un délit qui s'est révélé dans un débat judiciaire (1) ; ces réserves n'ont pas en effet pour résultat de mettre l'action publique en mouvement.

Ne le seraient pas non plus certaines mesures d'ordre intérieur, qui ne sont prescrites par aucune loi et dont la suppression n'altérerait en rien la régularité de la procédure ou qui, si elles annoncent l'intention d'exercer l'action publique, ne sont pas un mode légal de cet exercice, comme par exemple : les cédules à prévenu, contenant mandement du ministère public à tous huissiers de citer à sa requête (2) ; l'ordonnance à témoins, qui ne s'adresse à aucun agent et ne contient aucune réquisition ni aucun ordre formel (3) ; la transmission des pièces par le parquet de première instance au parquet de la Cour sur l'appel d'une partie en cause (4) ; la fixation d'une audience par le parquet pour la plaidoierie de la cause (5) ; la requête présentée par le procureur-général au premier président pour obtenir la fixation du jour où des prévenus justiciables de la première chambre de la Cour pourront être cités devant celle-ci, cette requête ne pouvant équivaloir à la citation du prévenu (6).

Mais serait interruptif le réquisitoire écrit du procureur général ordonnant l'assignation devant la Cour d'un prévenu appelant, pour être statué sur le dit appel (7) ; ce

---

(1) Cass., 4 juin 1824, P. 18, p. 768.— Brun de Villeret. 214 ; F. Hélie, III, 724 ; Fabreguettes, 11, 2172.

(2) Douai, 1er décembre 1869, D. 70.2.41. Dijon, 13 décembre 1871, D 72.2.104.

(3) Colmar, 14 mai 1861, D. 61.2.225.

(4) Amiens, 5 avril 1884, D. 85.2.103.

(5) Cass., 26 janvier 1884.

(6) Cass., 2 février 1865, D. 65.1.241. *Contrà* : Paris, 11 février 1861, D. 61.2.225.

(7) Gand, 22 février 1865, *Jurisp. des cours de Belgique*, 65.2.137.

réquisitoire constitue en effet un acte de procédure proprement dit, qui met en mouvement l'action publique.

En résumé, sont interruptifs tous les actes du ministère public qui constituent un mode légal de l'exercice de
l'action publique.

Nous avons déjà dit d'une façon générale pour tous les
actes d'instruction ou de poursuite qu'il fallait, pour
qu'ils interrompent la prescription, qu'ils fussent faits
par une autorité compétente. On a soutenu (1), relativement aux actes du ministère public, que, celui-ci formant
un corps homogène dont tous les membres concourent
au même but, les poursuites exercées par un procureur
de la République hors du territoire qui lui est assigné ne
pouvaient être considérées comme radicalement nulles et
insusceptibles d'interrompre la prescription. La Cour de
cassation (2) a rejeté avec raison cette doctrine. La compétence du procureur de la République est déterminée par
l'article 23 du Code d'instruction criminelle, et nous devons décider que tout acte posé par un procureur, qui ne
serait ni celui du lieu du délit, ni celui de la résidence du
prévenu, ni celui du lieu de l'arrestation du prévenu,
serait sans effet sur la prescription. Aussi, nous ne saurions approuver un arrêt de la Cour de Caen (3), qui a
jugé que la signification d'un arrêt de la Cour de cassation
avec assignation devant la Cour de renvoi, faite au prévenu à la requête du procureur général près la Cour dont
l'arrêt a été cassé, devait être considérée comme interruptive, bien qu'il ait été décidé que ce magistrat était
incompétent pour faire cette notification.

Ne serait pas interruptive non plus la citation donnée
à une des personnes visées dans l'article 479 par le procu-

(1) Dalloz, *Rép.*, v° *Pr. crim.*, 142.
(2) Cass., 11 mars 1819 ; 30 avril 1830, D. *Rép.*, v° *Pr. crim.*, 142 et 143.
(3) Caen, 26 mars 1890, D. 91.2.207.

reur de la République, s'il n'a pas été délégué par le procureur général, qui a seul le droit de citer dans ce cas (1).

En général, tous les actes du juge d'instruction, qui tendent à l'instruction de l'affaire et qui ont pour objet de recueillir les preuves de l'infraction, d'en rechercher et d'en convaincre les auteurs ou de s'assurer de leurs personnes, sont des actes interruptifs de la prescription.

Nous avons déjà réfuté l'opinion d'après laquelle les actes de poursuite proprement dits interrompraient seuls la prescription en matière de presse. Les mêmes actes d'instruction qui interrompent la prescription des délits de droit commun interrompent donc aussi la prescription des délits de presse.

Ce sont d'abord les mandats (2), et notamment les mandats de comparution et d'amener ; quant aux mandats de dépôt et d'arrêt, le droit de procéder à ces mesures préventives est très limité par l'article 49 de la loi de 1881, qui n'autorise l'arrestation préventive, lorsque le prévenu est domicilié en France, qu'en cas de crime (3) ; elle est aussi autorisée par l'article 1 de la loi du 2 août 1882 dans le cas de délit d'outrage aux bonnes mœurs. Sont interruptifs les interrogatoires, les auditions de témoins, les confrontations (4), les transports sur les lieux, les perquisitions, et les actes de même nature accomplis par délégation aux officiers de police judiciaire, les ordonnances du juge d'instruction prescrivant une perquisition ou nommant des experts (5), les ordonnances de soit communiqué, de mise en liberté provisoire, de renvoi et même

---

(1) Liège, 11 janvier 1827. Poitiers, 2 avril 1845, D. 45.1.131.
(2) Crim. rej., 19 novembre 1887, D. 88.1.191.— Le Sellyer, 487 ; Sourdat, I, 389 ; F. Hélie, III, 194 ; Fabreguettes, II, 2162.
(3) Lyon, 26 février 1890, D. 91.2.21.
(4) Cass., 24 décembre 1863, D. 65.5.302.
(5) Cass., 29 novembre 1887, *loc. cit.* Rennes, 3 novembre 1887, D. 88.2.233.

l'ordonnance de non-lieu, malgré son caractère d'acte favorable au prévenu (1) ; mais si l'ordonnance de non-lieu était motivée sur la nullité du réquisitoire introductif, elle ne serait certainement pas interruptive.

Tous les actes du juge d'instruction d'ailleurs ne sont interruptifs qu'autant que le juge a informé sur un réquisitoire introductif régulier ; si le réquisitoire introductif ne contenait pas les mentions et qualifications exigées par l'article 48 et que le juge d'instruction n'en ait pas prononcé la nullité, la Chambre des mises en accusation devrait en prononcer d'office la nullité et annuler en même temps tous les actes postérieurs de la poursuite (2).

L'inexactitude des indications du réquisitoire introductif entraînant la nullité des actes de procédure et d'instruction qui l'ont suivi (3), on ne pourrait pas donner en matière de presse les solutions qui ont été données, en matière de délits de droit commun, par la Cour de cassation et quelques Cours d'appel (4), qui ont jugé que, le juge d'instruction ayant compétence pour constater à la charge des prévenus tous les faits délictueux advenus à sa connaissance au cours de l'instruction régulièrement ouverte contre eux, les actes d'instruction qu'il accomplit pour arriver à la constatation de nouveaux délits ont par suite pour effet d'en interrompre la prescription, alors même qu'il n'aurait pas été requis d'informer à leur sujet. Cette solution ne pourrait pas être donnée si le nouveau délit parvenu à la connaissance du juge était un délit de presse, qui n'avait pas été régulièrement visé dans le réquisitoire introductif. L'article 6 de la loi de 1819, qui contenait une disposition semblable à l'article 48

---

(1) Cass., 28 janvier 1870, S. 70.1.280 ; 12 avril 1873, S. 73.1.346.

(2) Crim. rej., 28 décembre 1854, D. 55.1.183.

(3) Art. 48, loi 29 juillet 1881.

(4) Cass., 8 octobre 1846, D. 47.4.382. Rennes, 3 novembre 1887, D. 88. 2.233. Bastia, 21 mai 1889, D. 91.2.125.

de la loi de 1881, ayant été abrogé par le décret de 1852, depuis cette époque les juges d'instruction et les tribunaux pouvaient donc, conformément au droit commun, modifier les qualifications du réquisitoire ou de la plainte de la partie lésée, même en matière de presse, comme il a été jugé par quelques arrêts (1).

La saisie, dans les cas où elle est autorisée par la loi de 1881 (art. 28 et 49), est-elle un acte interruptif ? Comme en droit commun, elle constitue un acte d'instruction, quand elle sert à la représentation du corps du délit (art. 11, C. pén.), et un acte de poursuite, puisque c'est une espèce d'exécution, de mainmise de la justice sur les objets provenant du délit ou qui ont servi à le commettre. C'est donc bien un acte interruptif (2).

Des actes du ministère public et du juge d'instruction, nous rapprochons les actes du président d'assises procédant à un supplément d'information ; ce sont des actes d'instruction émanant d'un fonctionnaire compétent et qui ont pour but de recueillir les preuves servant à établir l'existence du fait incriminé ; ils sont donc interruptifs (3).

Il a été jugé par la Cour de cassation que l'ordonnance du président qui commet un huissier pour citer un de ses confrères est un acte interruptif de la prescription (4).

§ 4. — Jugements.

Les jugements sont certainement des actes interruptifs de la prescription ; mais il importe de faire une distinction entre les jugements définitifs de condamnation d'une

---

(1) Dijon, 21 août 1866, D. 67.2.29. Crim. rej., 21 décembre 1865, D. 66. 1.137.

(2) Sourdat, 387.

(3) Brun de Villeret, 220. *Secùs* : de Lacuisine, *Tr. des pouvoirs judiciaires*, p. 129.

(4) Cass., 19 juillet 1883, *Gaz. Trib.*, 9 août 1883.

part, et les jugements préparatoires et les jugements susceptibles d'une voie de recours d'autre part.

Les jugements de condamnation, passés en force de chose jugée, ne constituent pas à proprement parler des actes interruptifs ; ils terminent la procédure, mettent fin à la prescription de l'action, pour lui substituer une nouvelle prescription, celle de la peine, dont ils marquent le point de départ. Toutefois, nous croyons que ce n'est qu'à l'égard de la personne condamnée qu'un jugement définitif a pour effet de mettre fin à la prescription de l'action publique ; cette prescription continue à courir à l'égard de ses complices, qui n'auraient pas été poursuivis ou qui n'auraient pas été jugés ; et elle sera interrompue à leur égard par le jugement de condamnation rendu contre l'auteur principal, par application du principe que la prescription est interrompue par les actes de poursuite à l'égard même des personnes qui n'y sont pas impliquées. Aucun texte ne dit que, lorsque la prescription de la peine est substituée à la prescription de l'action à l'égard d'un des coupables, elle doit aussi être substituée à l'égard de ses complices ; la prescription de la peine étant la plus longue, on ne saurait suppléer une disposition défavorable.

Quant aux jugements incidents préparatoires ou interlocutoires, qui ne prononcent aucune espèce de condamnation, ils ne peuvent évidemment pas, comme les précédents, faire courir la prescription de la peine ; loin de terminer la procédure, ils n'en sont qu'une des phases ; mais ils constituent certainement des actes d'instruction ; ils sont en effet nécessaires pour l'instruction du procès ; à ce titre, ils constituent des actes interruptifs de la prescription de l'action publique (1).

(1) Cass., 11 juin 1829, B. 123. Cass., 26 janvier 1884, S. 86.1.447.— Brun de Villeret, 232.

La Cour de cassation (1) a jugé que l'arrêt de la Cour
d'assises qui statue sur une prétendue irrégularité de la
citation est un arrêt préparatoire et d'instruction, par suite
interruptif de la prescription. De même, la jurisprudence
décide que les jugements de renvoi ou de remise de cause
constituent des jugements préparatoires interruptifs de la
prescription ; étant donné l'importance de ces jugements,
spécialement en matière de presse, nous les étudierons à
part. Que doit-on décider pour les jugements d'incompétence ? Ils ne constituent réellement ni des actes d'instruction, ni des actes de poursuite ; il y a simplement une
abstention dans le fait du tribunal qui déclare qu'il ne
saurait ni juger ni instruire le procès qui lui est déféré.
Et cependant, si on envisage dans son ensemble l'œuvre
qui incombe à la justice, on reconnaît que le dessaisisse-
ment d'un tribunal incompétent est une mesure nécessaire pour parvenir au jugement de l'affaire, un acte obligatoire du juge rentrant dans l'accomplissement de sa
mission ; et c'est là le caractère des actes interruptifs.
D'ailleurs, les jugements d'incompétence sont des jugements incidents, et nous venons de voir qu'ils constituent
tous sans distinction des actes interruptifs de la prescription (2).

Dans la catégorie des jugements non définitifs, nous
faisons rentrer les arrêts de la chambre des mises en accusation, qu'elle statue comme juridiction d'instruction, en
prononçant la mise en accusation ou l'élargissement des
inculpés renvoyés devant elle sous la prévention de crimes, ou qu'elle statue comme juridiction d'appel sur les
oppositions portées devant elle contre les ordonnances du

(1) Cass., 24 février 1882, D. 82.1.190.
(2) Cass., 4 août 1831, B. 175 ; Bourges, 29 novembre 1842, S. 43.2 489 ;
Cass., 4 mai 1893, D. 94.1.55.— Brun de Villeret, 227 ; Garraud, *Pr.*, p. 511,
note 2.

juge d'instruction. Dans les deux cas, ses arrêts constituent des actes de procédure interruptifs au même titre que les actes du juge d'instruction. Tout ce que nous avons dit sur ces derniers s'applique donc ici. Et notamment il a été jugé (1) que les arrêts de non-lieu, comme les ordonnances de non-lieu, étaient des actes interruptifs, nonobstant leur caractère d'actes favorables au prévenu ; mais il n'en serait plus de même, à notre avis, si l'arrêt de non-lieu était motivé sur la nullité de l'ordonnance du juge d'instruction. D'autre part, en matière de presse, la Cour ne pourrait décerner contre un inculpé une ordonnance de prise de corps que s'il s'agissait d'un crime (art. 49, § 2) ; l'ordonnance décernée dans un autre cas serait nulle. Enfin, notons que tous les actes de la Chambre des mises en accusation et spécialement l'arrêt de renvoi devant la Cour d'assises seraient nuls ainsi que la condamnation qui suivrait, dans le cas où la Chambre d'accusation n'aurait point annulé l'instruction commencée sur un réquisitoire, où les formalités de l'article 48 n'auraient pas été observées ; ou dans le cas où elle ordonnerait le renvoi devant la Cour d'assises ou le tribunal correctionnel pour un crime ou un délit autre que celui qui avait été visé dans le réquisitoire introductif. Nous avons déjà donné des solutions analogues à l'égard des ordonnances du juge d'instruction. Ajoutons qu'aucun des actes que la chambre d'accusation pourrait faire par application de l'article 235, qui lui donne le droit d'évoquer les affaires, n'est possible en matière de presse.

Restent les jugements qui prononcent une condamnation mais qui ne sont pas passés en force de chose jugée et qui sont susceptibles d'une voie de recours, opposition, appel ou pourvoi en cassation. Bien qu'ils aient statué sur

____

(1) Cass., 27 janvier 1870 et 12 avril 1873, *loc. cit.*

le fond et prononcé une condamnation, ces jugements, tant qu'ils ne sont pas définitifs, ne peuvent avoir pour effet de substituer la prescription de la peine à la prescription de l'action ; mais ils constituent certainement des actes interruptifs de la prescription de l'action. Toutefois, ils ne peuvent avoir qu'un effet interruptif et n'ont pas d'effet suspensif ; dès lors, la prescription recommence à partir de leur date (1).

Pour les jugements susceptibles seulement d'appel ou de pourvoi en cassation, il n'y a pas de difficultés ; il n'en est pas de même pour les jugements par défaut.

A l'égard de ces derniers, les délais d'opposition et d'appel ne courent qu'à partir de la signification du jugement à personne ou à domicile (art. 174, 187 et 203 C. inst. crim.). Tant que le jugement par défaut n'aura pas été signifié ou si la signification est irrégulière, il n'aura que la valeur d'un acte interruptif de la prescription de l'action ; la partie poursuivante devra donc avoir soin de le signifier dans les trois mois ; autrement la prescription serait acquise au prévenu qui serait en droit, à toute époque, de faire déclarer la condamnation non avenue, la prescription portant alors non sur la condamnation, mais sur l'action publique elle-même (2).

Et ce que nous disons d'un jugement par défaut proprement dit, nous devons le dire aussi d'un arrêt par défaut rendu sans l'assistance des jurés par la Cour d'assises ; en matière de presse, en effet, les articles 465, 466 et 467 du Code sur l'état de contumace ne sont pas applicables, sauf dans le cas de la non-comparution d'un accusé d'un crime de publication poursuivi par voie d'information préalable ; mais dans les cas où l'auteur d'un crime de publication a

____

(1) Rouen, 27 janvier 1853, D. 53.2.93 ; Cass., 28 novembre 1857, D. 58.1.93 ; Nimes, 27 mars 1862, D. 62.5.252.
(2) Cass., 9 janvier 1892, D. 92.1.578.

été cité directement et lorsqu'il s'agit du prévenu d'un délit de publication poursuivi par voie de citation directe ou après information devant la Cour d'assises, les articles 56 et 57 de la loi de 1881 appliquent à l'arrêt par défaut les règles de l'article 187 du Code et de la loi du 27 juin 1866, qui, en matière ordinaire, ne sont applicables qu'aux jugements par défaut prononcés par les tribunaux correctionnels (1).

Lorsque le jugement ou l'arrêt par défaut a été régulièrement signifié à personne, si le prévenu n'a pas fait opposition dans les cinq jours de la signification, si aucune des parties n'a fait appel dans les dix jours, il devient définitif.

Mais lorsque le jugement ou l'arrêt n'a pas été signifié à personne, mais seulement à domicile, et s'il ne résulte pas d'acte d'exécution que le prévenu en a eu connaissance, l'opposition est recevable jusqu'à l'expiration des délais de la prescription de la peine, c'est-à-dire pendant vingt ans à compter de la date de l'arrêt, s'il s'agit d'une condamnation à une peine criminelle, pendant cinq ans à partir de la date de l'arrêt ou du jugement, s'il s'agit d'une condamnation à une peine correctionnelle. S'il résulte clairement de quelque fait que le prévenu a eu connaissance de la signification faite à son domicile, le délai d'opposition court alors du jour où le prévenu a eu cette connaissance. On ne peut pas dire qu'un jugement ou un arrêt par défaut simplement signifié à domicile soit définitif, puisque la voie de l'opposition est ouverte contre lui ; mais pourtant il a pour effet de substituer la prescription de la peine à la prescription de l'action, aux termes des articles 187 du Code et 56 de la loi de 1881. Ce jugement, quoique non définitif, ne peut donc pas être consi-

(1) Cass., 24 février 1883, D. 83.4.228 ; 15 mars 1883, D. 84.1.403 ; 14 mars 1884, D. 85.1.90.

déré comme un simple acte interruptif de la prescription de l'action, puisqu'il met fin à cette prescription.

Aussi, a-t-il été jugé par la Cour de cassation (1) que, dans le cas où la signification d'un jugement par défaut a été faite seulement à domicile, si le condamné n'ayant eu connaissance de ce jugement par aucun acte d'exécution use du droit d'opposition avant l'expiration du délai de cinq ans fixé pour la prescription de la peine, il ne peut se prévaloir à l'audience de ce que plus de trois ans se seraient écoulés depuis la signification du jugement pour opposer la prescription de l'action publique ; vainement on soutiendrait que la déclaration de recevabilité de l'opposition a eu pour effet d'imprimer au jugement par défaut le caractère d'un simple acte d'instruction, ce caractère ne pouvant être attribué à un jugement régulièrement signifié.

La Cour de Paris (2) a jugé de même qu'un jugement par défaut régulièrement signifié ne peut être considéré comme un simple acte d'instruction formant le point de départ de la prescription de l'action publique, mais comme une décision à laquelle l'expiration du délai de l'opposition imprime un caractère définitif.

En matière de presse l'on devra donc décider que, dans le cas de signification seulement à domicile, le prévenu ne pourrait pas se prévaloir, en usant du droit d'opposition avant l'expiration du délai fixé pour la prescription de la peine, de ce que plus de trois mois se sont écoulés depuis la signification, pour prétendre que l'action publique est éteinte. Cette solution n'est pas douteuse, en présence des termes de l'article 56 ; mais l'article 56 n'est guère en harmonie avec l'article 65 ; les raisons qui ont décidé le législateur à réduire à trois mois le délai de la

____

(1) **Cass.**, 5 mars 1869, D. 69.1.485. V. aussi Paris, 25 février 1870, D.70.1.165.

(2) **Paris**, 27 novembre 1882, D.83.2.61.

prescription des délits de presse ont toute leur force ici ; on ne comprend pas que le législateur, alors qu'il réduisait le délai ordinaire de la prescription de l'action, n'ait pas réduit en même temps le délai de l'opposition, et ait permis de substituer dans un cas particulier à la prescription de trois mois une prescription de cinq ans et même de vingt ans ; il a oublié que les procès de presse sont trop souvent une menace pour la paix et la tranquillité publiques.

En résumé, un jugement ou un arrêt par défaut n'est interruptif de la prescription de l'action qu'autant qu'il n'a pas été signifié, et s'il a été signifié, pendant les délais accordés pour l'opposition et l'appel ; une fois ces délais expirés, il devient définitif ; même dans le cas où il n'a été signifié qu'à domicile, il doit, à l'expiration du délai ordinaire d'opposition, être réputé définitif comme le jugement signifié à la personne même du condamné, en ce sens qu'il substitue la prescription de la peine à la prescription de l'action ; le droit spécial d'opposition accordé pendant la durée du temps de la prescription de la peine au condamné qui a pu ne pas avoir connaissance du jugement ou de l'arrêt par défaut signifié à son domicile ne suspend pas, tant qu'il subsiste, les effets du jugement, comme le fait le droit d'opposition ordinaire.

D'après Dalloz (1), une signification à domicile ne serait nécessaire pour faire courir la prescription de la peine, qu'à l'égard des décisions susceptibles d'appel ; d'où il faudrait conclure que, s'il s'agit d'un arrêt par défaut prononcé par la Cour d'assises, cet arrêt étant en dernier ressort, le condamné défaillant ne pourrait pas opposer la prescription de l'action, si l'arrêt ne lui a pas été signifié dans les trois mois ; tandis qu'au contraire un jugement

____

(1) Dalloz, *Code pén. comm.*, App. v° *Presse*, art. 56, n° 56.

par défaut prononcé en premier ressort constituerait un
acte interruptif de la prescription de l'action publique.
« Il y a là, dit M. Barbier (1), une contradiction que rien
ne justifie, et l'on pourrait, croyons-nous, en s'inspirant
de l'esprit général des articles 635 et 636 qui ont voulu,
en définitive, que la prescription de la peine ne commen-
çât de courir qu'à partir du moment où la condamnation
serait passée en force de chose jugée, décider que l'arrêt
par défaut de la Cour d'assises, bien que rendu en dernier
ressort, ne peut, tant que le délai d'opposition n'est pas
expiré, être considéré que comme un acte interruptif de
la prescription de l'action publique (2). » Cette distinction
faite par Dalloz ne saurait en effet être admise. Il résulte
très clairement de l'article 56, qui est copié textuellement
sur l'article 187 du Code, que le législateur a voulu, pour
les arrêts par défaut, appliquer les mêmes règles que pour
les jugements par défaut. S'il est vrai qu'en cas de condamnation par contumace le condamné ne peut plus, à partir
de l'arrêt de condamnation, invoquer que la prescription
de la peine, en matière de presse, dans les cas très nombreux où la procédure par contumace n'est pas applicable,
l'arrêt par défaut rendu par la Cour d'assises ne fera courir la prescription de la peine, qu'une fois signifié et les
délais ordinaires de l'opposition expirés.

Pour qu'un jugement ou un arrêt par défaut puisse interrompre la prescription, il faut qu'il soit valablement
rendu.

Ainsi, il a été jugé (3) que l'arrêt par défaut rendu sans
que le prévenu ait été appelé à comparaître ne pourrait
être considéré comme un acte d'instruction valable interruptif de la prescription. De même, l'arrêt par défaut qui,

(1) Barbier, II, 944.
(2) Crim. rej., 14 mars 1884, D. 85.1.90.
(3) Cass., 16 mai 1889, D. 90.1.189.

en l'absence du prévenu non appelé à comparaître, a donné acte du désistement par lui signifié de l'appel qu'il avait interjeté du jugement rendu sur la compétence, ne peut être considéré comme un acte d'instruction ou de poursuite interruptif de la prescription (1). Mais le condamné par défaut en Cour d'assises, auquel n'a pas été notifiée la liste des jurés, ne peut exciper de cette omission pour faire considérer l'arrêt par défaut comme nul et comme n'ayant pu en conséquence interrompre la prescription, la Cour d'assises, en cas de défaut, procédant seule sans l'assistance des jurés (2).

Et d'une façon générale pour tous les jugements et arrêts, ils ne peuvent avoir d'effet ni pour opérer la fin des poursuites ni pour interrompre la prescription, qu'autant qu'ils sont rendus par un tribunal compétent et qu'ils ne sont pas nuls pour vices de forme.

Il a pourtant été jugé par la Cour de cassation (3) qu'un jugement rendu par un tribunal incompétent n'en est pas moins interruptif. Par contre, elle a jugé (4) que la prescription n'était pas interrompue en France par les actes de poursuite émanés des tribunaux étrangers.

N'interromprait pas la prescription et devrait être considéré comme non avenu tout jugement ou arrêt annulé pour vice de forme ou omission de formalités essentielles ou intervenu sur des poursuites nulles, tel notamment que le jugement rendu à un jour autre que celui indiqué dans l'exploit (5).

La Cour de cassation (6) a décidé en sens contraire que

(1) Cass., 16 mai 1889, *loc. cit.*
(2) Cass., 24 février 1883, D. 83.1.228 ; 15 mars 1883, D. 84.1.430.
(3) Cass., 31 janvier 1833, D. v° *Pr. crim.*, 147.
(4) Cass., 12 octobre 1820.
(5) Cass., 3 nivôse an 11, *Bull.*, 60 ; Cass., 13 février 1891, D. 91.1.85 ; Brun de Villeret, 234.
(6) Cass., 26 mars 1870, D. 72.5.858.

la prescription de l'action publique était intérrompue par
un jugement frappé d'appel, alors même qu'il vient à être
déclaré nul, notamment pour défaut de représentation
régulière du ministère public. Un jugement du tribunal
de Tarbes (1) a jugé de même qu'il importe peu qu'un jugement soit entaché de nullité à raison d'un vice de forme
imputable au juge ; il faut, en effet, en matière d'interruption de la prescription, distinguer entre l'acte de la
partie et celui du juge, lequel ne saurait préjudicier au
droit de la première.

Ainsi, d'après ces deux décisions, un jugement annulé
pour vice de forme ne pourrait produire aucun effet, qu'autant que l'irrégularité serait imputable à la partie poursuivante. Ces décisions sont-elles bien conformes aux
principes, qui refusent sans distinction tout effet interruptif aux actes nuls ? Il est permis d'en douter ; mais ce
dont on ne peut douter, c'est qu'elles sont conformes à
l'équité ; il paraît bien injuste en effet qu'une faute du
juge puisse avoir pour conséquence de faire perdre son
droit à la partie lésée, quand celle-ci n'aura aucune faute
à se reprocher. Il nous semble donc que ces décisions doivent être approuvées.

Des jugements nous rapprochons certains actes, émanant aussi des tribunaux et qui sont plutôt des mesures
d'ordre intérieur que des jugements, comme, par exemple, la mise au rôle. Il a été jugé (2) que, devant la juridiction répressive, la mise au rôle d'une affaire, effectuée
en audience publique et contradictoirement, sur déli-
vrance d'un bulletin par le greffier à chacune des parties,
manifeste suffisamment la volonté du demandeur de per-
sister dans sa demande et d'en poursuivre la solution. En
conséquence elle est interruptive de la prescription ; il

(1) Trib. Tarbes, 17 novembre 1896, *Gaz. Pal.*, 97.2, Sup. 8.
(2) Bordeaux, 20 janvier 1895, D. 95.2.55.

en est ainsi notamment en matière de délit de presse (1).

Mais, au contraire, la radiation du rôle, qui n'a pour effet ni de juger ni de terminer l'affaire, mais seulement de refuser l'audience jusqu'à la réintégration régulière de l'affaire sur le rôle, ne saurait être considérée comme un acte de poursuite ou d'instruction interruptif de la prescription (2).

§ 5. — Remises de causes.

Les remises de causes sont-elles des actes interruptifs de la prescription ? C'est là une question, à laquelle la brièveté du délai de la prescription en matière de délits de presse a donné une importance pratique considérable ; aussi aurons-nous à lui consacrer d'assez longs développements, ce qui nous a obligé à la traiter à part.

Il est difficile de classer définitivement les remises de causes soit dans les actes d'instruction, soit dans les actes de poursuite ; un tribunal peut en effet remettre l'étude d'une affaire dans des buts bien différents. Si c'est pour compléter l'instruction, comme dans le cas où il sursoit pour pouvoir entendre un témoin, ou pour ordonner une expertise ou la recherche d'une pièce, alors on peut dire que le renvoi constitue une mesure d'instruction. Mais le renvoi peut avoir été prononcé par mesure d'ordre à raison de nécessités d'audience ou pour des motifs de convenance ; par exemple l'encombrement du rôle met le tribunal dans l'impossibilité de juger le même jour toutes les affaires inscrites, ou bien c'est le prévenu qui demande un délai ou un avocat qui est retenu à une autre chambre : dans ces derniers cas, la remise n'apparaît plus comme une mesure d'instruction : l'instruction ne sera pas complétée

(1) Comp. Cass., 26 octobre 1887, D. 88.1.14 ; Cass., 25 juin 1888, D. 88. 1.356 ; Paris, 27 mai 1891, D. 92.2.573.
(2) Paris, 31 janvier 1884, *Gaz. Trib.*, 17 février 1885.

par le fait que la cause aura été renvoyée à un autre jour.
La remise constituera-t-elle alors un acte de poursuite?
Ici encore, il est difficile de répondre d'une manière définitive, car dans le cas par exemple, où c'est le prévenu
lui-même qui demande un délai, la remise ne paraît pas
avoir le caractère d'un acte de poursuite.

De ce qu'il n'est pas possible de classer d'une manière
définitive les remises de causes soit dans les actes d'instruction, soit dans les actes de poursuite, et de ce que,
dans certains cas, elles paraissent n'avoir les caractères
ni des uns ni des autres, s'ensuit-il que nous devons distinguer entre les remises, suivant le but que se sera proposé le tribunal en les prononçant, pour n'attribuer l'effet
interruptif de la prescription qu'à quelques-unes d'entre
elles?

C'est ce qu'a fait un arrêt de la Cour de Montpellier (1), qui a jugé qu'un renvoi n'est interruptif que lorsqu'il a pour but d'ordonner une mesure d'instruction ou
de régulariser la procédure. Cette doctrine ne nous paraît
pas devoir être admise. Quand le juge prononce une remise de cause, il la prononce simplement sans faire
connaître les motifs qui ont déterminé sa sentence. A qui
appartiendrait-il de le suppléer? A qui appartiendrait-il
de rechercher quel a été le mobile secret de sa décision
et par quels moyens prouver que la remise a été prononcée pour tel ou tel motif? Le plumitif, qui fait preuve de
la remise, est muet sur cette question. Il est en effet de
jurisprudence (2) que les jugements de remise, comme
tous les jugements purement préparatoires, n'ont pas
besoin d'être motivés. Pourquoi vouloir alors équivoquer
sur le motif?

(1) Montpellier, 1ᵉʳ décembre 1883, D. 84.2.55.
(2) Cass., 25 août 1837, *Bull.*, 251 ; 13 décembre 1862, *Bull.*, 281 ; 10 janvier 1873, *Bull.*, 9.

Nous devons, sans nous préoccuper des motifs pour lesquels le renvoi a été ordonné, l'envisager en lui-même, en lui donnant la signification qui lui est propre. Le renvoi constitue-t-il, indépendamment des motifs qui l'ont fait prononcer, un acte susceptible d'interrompre la prescription ? Telle est la question à résoudre.

A première vue, il semble qu'on doive répondre non.

En effet, que fait le juge en prononçant une remise de cause ? Il est régulièrement saisi ; la loi (art. 190 du Code) le met en demeure de rendre sa sentence ; en renvoyant, il fait un acte d'abstention. Certainement, sa conscience a été déterminée par des motifs sérieux et légitimes ; il n'y en a pas moins de sa part, sinon une renonciation, du moins une abstention. Comment une abstention pourrait-elle constituer un acte interruptif de la prescription ?

Mais si on envisage la remise de cause plus attentivement, on reconnaît qu'elle est autre chose qu'une simple abstention ; c'est un acte utile à l'avancement du procès et à sa solution définitive, qui n'est retardée que par des nécessités d'audience ou d'information ; loin de pouvoir être considérée comme une renonciation, elle atteste que la justice fait son œuvre, sans précipitation il est vrai, mais aussi sans négligence ; ce qui est suffisant pour interrompre la prescription.

Quand une remise est prononcée contradictoirement, c'est-à-dire en présence des deux parties, soit à leur demande, soit à la demande de l'une d'elles, on reconnaît généralement qu'elle est interruptive ; car une telle remise tient lieu de citation ; elle doit donc avoir le même effet qu'une assignation. De même, lorsque la demande de renvoi a été faite par la partie poursuivante ou bien lorsque celle-ci a élevé une contestation sur la demande de renvoi, la volonté de ne point abandonner l'instance est suffisamment manifestée par cette partie, pour donner à la remise le caractère d'acte de poursuite.

Les divergences se manifestent seulement à propos des
remises prononcées d'office par le tribunal et en l'absence
du prévenu. De telles remises, dit-on, ne peuvent valoir,
ni comme citations, puisque le prévenu était absent, ni
comme actes de poursuite, puisqu'elles n'émanent pas
de la partie poursuivante. A notre avis, elles valent dans
tous les cas comme actes de poursuite, qu'elles soient prononcées à la demande des parties ou d'office par le tribunal. La remise en effet est toujours prononcée sur les
conclusions du ministère public, au moins en matière répressive ; celui-ci est « un des membres, un des éléments essentiels de la juridiction correctionnelle, laquelle
n'est constituée que par la présence et le concours d'un
magistrat du ministère public ; elle ne peut agir, elle
n'existe même qu'avec ce concours (1) ». Il importe peu que
le ministère public n'ait pas expressément conclu. D'a-
bord, il est admis que « la loi n'exige pas à peine de nullité
que les décisions d'un tribunal soient précédées des conclusions formelles et spéciales du ministère public, alors
qu'aucun contentieux ne s'est élevé sur l'incident (2) ».
Puis, la forme de l'intervention du ministère public n'est
pas réglée par la loi ; il peut simplement s'en rapporter à
la prudence du tribunal et c'est ce qu'il fait, qu'il le dise
ou non expressément, quand il ne prend pas de conclusions formelles et spéciales ; ainsi donc, il conclut toujours. Et bien qu'en principe ses conclusions doivent être
mentionnées à peine de nullité, il est cependant admis
que « l'omission de la mention des conclusions n'emporte
pas nullité, si l'incident ne présente aucun contentieux (3) ».

Par cela seul que la remise de cause a été nécessairement

(1) F. Hélie, t. VII, § 533, p. 555.
(2) Cass., 19 juillet 1844, S. 44.1.722.
(3) F. Hélie, *loc. cit.*

précédée des conclusions du ministère public, qui est détenteur de l'action publique que la plainte a mise en mouvement, elle constitue un acte de poursuite interruptif de la prescription, au même titre que celle qui est prononcée à la demande de la partie poursuivante.

On dit, et c'est l'opinion de la jurisprudence : les remises de causes sont interruptives parce qu'elles sont de véritables jugements préparatoires ; or, toutes les remises se sont pas des jugements, et notamment celles qui sont prononcées par le président seul, et non par le tribunal tout entier. Nous retrouverons cette question plus loin ; mais nous faisons immédiatement remarquer qu'il n'est pas nécessaire que les remises soient des jugements, pour être interruptives. Qu'elles aient ou non le caractère de jugements, peu importe ; elles sont par elles-mêmes des actes susceptibles d'interrompre la prescription, par cela seul qu'elles impliquent de la part des parties poursuivantes la volonté de ne pas abandonner l'instance ; quelle que soit la qualification légale qui leur convienne, ce sont des actes judiciaires qui attestent de la part des parties civiles, quand elles sont présentes, et dans tous les cas de la part du tribunal saisi et du ministère public présent à l'audience, la volonté de donner prochainement aux poursuites une solution.

Au surplus, la remise est un acte émanant d'une autorité ayant qualité pour le faire ; pour nier que le tribunal n'était pas dans son droit en prononçant un renvoi, il faudrait décider qu'une juridiction saisie doit à peine de nullité statuer le jour même où l'affaire est appelée pour la première fois ; mais aucun texte de loi n'impose aux juges une semblable obligation. Il est vrai que certains textes semblent ne pas se prêter aux remises de causes : d'après l'article 182, le tribunal est saisi par la citation, et d'après l'article 186, si le prévenu ne comparaît pas, il

doit être jugé par défaut. Mais on sait que, même en cas
de défaut du prévenu, les juges ont le devoir de vérifier le
mérite de l'action et d'apprécier les faits incriminés ; ils
ont, par conséquent, la faculté soit d'ajourner leur décision, après avoir commencé l'examen de l'affaire, soit,
lorsque les convenances du service l'exigent, de remettre
purement et simplement la cause à une audience ultérieure.

Est-il ensuite bien vrai de dire que des remises sont
prononcées par le président seul ? Celui-ci n'a-t-il pas,
avant de prononcer le renvoi, pris l'avis des autres juges ?
Nous nous trouvons alors en présence d'une question de
fait ; n'est-il pas plus sage de décider que, lorsque le président prononce une remise, il a pris l'avis de ses collègues,
ou du moins que leur silence ne peut être considéré que
comme une approbation de la décision prise ; que, dans tous
les cas, toute remise de cause suppose un motif grave, qui
a dû être apprécié par le tribunal tout entier ?

Il ne faut pas perdre de vue enfin que la prescription
n'est pas établie dans l'intérêt du coupable, mais dans l'intérêt social ; qu'elle a pour base, en matière de droit commun, l'oubli présumé de l'infraction, en matière de presse,
le pardon présumé de l'infraction ; or, la remise de cause,
loin d'impliquer l'oubli ou le pardon de l'infraction, atteste au contraire la volonté formelle de la poursuivre ;
elle n'est qu'une phase de la poursuite.

Ajoutons qu'on ne saurait refuser dans aucun cas l'effet
interruptif aux remises de causes, car une doctrine contraire aurait pour effet de tendre des pièges à la partie civile, au ministère public et aux juges et d'assurer dans
beaucoup de cas l'impunité aux délinquants ; elle serait
donc contraire à l'ordre public ; tandis que la solution que
nous donnons est commandée par l'intérêt public et l'intérêt d'une bonne justice, qui ne veut pas qu'il soit fixé au

juge un délai fatal pour former sa conviction et rendre son arrêt sur une affaire, dont l'étude serait incomplète par défaut d'information ou rendue trop rapide par la nécessité de donner une solution à toutes les affaires qui encombrent l'audience ; par l'intérêt de la partie poursuivante, qui ne doit pas être exposée, par la nécessité où se trouve le tribunal de remettre l'affaire à une autre audience, à être dépouillée de son droit à la réparation. Si la loi de 1881 a voulu que les poursuites en matière de presse soient promptes, elle n'a pas voulu que les droits des parties soient lésés ou que des poursuites trop précipitées aboutissent à des solutions injustes. Comme le dit un jugement du tribunal de la Seine (1), si la loi du 29 juillet 1881 a imposé un délai de trois mois aux plaignants pour exercer leur action, elle n'a pas voulu enlever aux tribunaux le droit qui leur appartient d'accorder les remises nécessitées par la bonne administration de la justice, alors surtout que ces remises ont été accordées après l'audition des prévenus et à leur requête ; si ces remises n'interrompaient pas la prescription, les tribunaux ne sauraient plus, sans exposer les demandeurs à voir la déchéance de leurs actions, accorder aux défendeurs les délais et les remises nécessités par les besoins de leur défense.

Cette question des remises de causes a fait l'objet de nombreuses décisions judiciaires, notamment depuis la loi de 1881 ; elle a été résolue différemment, et nous ne comptons pas moins de six systèmes dans les solutions données par la jurisprudence ; aujourd'hui encore, la Cour de cassation ne paraît pas définitivement fixée.

1° Dans sa jurisprudence la plus ancienne, la Cour de cassation ne reconnaissait pas aux remises de causes le caractère d'actes interruptifs. Un arrêt du 14 décembre

(1) Trib. corr. Seine, 30 janvier 1884, *Gaz. Trib.*, 1ᵉʳ février 1884.

1844 (1) dit formellement qu'on ne peut pas exciper d'une interruption de la prescription, lorsque le tribunal n'a prononcé qu'un simple jugement de remise de cause engagée devant lui. C'est aussi l'opinion soutenue par M. Brun de Villeret (2).

Nous avons indiqué les raisons qui nous font combattre cette solution et les inconvénients qu'elle aurait en matière de courte prescription. En 1873, la Cour de cassation avait déjà elle-même abandonné sa jurisprudence de 1844.

2° Nous avons repoussé la doctrine de la Cour de Montpellier (3), qui distinguait entre les remises suivant le but et les circonstances qui ont inspiré la décision du juge : « Un acte, dit la Cour de Montpellier, étant interruptif lorsqu'il a pour objet la constatation à charge ou à décharge du délit et de ses circonstances, il est clair qu'un renvoi aux fins de régulariser la procédure ou de compléter l'instruction a nécessairement ce caractère ; mais un renvoi peut aussi ne représenter que la simple abstention du juge, un ajournement qui n'a pas de cause et dans ce cas, loin d'interrompre la prescription, il en est la raison d'être. » Il n'est pas possible d'admettre qu'un renvoi puisse n'avoir pas de cause et ne soit qu'une simple abstention, quand la loi fait au juge un devoir de statuer ; si le juge s'abstient momentanément, c'est qu'il a certainement des motifs graves et légitimes pour le faire ; nous avons déjà montré qu'on ne saurait faire de distinction entre les motifs, et que, dans tous les cas, la remise avait le caractère d'un acte de poursuite.

3° La sauvegarde des droits de la partie plaignante et

(1) Cass., 14 décembre 1844, P. 45.1.670.
(2) Brun de Villeret, 233.
(3) Montpellier, 1er décembre 1883, D. 84.2.55.

l'intérêt de la bonne administration de la justice ont inspiré au tribunal de Narbonne et à la Cour de Toulouse (1) une doctrine nouvelle en matière pénale : la prescription serait non seulement interrompue, mais aussi suspendue pendant tout le cours de l'instance. « La loi de 1881, dit le tribunal de Narbonne, a entendu imposer un délai au plaignant pour exercer son action, mais non au juge de la prévention, qui, une fois saisi par une citation régulière, reste libre dans l'intérêt d'une bonne administration de la justice de fixer la cause au jour le plus convenable pour être plaidée, de prolonger les débats même au delà de trois mois, s'il le croit nécessaire, la loi exigeant que l'action soit intentée, mais non le jugement rendu dans ce délai. » D'après la Cour d'Aix (2), le plaignant pour interrompre la prescription est tenu le jour de l'audience de conclure aux fins de la citation, et si le tribunal par un jugement prononce d'office le renvoi de l'affaire, la maxime *contrà non valentem agere non currit præscriptio* protège le plaignant qui se trouve alors dans l'impossibilité d'agir. Cette doctrine de la Cour d'Aix est adoptée par M. Barbier (3), qui pense qu'il pourrait être fait une application plus large que celle qui en est faite par la jurisprudence de la maxime *contrà non valentem*. « On pourrait, dit cet auteur, dire que la prescription est suspendue toutes les fois que l'état de la procédure explique et justifie l'inaction de la partie poursuivante, et nous admettrions volontiers que la remise de cause, non seulement interrompît, mais suspendît le cours de la prescription pour tout le temps s'écoulant entre le jour où elle est pronon-

____

(1) Trib. Narbonne, 26 novembre 1883, *Loi*, 13 janvier 1884 ; Toulouse, 3 décembre 1883, *Loi*, 7 janvier 1884.
(2) Cour d'Aix, 7 décembre 1883, S. 86.2.67.
(3) Barbier, Dissert. L. N. 84 3.5.

cée et le jour fixé pour la continuation de l'affaire. On éviterait ainsi d'imposer à la partie poursuivante la nécessité puérile de procéder à des actes de poursuite surabondants et ne pouvant en rien hâter la solution du litige. »

La théorie du tribunal de Narbonne ne peut être admise ; elle ne tend à rien moins qu'à rendre l'action pénale, une fois introduite dans le délai, perpétuelle, puisqu'elle n'aurait à redouter ni la prescription, ni la péremption d'instance, qui n'existe pas en matière criminelle (1).

Nous repoussons de même la théorie de la Cour d'Aix et de M. Barbier d'après laquelle la prescription serait suspendue, non plus pendant tout le cours de l'instance, mais seulement entre le jour où la remise est prononcée et le jour fixé pour la continuation de l'affaire. La maxime *contrà non valentem* ne trouve pas ici son application. Repoussée par plusieurs auteurs, elle n'est admise par la jurisprudence que lorsque l'empêchement, qui paralyse les moyens d'action du poursuivant, est un obstacle de droit, résultant de la loi elle-même. Or dans notre cas, non seulement il n'existe pas d'obstacle de droit, mais même l'action de la partie poursuivante n'est nullement paralysée ; elle peut toujours prévenir la prescription, en réassignant le prévenu. Nous reconnaissons avec M. Barbier qu'il est puéril de l'obliger à procéder à des actes de poursuite surabondants et inutiles à tous autres points de vue ; mais n'est-il pas plus simple de décider que la remise interrompt la prescription, au lieu de recourir à un palliatif qui n'est pas en conformité avec l'application seule possible de la maxime *contrà non valentem*, et qui ne repose sur aucun principe de notre droit criminel ?

Dans le système de la jurisprudence, la prescription en matière de remises de causes ne peut être suspendue que

(1) Cass., 28 novembre 1857, S. 58.1.171 ; Nîmes, 27 mars 1862, S. 62.2. 316. — Brun de Villeret, 238 ; Sourdat, 390.

dans un cas : c'est lorsque l'affaire est renvoyée pour le jugement ; dans ce cas il existe un obstacle de droit, la partie plaignante se trouvant dans l'impossibilité d'agir (1). Nous retrouverons cette question au chapitre de la suspension.

4° Dans un quatrième système, la prescription est admise avec beaucoup trop de faveur. Des arrêts de la Cour d'Aix (2) concluent de la différence de rédaction qui existe entre l'article 65 de la loi de 1881 et l'article 637 du Code que le législateur a entendu en matière de délits de presse restreindre les causes d'interruption, ne se contentant plus de démarches ou formalités indiquant de la part du plaignant la volonté de conserver son droit, mais exigeant un acte judiciaire qui constate l'exercice formel de son droit. « En admettant, dit la Cour d'Aix, que ces remises volontaires fussent de véritables jugements, on ne saurait en conclure que ce sont des actes de poursuite exigés par la loi pour interrompre la prescription ; en effet, l'article 65 de la loi du 29 juillet 1881, qui est la règle en la matière, ne parle que des actes de poursuite et non, comme l'article 637 du Code d'intruction criminelle, des actes d'instruction et de poursuite. » D'abord, nous avons vu que les remises de causes constituent dans tous les cas des actes de poursuite. Puis, en admettant qu'elles constituent des actes d'instruction, nous avons déjà démontré que la loi de 1881 n'a pas entendu exclure les actes d'instruction, qui rentrent dans le sens large du mot actes de poursuite, tel qu'il est employé dans l'article 65. On ne peut donc pas refuser aux remises de causes le caractère interruptif, pour la raison qu'elles ne constituent que des mesures d'instruction, et la théorie de la Cour d'Aix est d'autant moins admissible,

(1) Cass., 4 décembre 1885, S. 86.1.140.
(2) Aix, 22 septembre 1883, *Gaz. Pal.*, 23-24 décembre 1883 ; 7 décembre 1883, S. 86.2.67 ; 18 janvier 1884, *Loi*, 31 janvier 1884.

qu'elle ne s'applique qu'aux remises prononcées en matière de presse, où la nécessité de leur reconnaître l'effet interruptif se fait le mieux sentir.

5° Dans un cinquième système, sur lequel la jurisprudence de la Cour de cassation a paru fixée pendant un certain temps, on reconnaît que les remises de causes, mais seulement celles qui sont prononcées contradictoirement, constituent des jugements préparatoires interruptifs de la prescription ; quant aux simples renvois prononcés par défaut, ils ne sont point interruptifs.

La Cour de cassation (1), saisie en 1873 à propos d'un délit électoral, s'était prononcée pour la première fois en ce sens ; jusqu'à cette époque, comme nous l'avons vu, elle avait décidé que les jugements de renvois n'étaient point interruptifs. Depuis, elle a toujours décidé que les remises de causes étaient de véritables jugements préparatoires et des actes d'instruction dans le sens des articles 637 et 638 (2).

« Toutefois une remise de cause qui n'a pas été prononcée contradictoirement ne peut avoir aucun effet interruptif (3).

Mais il en est autrement d'une remise prononcée sur les conclusions de toutes les parties ; une pareille remise a le caractère d'un jugement préparatoire contradictoirement rendu et est interruptive (4).

(1) Cass., 4 avril 1873, D. 73.1.221.

(2) V. notamment Cass., 28 février, 26 juin et 30 octobre 1885, S. 86.1. 137 ; 25 juin 1888, D. 88.1.356 ; 26 avril 1888, D. 88.1.281 ; 12 juin 1891, D. 93.1.490 ; 13 mars 1893, D. 95.1.300 ; 1er juin 1894, D. 94.1.574. Dans le sens de la Cour de cassation : Trib. Seine, 18 mai 1883, *Gaz. Trib.*, 11 juillet 1883 ; 30 janvier 1884, *Gaz. Trib.*, 1er février 1884 ; Paris, 31 janvier 1884, *Gaz. Trib.*, 17 février 1885 ; Montpellier, 26 janvier 1884, *Gaz. Trib.*, 1er février 1884 ; Bourges, 1er mars 1885, D. 85.2.278 ; Paris, 14 février 1890, D. 90.2.309.

(3) Cass., 28 février 1885, *loc. cit.*

(4) Cass., 20 juin et 30 octobre 1885, *loc. cit.*

La prescription peut être invoquée, quand trois mois se
sont écoulés sans autre poursuite, depuis le jour où la
citation a été donnée, bien que l'affaire ait été remise
par le tribunal et que l'inaction du plaignant trouve son
explication dans ce renvoi. Le renvoi qui n'est pas accordé contradictoirement n'a pas de résultat interruptif (1).

La prescription est acquise au prévenu lorsque plus de
trois mois sont expirés depuis la citation, sans qu'il y ait
eu aucun renvoi contradictoire, l'affaire eût-elle même
été appelée à l'audience et renvoyée d'office à des dates
postérieures (2).

Le renvoi est interruptif, lorsque les parties ont com-
paru à la barre et ont décliné leurs noms, prénoms et qualités, et que cette formalité est constatée sur le plumitif
d'audience ; la cause se trouve en effet liée entre les parties (3).

Les remises prononcées en l'absence du prévenu ne peuvent valoir comme actes interruptifs : le seul moyen alors
de conjurer la prescription est de renouveler l'assignation (4).

Une remise contradictoire interrompt la prescription,
alors même qu'elle aurait été prononcée sur la demande
formelle du prévenu (5). »

De toutes ces citations résulte bien que les remises
ne sont interruptives que lorsqu'elles sont contradictoires.

Mais alors quelles remises sont contradictoires ? Doit-on

(1) Montpellier, 26 janvier 1884, *loc. cit.*
(2) Seine, 10 mai, *Gaz. Pal.*, t. IV, 2e partie, p. 86.
(3) Seine, 26 janvier 1884, *Loi*, 29 janvier 1884.
(4) Grenoble, 8 février 1883, *Loi*, 83, no 60 ; Seine, 15 février 1883, *Loi*, 83.
no 39.
(5) Cass., 13 mai 1893, *loc. cit.*

considérer comme contradictoires seulement les remises
prononcées avec le concours et sur la demande des parties
ou au moins en leur présence, et ne peut-on pas considérer comme contradictoires les remises obtenues par les
avocats des parties, alors que ces dernières ne sont pas
présentes à l'audience ?

Un arrêt de la Cour de cassation (1) répond que lorsque
la remise est portée au plumitif dans ces termes : « cause
remise à la demande des avocats », sans constatation de
la présence du prévenu ou de son mandataire légal dans
le cas où il peut être représenté, elle ne constitue pas un
acte de nature à interrompre la prescription en matière
correctionnelle ; en effet, le tribunal saisi prononce défaut
contre le prévenu qui ne comparaît pas en personne ou
par un avoué dans les cas spécifiés par la loi (art. 185 et
186, C. instr. crim.) ; nul ne peut suppléer ce mandataire
légal.

Deux arrêts de la Cour de Paris et de la Cour de Gand (2)
ont jugé de même que l'avocat n'a pas qualité pour représenter son client non présent, et que la remise prononcée à la demande d'un avocat, le prévenu ne compa-
raissant pas, n'est pas contradictoire (3).

Dans un arrêt du 31 décembre 1885 (4), la Cour suprême a jugé au contraire que la remise de cause accordée
sur la demande de l'avocat du prévenu non comparant,
déclarant parler au nom de celui-ci, doit être réputée contradictoire, le prévenu ayant été légalement représenté ;
et depuis, la Cour de cassation s'est toujours prononcée

(1) Cass., 20 juin 1885, D. 86.1.385.
(2) Paris, 8 janvier 1884, S. 86.2.68 ; Gand, 2 mai 1882, S. 83.4.4.
(3) En ce sens : Legraverend, II, 389 ; Boitard, *Leçons sur le Code
pénal et l'instr. crim., sur l'art.* 185 ; Massabiau, *Manuel du ministère
public,* II, 2944 ; Fabreguettes, II, 2164 ; Barbier, II, 1013-4° et 989.
(4) Cass., 31 décembre 1885, D. 86.1.385.

dans ce sens (1). Un arrêt du 15 mars 1845 avait déjà donné la même solution (2).

Dans le premier arrêt du 20 juin 1885, la Cour de cassation décidait que la remise obtenue par l'avocat n'était pas contradictoire, lorsqu'elle était sollicitée par l'avocat dans le seul intérêt de ses convenances personnelles, car il ne peut, par son propre fait, modifier la situation de son client. De même, l'arrêt du 31 décembre 1885, tout en reconnaissant à l'encontre du précédent que l'avocat a qualité pour représenter son client, exigeait, pour que la remise fût contradictoire, que l'avocat eût expressément déclaré parler au nom de l'inculpé non comparant. Cette distinction ne nous paraît pas fondée ; nous estimons qu'on ne doit pas rechercher si la remise a été demandée par l'avocat dans l'intérêt de ses convenances personnelles ou dans l'intérêt de la défense de son client ; on doit supposer dans tous les cas que c'est dans l'intérêt de son client que l'avocat a demandé le renvoi ; pourquoi exiger alors qu'il soit mis en relief cette circonstance que l'avocat a expressément déclaré parler au nom de l'inculpé non comparant ? Cela paraît inutile. Aussi, dans son arrêt du 18 décembre 1886, la Cour de cassation admettait sans restriction que « la remise de cause, ayant été prononcée sur la demande des avocats, devait être réputée contradictoire ».

Il nous reste à rechercher si l'avocat a qualité pour représenter son client ; mais auparavant il nous faut établir que la représentation est possible en matière correctionnelle.

L'article 185 du Code d'instruction criminelle dit :

(1) Cass., 2 juillet 1886, D. 86.1.474 ; Cass., 13 mars 1886, *ibid*. ; Cass., 18 décembre 1886, S. 88.1.41 ; Cass., 12 juin 1891, D. 93.1.190. *Sic* : Bordeaux, 18 avril 1894, D. 94.2.403 ; Carnot, sur l'article 185 ; Berriat-St-Prix, 2.594 ; F. Hélie, 7.2859.

(2) Cass., 15 mars 1845, *Bull.*, 98.

« dans les affaires relatives à des délits qui n'entraîneront pas la peine d'emprisonnement, le prévenu pourra se faire représenter... ».

A l'encontre des Codes de 1791 et de brumaire an IV, qui n'autorisaient dans aucun cas le prévenu à se faire représenter en matière correctionnelle, le Code de 1808 autorise donc la représentation au moins dans le cas de délits n'entraînant pas la peine d'emprisonnement.

Mais, même en matière de délits entraînant la peine de l'emprisonnement, quelque absolue que paraisse la règle de la comparution personnelle, la doctrine et la jurisprudence, s'inspirant plus des motifs que du texte de la loi, restreignent cette exigence de l'article 185 aux jugements sur le fond, et décident que la comparution n'est pas obligatoire, tant qu'il ne s'agit que de juger les exceptions préjudicielles qui sont indépendantes du fond.

C'est ainsi qu'il a été admis que la présence du prévenu n'est pas nécessaire, dans des affaires relatives à des délits emportant la peine d'emprisonnement, s'il s'agit simplement de plaider soit sur une exception d'incompétence (1), soit sur une question préjudicielle indépendante du fond (2). A plus forte raison, la représentation doit-elle être admise sans difficulté, quand il ne s'agit que d'un simple renvoi, qui ne peut avoir aucune influence sur le fond. C'est ainsi que la Cour de cassation (3) a jugé que, dans les instances concernant les délits susceptibles d'entraîner la peine de l'emprisonnement, la présence du prévenu n'est obligatoire que pour le jugement de la prévention ; le prévenu peut être valablement représenté pour les jugements des exceptions préjudicielles indépendantes

(1) Cass., 7 messidor an VIII, P. t. 1, p. 660 ; 12 juin 1829, P. XXII, 1126 ; 15 octobre 1831, P. XXIV, 1268.
(2) Cass., 29 août 1840, *Bull.*, 244 : 11 février 1876, D. 76.1 401, D. *Rép.*, v° *Pres. crim.*, n° 935 ; F. Hélie, 7, p. 667.
(3) Cass., 1er juin 1894, D. 94.1.574.

du fond et *à fortiori* pour les jugements de remises de causes.

On se fonde pour donner ces solutions sur ce que l'instruction relative aux exceptions est entièrement distincte de l'instruction relative à la prévention : la première tend précisément à ce que la prévention ne soit pas instruite ; la personne du prévenu ne se trouve donc pas encore mise en question.

Puis, la comparution et les explications du prévenu ne peuvent apporter aucune lumière dans le jugement de questions qui ne sont que des points de droit ; l'intérêt de la défense ne réclame pas non plus des explications personnelles du prévenu (1). Pourquoi alors déroger à la règle générale, qui permet au défendeur comme au demandeur de se faire représenter en justice ?

Toutes ces raisons s'appliquent évidemment, quand il ne s'agit que de demander un simple renvoi.

Notons que tout ce que nous venons de dire ne s'applique rigoureusement qu'au prévenu, car les personnes civilement responsables et la partie civile peuvent toujours se faire représenter ; l'article 190 dit formellement : « la partie civile ou son défenseur. »

Ainsi, les personnes civilement responsables et la partie civile dans tous les cas, le prévenu dans toute affaire n'entraînant pas la peine d'emprisonnement, et même dans le cas d'un délit entraînant la peine d'emprisonnement, lorsqu'il ne s'agit que de plaider sur une exception préjudicielle, peuvent se faire représenter. Nous pouvons donc bien affirmer que dans tous les cas une remise peut être demandée par les représentants des parties, et qu'elle devra être réputée contradictoire, tout comme celles qui sont demandées par les parties elles-mêmes.

(1) Cass., 22 juin 1838, *Bull.*, 174.

Mais nous avons à rechercher maintenant si les avocats ont qualité pour représenter leurs clients ou si la représentation des parties n'est pas exclusivement confiée aux avoués, même en matière correctionnelle.

On dit que l'article 185 n'a parlé que des avoués. A cela on répond qu'en parlant spécialement d'un avoué, cet article n'a pas voulu limiter le choix du prévenu et exclure tout autre mandataire. « L'article 185, dit M. Faustin-Hélie (1), en indiquant un avoué, n'a pas exclu tout autre mandataire. Il faut, pour expliquer cet article, le rapprocher de l'article 204, qui porte que la requête d'appel sera signée de l'appelant ou d'un avoué ou de tout autre fondé de pouvoir spécial.... Il y a cette seule différence que l'avoué ou l'avocat ne doit justifier d'aucun pouvoir ; il suffit qu'il se présente au nom de la partie, tandis que tout autre mandataire doit justifier de son mandat. » On peut opposer à M. Faustin-Hélie qu'il est en contradiction avec lui-même ; en effet, il interprète l'article 185 par l'article 204 ; et, si nous nous reportons aux explications qu'il donne sur ce dernier texte, nous voyons qu'il exige pour l'avocat, même pour celui qui a défendu l'appelant, un mandat spécial pour appeler, mandat dont l'avoué n'a pas besoin (2). Il est certain que l'avocat n'a pas, comme l'avoué, qualité pour appeler au nom de son client sans un pouvoir spécial ; la jurisprudence sur ce point est formelle (3). « Hors de l'audience, dit un arrêt de la Cour de Bourges (4), il n'existe entre l'avocat et son client d'autre lien que celui de la reconnaissance qui lui est due. »

Mais, si c'est à tort que M. Faustin-Hélie a rapproché

---

(1) F.-Hélie, *Instr. crim.*, 7, p. 674.

(2) F.-Hélie, *loc. cit.*, 8, p. 55.

(3) Cass., 15 mai 1812, P. X, p 401 ; 8 octobre 1829, P. XXII, p. 1467 ; Alger, 10 mai 1854, S. 54.2.486 ; Colmar, 2 février 1864, S. 65.2.128 ; Nimes, 7 juin 1866, S. 67.2.150.

(4) Bourges, 3 mars 1826, D. *Rép.*, v° *Avocat*, n° 367.

l'article 185 de l'article 204, devons-nous écarter sa thèse, quand il soutient que l'article 185 n'exclut point l'avocat ?

Remarquons d'abord que, pour la partie civile, la jurisprudence admet d'une manière formelle, depuis l'arrêt de Cassation rendu dans l'intérêt de la loi le 29 juillet 1851 (1), que le ministère des avoués en matière correctionnelle est facultatif pour la partie civile ; elle peut donc être valablement représentée par un avocat, qui, sans mandat spécial, peut requérir l'adjudication des conclusions à fins civiles. Nous avons déjà dit que les termes de l'article 190 ne sauraient laisser de doute sur ce point. Aussi, a-t-il été jugé par le tribunal de Bourganeuf (2), que l'article 185, en indiquant au prévenu un avoué comme mandataire, n'a pas imposé la même obligation à la partie civile, à l'égard de laquelle la loi commune doit seule recevoir son application ; qu'elle est donc libre de choisir le mandataire qui lui convient et spécialement un avocat ; qu'en France les avocats sont admis dans la pratique à représenter les parties comme les avoués sauf en matière civile, où le ministère des avoués est obligatoire, que pour eux, comme pour les avoués, la détention des pièces et spécialement de la citation introductive d'instance équivaut à un mandat spécial.

Pourquoi le prévenu ne serait-il pas libre comme la partie civile de choisir le mandataire qu'il lui plaît ? Et si l'avocat peut être le représentant de la partie civile, pourquoi ne pourrait-il pas être celui du prévenu ? Comment serait-il possible d'admettre que la remise demandée par l'avocat de la partie civile serait contradictoire, quand celle demandée par l'avocat du prévenu ne le serait pas ?

On dit que la doctrine de la Cour de cassation est contraire aux règles traditionnelles qui régissent le barreau et

(1) Cass., 29 juillet 1851, D. 51.1.202.
(2) Bourganeuf, 8 décembre 1883, *Gaz. Pal.*, 84.1.89.

qui font défense à un avocat d'accepter un mandat quelconque. « L'avocat, dit M. Barbier (1), n'est pas et ne peut pas être le représentant légal de son client ; il n'est que son porte-paroles et ne doit plaider qu'assisté de son client ou de l'avoué de celui-ci. »

Mais si les règles du barreau devaient s'entendre en ce sens que l'avocat ne peut pas représenter son client, lorsque, comme en matière correctionnelle, le ministère de l'avoué n'est que facultatif, il faudrait dire aussi que l'avocat ne peut pas représenter la partie civile ; et nous venons de voir qu'une jurisprudence constante en décide autrement. La Cour de cassation (2) a même admis qu'un avocat peut former un pourvoi en cassation sans pouvoir spécial. « Attendu, dit-elle, que le pourvoi a été formé par Mᵉ Durand Valentin, qui avait assisté le demandeur aux débats, comme son conseil et son défenseur et qu'en cette qualité il doit être assimilé à la personne même de l'accusé et comme tel investi de ses pouvoirs à l'effet de rendre sa défense complète ; qu'ainsi, ce pourvoi est valable, aux termes de l'article 417. » Labori (3) fait remarquer que les avocats sont assez souvent, en province, mandataires de leurs clients devant les tribunaux de commerce. La Cour de Toulouse (4) a jugé notamment que le fait par un avocat d'accepter le mandat de représenter le client d'un avoué devant le Tribunal de commerce ne constitue pas une faute professionnelle exposant cet avocat à une peine disciplinaire, alors qu'une semblable acceptation de mandat est conforme à la pratique constante suivie par les avocats du même barreau. « L'avocat, dit Dalloz (5), ne représente pas la partie, du moins il

(1) Barbier, II, 989.
(2) Cass., 1ᵉʳ décembre 1854, S. 55.1.67.
(3) Labori, vᵒ *Avocat*, nᵒ 96.
(4) Toulouse, 20 février 1896, D. 96.2.372.
(5) D. *Rép.*, vᵒ *Avocat*, 366.

ne la représente pas aussi complètement que l'avoué. »

Ces solutions et ces pratiques sont-elles contraires aux règles qui régissent le barreau ? L'article 42 de l'Ordonnance du 20 novembre 1822, qui régit la profession d'avocat, porte que « cette profession est incompatible avec toute espèce de négoce, et qu'en sont exclues toutes personnes exerçant la profession d'agents d'affaires. » Les termes mêmes de cet article ne semblent pas du tout interdire à l'avocat de représenter une personne devant les tribunaux. Si nous consultons les auteurs qui ont écrit sur les règles de la profession d'avocat et certains arrêtés des conseils de l'Ordre, nous y voyons, il est vrai, que tout mandat, même gratuit, est interdit à l'avocat (1) ; mais nous y voyons aussi que « cette discipline est fondée sur la dignité de la profession, qui ne permet pas que le ministère dégénère en une agence d'affaires, et sur la nécessité de prévenir les responsabilités et les actions judiciaires inséparables des mandats, qui se multiplieraient indéfiniment (2). » « Le mandat, dit M. Cresson (3), implique la nécessité de rendre compte ; il soumet le mandataire à la responsabilité, à la discussion de ses actes, à des poursuites, à des débats judiciaires. Le caractère de l'avocat, sa dignité et son indépendance ne peuvent accepter ces obligations ; en les subissant, l'avocat deviendrait un agent d'affaires ; la loi, après les anciens usages, a exclu de la profession ceux qui se livrent à cette industrie et qui sont, pour leurs opérations, justiciables du tribunal de commerce. »

Tels sont les motifs de l'interdiction de tout mandat à l'avocat ; il semble bien que ce qu'il est interdit à l'avo-

(1) Toulier, *Dr. civ. fr.*, t. 10, p. 429 ; Garsonnet, I. CIII, p. 407. Arrêté du 22 décembre 1863.
(2) Arrêté du 6 juillet 1825.
(3) Cresson, *Usages et règles de la profession d'avocat*, I, p. 90.

cat, c'est non pas seulement d'être un agent d'affaires justiciable du tribunal de commerce, mais même d'accepter
tout mandat, unique ou isolé, qui le rendrait responsable
de ses actes et comptable de sa gestion.

Dirons-nous alors que l'avocat ne peut pas représenter
son client devant les tribunaux ? L'avocat, n'est-il pas
vrai, est placé auprès de son client autant pour le défendre par sa parole, que pour l'éclairer et le diriger ; il met
son expérience et son savoir au service de celui qui est
ignorant des lois et de la procédure ; n'a-t-il pas reçu de
celui qui lui a confié ses intérêts le pouvoir de faire tout
ce qu'il jugera utile, pour que le procès arrive à bonne
fin ? Pourquoi lui refuser alors le droit de faire des actes
de procédure au nom de son client ? Si un tel droit paraît
rentrer dans la mission légale de l'avocat, il est pourtant
conforme aux règles traditionnelles du barreau d'éviter
d'en user. M. Cresson (1), rapportant la décision de la
Cour de cassation, qui admet qu'un avocat peut former
un pourvoi sans pouvoir spécial, ajoute : « La légalité
d'une pareille démarche n'empêche pas qu'elle doive être
évitée ; l'avocat ne serait tout à fait excusable que si aucun intérêt personnel, aucune imprudence n'avaient été
mêlés à sa résolution et à son action. »

Rappelons à ce propos que, lors du procès Casério,
Mᵉ Dubreuil, qui avait assumé, en sa qualité de bâtonnier
de l'Ordre des avocats de Lyon, la tâche ingrate de défendre
l'assassin du président Carnot, signa lui-même des conclusions, que son client anarchiste refusait énergiquement
de signer, ne voulant pas, selon son expression, reconnaître la justice des bourgeois. « Dans cette défense de Casério, dit l'éminent bâtonnier, j'ai reçu une consigne,
celle de l'y aider et au besoin, comme par force, de l'y suppléer. »

(1) Cresson, *op. cit.*

Mais nous tenons de Mᵉ Dubreuil, que, s'il avait estimé devoir prendre cette détermination, ce n'était bien que parce que les circonstances particulières où il se trouvait, près d'un malheureux qui ne voulait pas se défendre, l'y avaient forcé : en toute autre occasion, quelle que soit la légalité d'un pareil acte, respectueux des traditions du barreau, il l'eût certainement évité.

Le fait de demander une remise de cause au nom de son client est-il aussi un de ces actes qui rentrent dans le rôle légal de l'avocat, mais qu'un avocat scrupuleux et respectueux de la discipline de l'Ordre doit éviter ? Il paraît difficile de le soutenir, en présence d'une pratique contraire constante. D'ailleurs en quoi un avocat engagerait-il sa responsabilité en demandant une remise, puisque la remise émane du tribunal ? En quoi sa dignité serait-elle compromise ? Que fait-il en définitive ? Il présente des conclusions qui n'ont pas besoin d'être écrites ni signées.

Que l'on ne dise pas qu'en demandant une remise l'avocat du prévenu expose sa responsabilité, car, si on décide que cette remise est interruptive, elle prive le prévenu du bénéfice de la prescription, qu'il était sur le point d'obtenir. D'abord, il n'est pas permis de supposer qu'un avocat agirait ainsi contre les intérêts de son client ; puis, si l'avocat n'avait pas demandé la remise, que serait-il advenu ? ou bien la remise aurait été demandée par la partie civile ou le ministère public, ou prononcée d'office par le tribunal, et l'effet aurait été le même ; ou bien l'affaire aurait été retenue, plaidée et jugée, et le jugement aurait interrompu la prescription.

Il nous paraît donc que l'on doit décider, avec la Cour de cassation, que la remise de cause demandée par l'avocat doit être réputée contradictoire. La Cour de Paris (1),

(1) Paris, 9 juillet 1883, S. 84.2.116, et 27 mars 1885, *Gaz. Trib.*, 18 avril 1885.

tout en décidant, comme elle l'avait fait dans son arrêt du 8 janvier 1884, que l'avocat n'a pas qualité pour représenter son client non présent, est arrivée par une déduction à donner la même solution que nous, en jugeant qu'il n'est pas nécessaire, pour qu'une remise soit contradictoire, que le jugement de remise constate que c'est avec l'assentiment et en présence de son client que l'avocat a demandé la remise, la présence des avocats à la barre faisant supposer la présence des parties à l'audience.

Sont donc contradictoires toutes les remises prononcées en présence des parties ou de leurs avocats, mais seulement, dans le système de la jurisprudence, lorsque ceux-ci auront expressément déclaré parler au nom de leurs clients.

Il nous faut maintenant rechercher si la distinction faite par la jurisprudence entre les remises contradictoires et les remises prononcées par défaut est fondée. A notre avis, elle n'a aucune raison d'être, quand on agite la question de savoir si les remises ont ou non le caractère d'actes interruptifs. Elle ne peut offrir de l'intérêt que quand il s'agit de savoir si à la suite d'un renvoi le prévenu doit ou non être assigné de nouveau ; lorsque le prévenu comparaît volontairement à l'audience fixée par la remise, il est admis que le tribunal peut être saisi par la comparution volontaire des parties, en matière correctionnelle comme en matière de simple police (1) ; mais s'il ne comparaît pas, et si le tribunal n'a pas fixé le jour où les parties doivent se représenter à l'audience, une nouvelle citation est nécessaire pour mettre le prévenu en demeure de comparaître (2) ; si au contraire l'affaire a été renvoyée à un jour déterminé, la jurisprudence distingue alors

(1) Cass., 10 juin 1853, D. 53.1.319 ; Trib. Seine, 10 mai 1883, *Gaz. Trib.*, 11 juillet 1883.
(2) Cass., 22 août 1862, D. 62.5.22.

entre les remises contradictoires et les remises par défaut:
dans le premier cas, le prévenu est, par le fait de la remise
prononcée en sa présence, mis en demeure de se représenter à l'audience indiquée ; et s'il ne comparaît pas, le
tribunal peut le condamner par défaut ou même le condamner contradictoirement, si la remise n'a eu lieu qu'a-
près les débats et pour fixer le jour où le jugement sera
prononcé (1) ; dans le second cas, quand la remise a été
prononcée en l'absence du prévenu, le tribunal ne peut
prononcer contre lui une condamnation même par défaut,
ni même prononcer un jugement préparatoire ordonnant
une seconde remise, s'il n'a pas été réassigné (2), ou au
moins s'il n'a pas été légalement informé de la remise (3).

Cette distinction que fait la jurisprudence est certainement très fondée, quand il s'agit de savoir si le prévenu
est suffisamment mis par une remise en demeure de se
représenter à l'audience indiquée ; elle importe peu quand
il s'agit de savoir si les remises sont des actes interruptifs. Elle se comprendrait si on admettait que les remises ne sont interruptives qu'autant qu'elles contiennent
une assignation ; mais la jurisprudence se fonde, pour décider que les remises contradictoires sont interruptives,
sur ce qu'elles constituent des jugements préparatoires.
Pourquoi les remises par défaut ne constitueraient-elles
pas aussi des jugements préparatoires ? En quoi la présence ou l'absence des parties peut-elle changer le caractère d'une décision prise par le tribunal ?

Il importe peu, d'ailleurs, que la remise par défaut soit
inconnue du prévenu ; il résulte en effet de l'article 637
in fine qu'il n'est pas nécessaire, pour que les actes inter-

---

(1) Toulouse, 24 juin 1831, D. *Rép.*, v° *Jug. p. déf.*, 454 ; Cass., 8 mars 1851,
D. 51.5.70.
(2) Cass., 15 mars 1845, D. 45.4.63.
(3) Cass., 22 juin 1878, D. 78.1.443.

ruptifs produisent leur effet, qu'ils soient parvenus à la connaissance du prévenu.

On ne pourrait pas, pour soutenir une opinion contraire, invoquer certains arrêts (1) desquels il résulte que les remises de causes prononcées d'office en matière civile par le président du tribunal et portées à la connaissance des avoués par les bulletins du greffe sont de simples mesures d'ordre, qui ne peuvent interrompre la péremption d'instance, s'ils n'indiquent pas que les remises ont eu lieu à la diligence des avoués. La situation n'est pas la même ; en matière civile, la péremption se couvre, dit l'article 399 du Code de procédure civile, « par les actes valables faits par l'une ou l'autre des parties avant la demande en péremption ». On ne peut pas alors assimiler à un de ces actes qui doivent, d'après la Cour de cassation (2), avoir le caractère d'actes de poursuite tendant à l'instruction et au jugement de la cause et par lesquels l'une des parties manifeste son intention de suivre la procédure, la remise de cause qui n'est constatée que par un bulletin de remise émané du greffier. Mais en matière de prescription pénale, il importe peu que l'acte interruptif soit ou non connu du prévenu, qu'il émane de la partie civile, du ministère public, du prévenu lui-même ou du tribunal ; la prescription est interrompue par tout acte ayant le caractère d'acte d'instruction ou de poursuite et émanant d'une personne ou d'une autorité ayant qualité pour le faire. La remise de cause, même celle qui est prononcée par défaut, réunit ces conditions.

Pour en finir avec le système de la jurisprudence, il nous faut rechercher s'il est exact de considérer les remises de causes comme des jugements préparatoires.

____

(1) Cass., 27 mars 1885, D. 89.1.69 ; Cass., 26 octobre 1886, D. 86.1.356 ; Paris, 27 mai 1891, D. 93.2.573.
(2) Cass., 9 août 1837, 23 juillet 1860, D. *Rép.*, 181.

Elles sont des jugements préparatoires, dit la Cour de cassation, parce qu'on ne peut pas assimiler les remises prononcées en matière correctionnelle et constatées sur le plumitif aux bulletins de remise en matière civile : ceux-ci émanent simplement des greffiers ; les parties y sont étrangères ; enfin, elles sont toujours maîtresses d'abandonner le procès ; en matière correctionnelle, au contraire, le tribunal ne peut être dessaisi, la cause une fois engagée, ni par l'abandon de la partie civile (sauf toutefois en matière de délits de presse) ni par celui du ministère public.

Ces différences existent en effet entre les remises en matière civile et les remises en matière correctionnelle ; mais nous ne voyons pas comment la Cour peut en déduire que les unes doivent avoir le caractère de jugements préparatoires, et non les autres.

A la doctrine de la Cour de cassation, la Cour d'Aix (1) objecte que les remises de causes ne sont pas des jugements, parce qu'elles ne sont pas signées par le tribunal tout entier, comme l'article 196 l'exige pour les jugements ; le plumitif, qui constate la remise, n'est signé ni par le président, ni par les juges. Il faudrait au moins, dit la Cour d'Aix, que le plumitif établît que les remises ont été prononcées, non par le président procédant à l'appel préparatoire des causes, mais par le tribunal tout entier.

On objecte aussi qu'aux termes des articles 190 et 234 du Code d'instruction criminelle il doit être fait mention dans les jugements correctionnels que le ministère public a été entendu en ses conclusions ; enfin que les jugements doivent être motivés. Or, ces formalités ne sont point observées à l'égard des remises de causes.

A ces objections on répond que toutes ces formalités ne

____

(1) Aix, 7 décembre 1883, S. 86.2.67.

sont pas exigées à peine de nullité à l'égard des jugements purement préparatoires ou d'incidents.

D'abord, en ce qui concerne la nécessité de la signature du président et des juges sur la minute du jugement, il est admis, à l'égard des jugements incidents ou d'instruction, que les signatures du président et du greffier sur le procès-verbal d'audience sont suffisantes (1).

A la deuxième objection de la Cour d'Aix, qui se refuse à voir des jugements dans les remises, parce qu'il faudrait au moins que le plumitif établît que les remises ont été prononcées non par le président seul mais par le tribunal tout entier, M. Barbier (2) oppose qu'il n'est pas dans l'usage, au moins à Paris, de procéder à un appel préparatoire des affaires correctionnelles ; qu'en outre, aux termes de l'article 190, le jugement doit être prononcé de suite, ou au plus tard à l'audience suivant celle où l'instruction de l'affaire est terminée, ce qui indique au moins que toute remise de cause, en matière correctionnelle, suppose un motif grave dont l'appréciation ne peut appartenir qu'au tribunal tout entier.

Pour ce qui est de la mention que le ministère public a été entendu, le même auteur dit qu'il est très douteux que cette formalité soit obligatoire et doive être observée à peine de nullité à l'égard des jugements purement préparatoires ou d'incidents, et il renvoie à Dalloz (3). Or, dans Dalloz, nous lisons au contraire que la mention que le ministère public a été entendu est prescrite à peine de nullité, même pour les jugements préparatoires. Il semble bien pourtant que, sans aller jusqu'à voir dans les articles 153 et 190, comme le font M. Faustin-Hélie et un arrêt de

____

(1) D. *Rép.*, vᵒ *Jugement.*, 847. *Sup. eod. verbo*, 676 ; F.-Hélie, *Code pénal*, 6. 2717 et 2995.

(2) Barbier, L. N. 84.3.3.

(3) D. *Rép.*, vᵒ *Jugem.*, 839 et suiv., *Sup. eod. verbo*, 665 et 666.

la Cour d'assises de la Seine (1), des recommandations générales plutôt que des prescriptions devant être observées à peine de nullité, l'on puisse décider que l'omission de la mention que le ministère public a été entendu ne saurait emporter nullité, à l'égard d'incidents qui, comme les remises de causes, ne présentent aucun contentieux.

Quant à la nécessité de motiver les jugements, on est d'accord pour reconnaître qu'il n'est pas nécessaire de motiver les jugements préparatoires, qui ne préjugent rien. La jurisprudence (2) affranchit notamment de cette obligation les jugements d'incidents rendus pendant le cours des débats, ceux qui sont préparatoires et de pure instruction, leur existence seule attestant le motif qui les a dictés. « Il n'y a pas d'intérêt, dit M. Faustin-Hélie (3), à motiver des mesures purement préparatoires, qui n'acquièrent aucun droit aux parties et qui ne sont susceptibles d'aucune voie de recours avant le jugement définitif. »

Si l'on admet ainsi que toutes les formalités des articles 153, 190, 196 et 234 du Code d'instruction criminelle ne sont pas exigées à peine de nullité à l'égard des jugements purement préparatoires, on peut qualifier de jugements préparatoires les remises de causes, du moins quand le plumitif qui constate la remise a été signé par le président et le greffier. La question est assurément très délicate ; bien que la doctrine de la jurisprudence paraisse se justifier, nous la repoussons, car elle laisse en dehors des remises interruptives les remises qui sont constatées par le plumitif signé ni par le président ni par le greffier, et ce sont en pratique les plus nombreuses.

Puis, pourquoi aller dire que les remises constituent des jugements, quand, comme nous l'avons montré, elles

(1) F.-Hélie, 6.2949 ; Assises de la Seine, 30 octobre 1882, S. 85.2.16.
(2) D. *Rép.*, v° *Jugem.*, 965 et 1071.
(3) F. Hélie, *Th. du Code d'inst. crim.*, VII, § 565, p. 794.

ont par elles-mêmes un caractère propre, qui en fait des actes interruptifs, sans qu'il soit besoin de les assimiler à une autre catégorie d'actes ?

6° La Cour de cassation, dans quelques arrêts, s'est écartée de sa jurisprudence, et a reconnu que la remise prononcée d'office hors la présence du prévenu pourrait avoir un effet interruptif, mais qu'autant qu'elle intervenait au jour où le prévenu avait été mis en mesure de comparaître ; car dans ce cas son devoir était de se présenter devant le tribunal et les jugements rendus à cette date pouvaient lui être opposés. Mais en dehors du cas où la remise a été prononcée à l'audience où le prévenu régulièrement cité devait comparaître, les remises par défaut ne seraient pas interruptives, car on ne pourrait attacher les effets d'un acte interruptif de la prescription à une décision que le prévenu ne pouvait être présumé avoir connue.

La Cour de cassation a donné pour la première fois cette solution dans un arrêt du 31 décembre 1885 (1), qui a jugé que la remise de cause prononcée d'office par le tribunal, en raison des nécessités du service, le jour où l'inculpé régulièrement cité devait comparaître « constituait, alors même que la présence des parties n'était pas mentionnée, un véritable jugement préparatoire ayant le caractère d'un acte d'instruction ou de poursuite susceptible d'interrompre la prescription ». Le rapporteur, M. le conseiller Larouverade, s'exprimait ainsi : « Il semble que, si les remises prononcées d'office hors la présence du prévenu peuvent avoir un effet interruptif, c'est seulement lorsqu'elles interviennent au jour fixé par la citation, c'est-à-dire à l'audience même où le prévenu aurait dû comparaître. A

(1) Cass., 31 décembre 1885, D. 86.1.385 ; Cass., 2 juillet 1886, D. 86.1. 474 ; Paris, 14 février 1890, D. 90.2.309 ; Trib. Pau, 1er juin 1898, *Mon. Lyon*, 17 décembre 1898 ; Cour du Luxembourg, 7 juillet 1893, D. 95.2. 403.

cette date, en effet, le tribunal saisi entame ou n'entame pas l'examen de l'affaire ; c'est son droit ; et si cet examen est renvoyé à un autre jour, le prévenu n'a pas à s'étonner d'une mesure d'où ne peut résulter pour lui aucun avantage . Que si , au contraire , le tribunal ordonne une deuxième remise, non contradictoire, on peut dire qu'à défaut de réassignation le prévenu est réputé n'avoir pas pu connaître le nouveau renvoi et que, par suite, ce nouveau renvoi n'a pas eu comme le premier l'effet d'interrompre la prescription. »

Il est évident que si le tribunal n'a pas été saisi par une citation donnée au prévenu, il est sans pouvoir pour pouvoir ordonner même une simple remise. Mais nous ne pouvons accepter la raison que donne la Cour de cassation ; il importe peu en effet que le prévenu puisse être présumé n'avoir pas connu la remise ; nous avons déjà dit qu'il n'est pas nécessaire que les actes interruptifs soient parvenus à la connaissance du prévenu, pour qu'ils produisent leur effet.

Nous avons étudié les différentes solutions données à la question des remises de causes par la jurisprudence. En doctrine, à part M. Brun de Villeret (1), qui, de même que la Cour de cassation dans sa jurisprudence la plus ancienne, ne reconnaît pas aux remises l'effet interruptif, il n'y a guère que les auteurs qui ont écrit sur la loi de 1881, qui se soient occupés de la question.

Parmi eux, M. Fabreguettes (2) suit l'opinion de la jurisprudence ou du moins l'opinion sur laquelle la Cour de cassation était fixée jusqu'en 1886, et distingue entre les remises contradictoires et les remises par défaut.

M. Barbier, après avoir admis dans son *Code de la*

(1) Brun de Villeret, 233.
(2) Fabreguettes, II, 2164.

Presse (1) que les remises contradictoires et par défaut
constituent des jugements préparatoires, mais pour ces
dernières qu'autant qu'elles ne sont pas nulles comme
ayant été rendues à une audience à laquelle le prévenu
n'était pas régulièrement mis en demeure de comparaître
se rallie, dans une dissertation parue dans les Lois nouvelles (2), au système préconisé par le tribunal de Narbonne et qui consiste à étendre l'application de la maxime
contrà non valentem. Nous avons déjà réfuté ce système.

Quant à M. Favrot (3), il reconnaît comme nous que
toute remise contradictoire ou par défaut, prononcée par
le président ou par le tribunal tout entier, est interruptive de la prescription. Seulement la raison qu'il donne
ne peut pas être admise d'une façon absolue. La remise est
interruptive, d'après lui, parce qu'elle est en elle-même
une véritable assignation. « En même temps que le juge déclare pour le présent ne vouloir statuer, il fixe un jour où
il rendra sa sentence, il ajourne (au sens juridique du
mot) le prévenu, il l'assigne, et il en a le droit puisqu'il
est saisi de l'action sans pouvoir s'en dessaisir. Dans la
remise, il y a une véritable assignation du prévenu. Cela
est si vrai que l'exploit d'ajournement de la partie n'aurait plus de raison d'être ; il ferait double emploi. Or, l'assignation est au premier rang des actes interruptits. Nous
ne voyons pas de raison de distinguer si elle émane de la
partie poursuivante ou du tribunal. »

Nous ne croyons pas que l'assimilation soit toujours
parfaite entre la remise de cause et la citation. S'il est vrai
qu'en cas de remises contradictoires l'exploit d'ajournement n'a plus de raison d'être et que la remise dans ce cas
apparaisse comme une assignation donnée par le tribunal,

(1) Barbier, II, 1013.
(2) L. N. 84.3.1.
(3) Favrot, *France judic.*, 84-85, 1ʳᵉ partie, p. 169.

il n'en est plus de même en cas de remise prononcée en
l'absence du prévenu ; alors, comme nous l'avons déjà dit,
un nouvel exploit est nécessaire ; la remise n'aura pas
agi comme une citation. Le système de M. Favrot conduirait donc logiquement à décider que les remises prononcées par défaut ne sont pas interruptives.

Pour nous, nous concluons, avec le tribunal de Pau (1),
« qu'on ne voit pas pour quel motif des remises de causes,
même accordées en l'absence de l'un des inculpés, ne seraient pas considérées comme des actes d'instruction ayant
pour effet d'interrompre la prescription ; que ces remises
de causes, qui sont prononcées par le tribunal dans la
plénitude de ses attributions, sont autant de décisions préparatoires rendues et imposées soit par la nécessité du
service, soit par une nouvelle instruction de l'affaire, soit,
enfin, pour d'autres motifs non moins graves, de telle sorte
qu'il est impossible de ne pas considérer, par conséquent,
comme des mesures d'instruction interruptives de la prescription », évitant ainsi de dire que les remises constituent
des jugements ; mais nous ajoutons aux considérants de
ce jugement que les remises sont non seulement des actes
d'instruction, mais aussi, comme nous l'avons montré,
des actes de poursuite.

Pour en terminer avec les remises de causes, il nous
reste une question à étudier : elles ne sauraient produire
leur effet qu'autant qu'elles sont régulièrement constatées ; sur ce point, tout le monde est d'accord. Comme
l'ont jugé notamment deux arrêts de la Cour de cassation (2), la remise qui n'a été constatée ni sur la feuille
d'audience, ni sur le plumitif, ne saurait interrompre la
prescription : il ne reste alors, en réalité, aucune trace
légale d'un acte interruptif.

(1) Trib. corr. Pau, 16 mai 1883, L. N. 84.3.2-8.
(2) Cass., 28 février et 31 décembre 1885, D. 86.1.385.

Mais en quoi consiste la constatation régulière d'une
remise de cause ? Suffit-il, pour qu'une remise soit interruptive, qu'elle soit mentionnée sur les notes d'audience
ou plumitif, c'est-à-dire sur les notes sommaires des déclarations des témoins et des réponses des prévenus, tenues à l'audience par le greffier, conformément à l'article 189 du Code d'instruction criminelle, et visées par le
président dans les trois jours de la prononciation du jugement, ou faut-il qu'elle soit portée, sous forme de jugement rédigé en minute, sur la feuille d'audience proprement dite, qui est signée par le greffier et par tous les
juges qui ont rendu le jugement (art. 164, 193, 370 du Code
d'instruction criminelle) ?

Sur cette question il y a divergence, et la jurisprudence
paraît divisée en deux systèmes.

La Cour de cassation ne fait pas de distinction, comme
le font un grand nombre d'auteurs, entre le plumitif proprement dit ou la feuille sur laquelle le prononcé du jugement est écrit à l'audience par le greffier, et la feuille
daudience sur laquelle cet officier transcrit la première
rédaction, rectifiée s'il y a lieu par le président. Les deux
expressions désigneraient la même chose, et ne s'appli-
queraient point à un registre tenu par le greffier pour
préparer la rédaction ultérieure de la feuille d'audience,
registre dont il n'est question dans aucune loi ni aucun
règlement et qui n'a aucune existence légale ; mais elles
ne sauraient désigner autre chose que la feuille signée
par le président et le greffier, contenant la mention authentique des faits qui se sont passés à l'audience, des
conclusions qui y ont été prises, et des jugements de toute
nature qui y ont été rendus (1). Dans d'autres arrêts, la
Cour de cassation substitue les mots « notes d'audience » au

____

(1) Cass. civ., 4 novembre 1885 D. 86.1.295.

mot « plumitif », mais les trois expressions « feuille d'audience, plumitif, notes d'audience » semblent désigner la
même chose (1). A l'appui de la doctrine de la Cour de cassation, on peut citer l'opinion de M. Carré ; d'après cet auteur, « la minute est rédigée sur une feuille volante appelée
feuille d'audience ; toutes les feuilles se réunissent, à la
fin de l'année, en un cahier ou registre, qui prend le nom
de registre d'audience, autrement de plumitif, c'est-à-dire
registre de celui qui tient la plume à l'audience (2) ».
M. Chauveau (3) remarque que M. Carré paraît confondre,
comme ne faisant qu'un, le plumitif et la minute. « Ce
sont pourtant deux choses différentes. Il serait le plus
souvent impossible au greffier d'écrire en entier le jugement à l'audience sur le prononcé du jugement ; il se con-
tente de tenir, pour mémoire, note de ses dispositions, et
cela sur un registre ou cahier particulier, nommé plumitif. Il en transcrit ensuite la rédaction complète sur la
feuille d'audience qu'on nomme minute. »

Quelques arrêts, et notamment un arrêt de la Cour d'Aix
et un arrêt de la Cour d'Orléans (4), distinguent soigneusement le plumitif et la feuille d'audience. Nous repro-
duisons l'arrêt d'Orléans, qui donne la définition de plusieurs expressions : « Attendu, dit-il, qu'il faut distinguer
entre la feuille d'audience, le plumitif et les notes d'audience, au point de vue des effets légaux de leurs constatations ; que la feuille d'audience, prescrite par les articles 36 et 39 du décret du 30 mars 1808, et mentionnée

<hr>

(1) V. Crim. rej., 4 avril 1873, D. 73.1.221 ; Crim. cass., 28 février 1885,
et 31 décembre 1885, D. 86.1.385 ; 13 mars 1886, et 2 juillet 1886, D. 86.1.
474 ; 26 avril 1888, D. 88.1.281 ; 12 juin 1891, D. 93.1.190 ; 1er juin 1894,
D. 94.1.574 ; Paris, 14 février 1890, D. 90.2.309 ; Trib. Tarbes, 17 novembre
1896, *Gaz. Pal.*, 97.2, Sup. 8.

(2) Carré, *Lois de la procéd. civ* art. 138, t. 1er, p. 700. V. *Traité des
jugements* de M. Poncet, t. 1, p. 19.

(3) Chauveau, Carré (*eod. loco*).

(4) Aix, 7 décembre 1883, *loc. cit.* ; Orléans, 27 juin 1886, D. 87.2.24.

dans les articles 18 et 138 du Code de procédure civile,
constitue la minute du jugement ; que c'est sur les feuilles
d'audience que sont portées, conformément au dit décret,
les décisions judiciaires ; qu'elles sont signées, en matière
correctionnelle, ainsi que le prescrit l'article 196 du Code
d'instruction criminelle, par les juges qui les ont rendues,
ainsi que par le greffier ; que la feuille d'audience a un
caractère authentique ; que le plumitif appelé encore
feuilleton n'est qu'un simple cahier sur lequel le greffier
tient note, uniquement pour mémoire, des faits d'audience,
des remises de causes, du prononcé des jugements et de
leurs résultats ; que le plumitif n'est pas prescrit par la
loi ; qu'il ne constitue qu'un aide-mémoire sans valeur
juridique par lui-même ; qu'il n'est même pas signé par
le greffier ; qu'on doit se garder de confondre ce plumitif
avec le registre de pointe, auquel on en donne quelquefois
le nom improprement ; que le registre de pointe, dûment
signé par le président et par le greffier, et prescrit par
l'article 11 du décret du 30 mars 1808, constate authenti-
quement les noms des magistrats présents à l'audience ;
que les notes d'audience organisées par l'article 189 du
Code d'instruction criminelle, modifié par la loi du 13 juin
1856, sont des notes que tient le greffier des déclarations
des témoins et des réponses du prévenu à l'audience ;
qu'elles sont signées par le greffier et visées par le président dans les trois jours de la prononciation du jugement. »
D'où la Cour d'Orléans déduit que, pour qu'une remise
de cause soit légalement constatée, il faut qu'elle soit portée sur la feuille d'audience proprement dite. Au fond, il
semble qu'il n'y a pas contradiction avec la doctrine de la
Cour de cassation, puisque la Cour de cassation elle
aussi ne voit de constatation régulière que dans la mention de la remise sur la feuille d'audience, à laquelle elle
donne improprement le nom de plumitif et de notes d'au-

dience. Pourtant nous croyons plutôt que c'est au plumitif que la Cour de cassation donne improprement le nom de feuille d'audience, mais alors c'est à tort qu'elle dit qu'il est signé par le président et le greffier.

Si, conformément à la jurisprudence, on décide que les remises de causes ne sont interruptives, que parce qu'elles constituent de véritables jugements préparatoires, on doit logiquement décider avec la Cour d'Orléans qu'elles doivent être constatées comme tous les jugements, c'est-à-dire transcrites sur la feuille d'audience.

Mais nous avons vu que certaines formalités, et notamment la signature du jugement par tous les juges, n'étaient pas exigées à peine de nullité à l'égard des jugements purement préparatoires. La Cour de cassation a donc bien pu décider, sans être en contradiction avec sa propre jurisprudence, qu'une remise constituera un jugement préparatoire, alors même qu'elle serait portée sur le plumitif ou notes d'audience, qui ne serait pas signé par tous les juges, mais seulement par le président et le greffier.

Pour nous, qui considérons les remises comme interruptives, alors même qu'elles ne constituent pas de véritables jugements, nous estimons que la mention sur le plumitif ou notes d'audience constitue une constatation régulière et suffisante, quand bien même le plumitif ou notes d'audience ne serait revêtu d'aucune signature ; nous disons le plumitif ou notes d'audience, car en réalité les notes d'audience ne forment qu'une partie du contenu du plumitif, celui-ci étant la réunion des feuillets sur lesquels sont transcrites les notes d'audience.

Pour soutenir que les notes sommaires tenues par le greffier ne sont pas une constatation suffisante des remises de causes, on dit qu'il existe des différences essentielles entre la feuille d'audience, minute des jugements et les

notes du greffier ; celles-ci ne sont pas soumises aux
formalités du répertoire et de l'enregistrement ; puis, on
peut se faire délivrer l'expédition d'un jugement sans autorisation, tandis qu'on ne peut avoir copie des notes sommaires qu'avec une autorisation du procureur général ;
par suite, un refus de ce magistrat peut mettre une partie
dans l'impossibilité de produire une preuve ; enfin, dit-on,
si les notes sommaires tenues par le greffier, officier public, visées par le président, ont le caractère authentique,
cette authenticité ne peut être étendue aux mentions que
la loi ne prescrit pas comme devant y être portées ; or,
aux termes de l'article 189 du Code d'instruction criminelle, le greffier doit tenir note seulement des déclarations des témoins et des réponses des prévenus (1).

Malgré ces raisons, le plumitif nous paraît avoir un caractère suffisant d'authenticité. Il n'est point, comme le
dit la Cour d'Orléans, un simple aide-mémoire, sans caractère légal ni valeur juridique : car il est tenu par un fonctionnaire, agissant en vertu de dispositions légales, qui
donnent aux mentions qu'il contient un caractère légal et
juridique incontestable. Le greffier ou un de ses commis
assermentés est en effet investi par l'article 91 du décret du 30 mars 1808 de la mission légale de dresser une
sorte de procès-verbal de l'audience, et de prendre note de
tout ce qui s'y passe d'intéressant. Il est donc bien permis
de reconnaître un caractère légal au cahier ou aux feuillets
de papier quelconques, sur lesquels le greffier, en vertu
de sa mission légale, transcrit ses notes d'audience, et de
décider que ce cahier fait foi de tout son contenu avec la
même force.

Jusqu'en 1856, la tenue de ces notes d'audience n'était
soumise à aucune règle de forme particulière ; les notes

(1) Trib. Seine, 12 décembre 1889, D. 90.2.309.

prises au courant de la plume par le greffier pendant l'audience faisaient donc foi de leur contenu par cela seul qu'elles étaient prises par un fonctionnaire agissant dans l'exercice de ses attributions légales, sans qu'il fût nécessaire qu'elles fussent signées par le greffier ni par le président (1).

En 1856, une loi du 13 juin intervint pour donner plus d'autorité aux notes d'audience relatant sommairement les déclarations des témoins. Nous lisons dans le rapport de M. Nogent Saint-Laurens (2), au n° 38 : « La loi impose aux greffiers de première instance l'obligation de tenir note des déclarations des témoins. Dans la pratique, cette rédaction s'appelle indifféremment plumitif, notes sommaires, notes d'audience. C'est un fait général, presque un fait absolu, que les notes d'audience laissent toujours beaucoup à désirer. »

Or, la jurisprudence a toujours décidé, en s'appuyant sur les articles 210 et 190 combinés, que l'audition des témoins en personne est purement facultative en appel ; le jugement d'appel a donc lieu sur la foi des notes sommaires tenues par le greffier du tribunal de première instance. C'est pour parer aux dangers de ce système d'instruction que la loi de 1856 voulut donner plus d'autorité aux notes sommaires. « Les notes que rédigent les greffiers des tribunaux correctionnels, dit M. Nogent Saint-Laurens au n° 20 de son rapport, en fournissant aux magistrats des éléments de conviction, ont efficacement contribué à rendre inutile la comparution des témoins en appel. Le gouvernement a pensé qu'il était possible d'imprimer à ces documents un caractère plus imposant, d'en assurer davantage l'exactitude et d'accroître ainsi leurs bons effets. » La loi de 1856, pour atteindre ce but, ajouta à l'ar-

(1) Cass., 30 avril 1842, D. *Rép.*, v° *Témoins.* 389.
(2) D. 54.4.63, note 1.

ticle 189 les mots : « Le greffier tiendra note des déclarations des témoins et des réponses du prévenu. Les notes
du greffier seront visées par le président dans les trois
jours de la prononciation du jugement. »

Il n'est pas vrai de dire d'une manière générale, comme
le fait M. Barbier (1), que, depuis cette époque, les feuilles
sur lesquelles le greffier transcrit ses notes d'audience
sont revêtues de sa signature et de celle du président ; « et,
comme il est de jurisprudence, ajoute M. Barbier, que ces
deux signatures suffisent à la validité des jugements purement préparatoires rendus en matière criminelle, il est
juste de dire que les remises ainsi constatées sont de véritables jugements préparatoires, comme tous autres jugements interruptifs de la prescription. »

La loi de 1856 n'a en effet exigé la signature du président et du greffier que pour les notes des déclarations des
témoins et des réponses du prévenu ; ces signatures ne
sont exigées par aucun texte pour les autres mentions que
peut contenir le plumitif.

Or, dans la pratique, du moins à Lyon, les choses se passent ainsi : le plumitif du greffier du tribunal correctionnel, au lieu de se composer de la réunion des feuillets contenant les notes sommaires et reliés ensemble à la fin de
l'année, se compose d'un cahier *ad hoc*, sur lequel avant
chaque audience le greffier transcrit la liste des affaires
venant à l'audience du jour et les noms des juges siégeant
(à ce point de vue le plumitif constitue le registre de pointe
exigé par l'article 11 du décret du 30 mars 1808 et dont
parle la Cour d'Orléans) ; puis, au cours de l'audience, le
greffier mentionne en regard du nom de chaque affaire, le
nom du défenseur, la décision qui intervient (condamnation, acquittement, ou remise, et en cas de remise, remise

____

(1) Barbier, II, 1031.

12

contradictoire ou par défaut, à telle date). Ce cahier, qui constitue le plumitif, n'est revêtu d'aucune signature. En même temps, le greffier, sur une sorte de cahier brouillon, recueille les dépositions des témoins et les réponses des prévenus, mais ce cahier ne contient aucune des mentions du plumitif ; il n'est lui non plus revêtu d'aucune signature ; ce n'est qu'une sorte de brouillon aide-mémoire, qui servira au greffier, en cas d'appel mais en cas d'appel seulement, pour retranscrire les notes des dépositions des témoins et des réponses du prévenu sur un feuillet, qui sera signé de lui et visé et signé par le président. De telle sorte que le visa et la signature du président et aussi la signature du greffier ne sont donnés que dans le cas où un prévenu fait appel, et seulement pour les notes des dépositions des témoins et des réponses du prévenu. Et quant aux remises, elles sont constatées sur le plumitif, qui n'est revêtu d'aucune signature. Nous ne croyons pas qu'une semblable pratique soit contraire à la disposition de l'article 189 ; la loi de 1856, en modifiant ce texte, n'a eu en vue qu'une chose : donner plus d'autorité aux notes qui serviront d'éléments de conviction pour les juges d'appel ; et il n'a certainement pas été dans la pensée du législateur de 1856 d'exiger que les notes, qui n'offrent plus le même intérêt pour les juges d'appel, soient aussi signées par le président et le greffier ; elles restent soumises au droit antérieur, qui n'exigeait pas ces signatures.

Les choses se passent de même devant la Cour d'appel, où d'ailleurs les témoins ne sont entendus que très exceptionnellement, et où il n'y a aucun intérêt à recueillir leurs dépositions, les décisions étant en dernier ressort. Aussi reconnaît-on que la disposition de l'article 189 est inapplicable devant la Cour d'appel ; et nous ne trouvons en pratique que le plumitif, tel qu'il est tenu en première instance et revêtu d'aucune signature.

Ainsi, les notes d'audience, tenues devant une juridiction de dernier ressort et même celles qui sont tenues devant une juridiction de première instance, pour
les notes autres que celles qui concernent les dépositions
des témoins et les réponses des prévenus, ne sont revêtues
d'aucune signature. Si l'on décide que les remises constituent des jugements préparatoires et qu'elles doivent par
conséquent être constatées par un procès-verbal revêtu au
moins de la signature du président et de celle du greffier,
il faut dire avec la Cour d'Orléans qu'elles doivent être
constatées par la feuille d'audience proprement dite, ou
exiger que le plumitif ou notes d'audience soit revêtu de
ces signatures, quand aucun texte de loi ne les exige. Mais
si l'on décide avec nous que les remises sont des actes interruptifs par elles-mêmes, sans qu'elles constituent des
jugements, on doit admettre qu'elles sont régulièrement
constatées par la mention qu'en fait le greffier sur le plumitif qui, bien que revêtu d'aucune signature, doit faire
foi de tout son contenu, pourvu qu'en fait il soit constant
que la mention est l'œuvre du greffier tenant la plume à
l'audience et remplissant la mission à lui conférée par
l'article 91 du décret de 1808 ; le plumitif, par sa tenue
régulière et la qualité d'officier ministériel de celui qui le
tient, constitue, à notre avis, une preuve suffisante que la
remise a été prononcée.

En résumé, toute remise de cause, contradictoire ou
par défaut, constitue à notre avis un acte interruptif pourvu
qu'elle soit régulièrement constatée sur le plumitif.

Mais tant que la Cour suprême ne se sera pas prononcée
d'une façon nette et précise, la partie poursuivante agira
prudemment, en demandant que la remise prononcée soit
portée sur la feuille d'audience proprement dite et rédigée
en minute, ou en prenant soin de réassigner le prévenu en
temps utile ; c'est ce second moyen qu'elle devra employer,

si la remise n'est pas contradictoire, tant que la jurisprudence n'aura pas reconnu d'une façon définitive que les remises prononcées en l'absence du prévenu sont interruptives.

§ 6. — Voies de recours.

Nous avons vu que les jugements susceptibles d'une voie de recours constituent des actes interruptifs de la prescription. Les voies de recours sont-elles elles-mêmes susceptibles d'interrompre la prescription ?

Les actes d'appel et de pourvoi en cassation, régulièrement exercés, sont certainement interruptifs quand ils émanent du ministère public ; ces recours constituent une continuation de la poursuite ; loin d'y mettre obstacle, ils tendent à faire renverser un jugement et sont, pour la partie poursuivante, un moyen d'atteindre le but qu'elle s'était proposé en intentant l'action. La jurisprudence l'a toujours jugé et elle reconnaît l'effet interruptif aussi bien aux recours exercés par le ministère public contre les jugements incidents, tels que ceux statuant sur la compétence, qu'à ceux qui sont dirigés contre des décisions statuant sur le fond (1).

Quant aux actes d'appel formés par la partie civile, la jurisprudence distingue ceux qui sont formés contre des jugements statuant sur le fond, et ceux qui sont formés contre des jugements interlocutoires, faisant grief immédiat aux parties, préjugeant du fond ou statuant sur la compétence, qui, à la différence des jugements préparatoires proprement dits qui ne peuvent être attaqués qu'avec le jugement sur le fond, peuvent être attaqués isolément dans les dix jours de leur prononciation. L'appel

______

(1) Paris, 22 février 1887, *Gaz. Pal.*, 87.1.323 ; Cass., 8 novembre 1889, *Gaz. Pal.*, 89.1.658 ; Cass., 30 novembre 1889, D. 90.1.405. — Brun de Villeret, 236 *bis*.

formé contre ces derniers par la partie civile est interruptif de la prescription de l'action publique, car il a pour effet de tout remettre en question, de saisir directement la Cour de la cause tout entière, de la mettre en demeure, en cas de réformation, de statuer tant sur le fond que sur la compétence ou la question préjudicielle, et de l'investir, par suite du droit d'évocation consacré par l'article 215, de la mission de prononcer et sur l'action publique et sur l'action civile (1).

Mais l'appel formé par la partie civile contre un jugement statuant sur le fond, n'interrompt pas la prescription de l'action publique ; il ne peut avoir d'effet qu'en ce qui touche l'action civile. La prescription de l'action publique ne serait interrompue que si le ministère public avait formé appel simultanément (2). Cette différence entre l'appel du ministère public et celui de la partie civile résulte, d'après la jurisprudence, de l'article 202 qui ne donne la faculté d'appeler à la partie civile que « quant à ses intérêts civils seulement ». Comme il ne saurait résulter de cet appel ni condamnation pénale contre le prévenu renvoyé de la poursuite en première instance, ni aggravation de peine contre le prévenu condamné, il n'a donc pas le caractère d'acte de poursuite (3).

Toutefois il n'en serait pas de même dans le cas d'appel ou plutôt d'opposition formée par la partie civile contre une ordonnance du juge d'instruction ; l'effet de cette opposition est de saisir la chambre des mises en accusation et de l'obliger à statuer sur les faits incriminés ; à la différence de l'article 202, les termes de l'article 135 sont absolus et ne restreignent pas les effets de l'opposition

---

(1) Limoges, 28 juillet 1887 et Cass. 3 novembre 1887, D. 89.1.221.
(2) V. toutefois Limoges, 27 décembre 1883, D. 84.2.80.
(3) D. *Sup.*, v° *Pr. outr.*, 1520 ; Brun de Villeret, 277 ; Barbier, II, 1013.

formée par la partie civile à la seule conservation de ses intérêts privés (1).

Mais le pourvoi en cassation formé par la partie civile ne pourrait pas plus que l'appel être considéré comme un acte interruptif de la prescription de l'action publique ; ce pourvoi ne pouvant profiter ni nuire à la partie poursuivie, et n'étant ouvert à la partie civile, comme l'article 373 du Code et l'article 61 de la loi de 1881 s'en expliquent formellement, que quant aux dispositions relatives à ses intérêts civils.

Enfin, dans le système de la jurisprudence, la partie civile ne pouvant former opposition à un jugement par défaut rendu contre elle qu'au point de vue de ses intérêts privés, puisque le débat sur l'action publique a été contradictoire entre le ministère public et le prévenu, il faudrait dire que cette opposition n'interromprait que la prescription de l'action civile (2). Pourtant, plusieurs arrêts (3), rendus en matière de délits de presse, ont décidé au contraire que l'opposition de la partie civile interrompait la prescription de l'action publique.

Nous avons déjà réfuté le système de la jurisprudence et montré que la distinction, au point de vue de l'interruption de la prescription de l'action publique, entre les actes de la partie civile tendant à la fois à la répression du délit et à la réparation du préjudice, et ceux qui ne sont formés que pour la sauvegarde de ses intérêts particuliers, n'était pas admissible, l'indivisibilité des deux actions publique et civile étant un obstacle à ce que l'une puisse seule être interrompue. Aussi, s'il est vrai de dire que l'appel et le pourvoi formés par la partie civile contre

(1) Brun de Villeret, 379.
(2) Dans ce sens : D. *Sup.*, *loc. cit.* ; Barbier, *loc. cit.*
(3) Crim. rej., 3 novembre 1887, D. 89.1.221 ; Montpellier, 1ᵉʳ décembre 1883, D. 84.2.55.

des jugements statuant sur le fond, que son opposition
contre un jugement par défaut rendu contre elle, sont
restreints à ses intérêts civils, ces actes, par cela seul
qu'ils interrompent la prescription de l'action civile, doivent nécessairement interrompre en même temps la
prescription de l'action publique.

Restent les actes d'opposition, d'appel et de pourvoi,
formés par la partie poursuivie. Sont-ils interruptifs de la
prescription qui court en sa faveur ? La jurisprudence et
la doctrine sont divisées sur la solution à donner à cette
question.

La majorité des auteurs soutient que tous les actes de
recours émanant des prévenus, accusés ou condamnés,
constituent des actes de défense, puisqu'ils sont faits dans
le but d'échapper aux poursuites ; il ne serait conforme
ni au texte ni à l'esprit des articles 637 et 638 de les considérer comme des actes interruptifs ; ce ne sont pas en
effet des actes d'instruction, et ce ne sont pas non plus
des actes de poursuite ; « un acte de poursuite, dit M. Garraud, ne peut émaner que de la partie poursuivante (1) ».

La jurisprudence se prononce avec raison pour l'opinion
contraire, et considère les actes de recours de la partie
poursuivie comme des actes de poursuite interruptifs,
bien qu'ils soient des actes de défense. Le mot acte de
poursuite, dans l'article 637 comme dans l'article 65 de la
loi de 1881, doit en effet s'entendre de tout acte de procédure, mettant la justice en mouvement ou continuant
l'instance engagée ; or, aucun texte ne fait de distinction
entre les actes interruptifs ; peu importe la personne de
qui ils émanent, pourvu que cette personne ait eu qualité
pour les faire ; par contre, l'article 640 qui, en matière de

____

(1) Garraud, *Pr.*, 2, n° 65, p. 100 ; Cousturier, 32 ; Brun de Villeret, 215 ;
F. Hélie, II, 1077 et 1078 ; Laborde, 877 ; Desjardins, *Rev. critig.*, 1885,
p. 104.

contraventions de droit commun, parle spécialement de
l'appel comme d'un acte interruptif. ne dit point que
l'appel doit être interjeté par la partie poursuivante pour
être interruptif.

Les voies de recours de la partie poursuivie ont pour
effet de tout remettre en question, action publique et action civile. Qu'importe que la juridiction chargée de statuer ait été saisie par telle ou telle personne ? Elle est
saisie régulièrement ; cela suffit pour montrer que la justice fait son œuvre, que l'infraction n'est point oubliée ;
et l'acte qui l'a saisie est un acte de poursuite au sens des
articles 637 et 65 (1).

MM. Bertauld et Le Sellyer (2) admettent l'effet interruptif du pourvoi formé par le prévenu, alors que pourtant ils refusent tout effet interruptif ou suspensif au
pourvoi formé par le ministère public ou la partie civile.

Des voies de recours ordinaires rapprochons les demandes en règlement de juges. Il a été jugé par la Cour de
cassation (3) que la prescription était interrompue par le
recours en règlement de juges formé par le ministère public ; cette décision doit être étendue au cas où le recours
serait formé par le prévenu ou la partie civile.

Nous verrons plus loin que la jurisprudence admet que
le pourvoi en cassation produit non seulement un effet
interruptif mais aussi un effet suspensif. Quant à l'appel
et à l'opposition, ils ne suspendent pas le cours de la
prescription.

Par suite, si, depuis qu'il a été interjeté appel ou formé
opposition, le délai de trois mois s'était écoulé sans qu'au-

<hr>

(1) Paris, 28 novembre 1883 et Limoges, 27 décembre 1883, D. 84.2.80 ;
Montpellier, 1er décembre 1883, D. 84.2.55 ; Cass., 26 janvier 1884, S. 86.
1.447 ; 7 février 1885, S. 86.1.446 ; Paris, 15 mars 1889 et 15 novembre 1889,
D. 90.2.116. — Chassan, II, p. 805 ; Barbier, II, 1013.

(2) Bertauld, p. 616 ; Le Sellyer, 2, n° 476.

(3) Cass., 19 juin 1888, D. 88.1.399.

cun acte interruptif ne soit intervenu, la prescription serait acquise (1).

Il a été jugé notamment qu'il y a prescription lorsque, le prévenu ayant relevé appel du jugement d'un tribunal qui se déclarait incompétent, plus de trois mois se sont écoulés depuis l'appel ; la fixation d'une audience par le parquet pour la plaidoirie de la cause n'est pas à considérer comme un acte utile d'interruption (2) ; et qu'il n'est pas nécessaire que l'acte d'appel émanant du prévenu ait été notifié à la partie civile, l'appel en matière correctionnelle pouvant être formé par simple déclaration au greffe (3).

(1) Cass., 28 novembre 1857, D. 58.1.93 ; Amiens, 5 avril et 7 mai 1884, D. 85.2.103 et 109 ; Cass., 16 mai 1889, D. 90.1.189 ; Paris, 15 novembre 1889, D. 90.2.116 ; Cass., 30 novembre 1889, D. 90.1.405. — Fabreguettes, II, 2169, pour l'appel. — Montpellier, 1ᵉʳ décembre 1883, D. 84.2.55 ; Paris, 5 décembre 1883, L. N. 83.3.30-29 ; Alger, 18 janvier 1884, *Gaz. Pal.*, 19 février 1884, pour l'opposition.
(2) Cass., 26 janvier 1884, S. 86.1.447.
(3) Paris, 28 novembre 1883, D. 84.2.80.

CHAPITRE III

L'effet de l'interruption de la prescription est de faire
considérer comme non avenu le laps de temps, qui a pré-
cédé l'acte interruptif, et de donner naissance à une nouvelle prescription. L'article 65 de la loi de 1881 s'exprime
à cet égard comme l'article 637 du Code et dispose expressément que l'action publique et l'action civile se prescriront après trois mois révolus à compter du jour du dernier
acte de poursuite, s'il en a été fait.

Ainsi, la prescription a été interrompue par une citation :
une nouvelle prescription courra à partir du jour où elle
a été délivrée. Il faut remarquer que cette nouvelle prescription court du jour où la citation a été délivrée, et non
du jour fixé pour la comparution à l'audience ; le cours
de la prescription, en effet, est simplement interrompu
par la citation, mais n'est point suspendu pendant le temps
qui s'écoule entre le jour de la signification de la citation
et la date de l'audience ; la prescription pourra donc se
trouver acquise au prévenu au jour de l'audience, si ce
jour est distant de plus de trois mois de celui où la citation a été signifiée (1). Et de même, une nouvelle prescription court du jour où un jugement incident, et notamment
un jugement statuant sur la compétence, a été rendu (2),
du jour où est intervenu contre le prévenu un jugement

(1) Grenoble, 8 février 1883, D. 84.2.55.
(2) Cass., 26 janvier 1884, S. 86,1.447.

de condamnation par défaut (1), du jour où le prévenu a fait opposition au jugement par défaut rendu contre lui (2), du jour de l'appel interjeté par acte au greffe, soit par le ministère public, soit par la partie civile, soit par le prévenu (3) ; et il en est de l'appel contre un jugement par lequel le tribunal correctionnel s'est déclaré incompétent, comme de l'appel contre un jugement de condamnation (4).

L'acte interruptif marque le point de départ d'une nouvelle prescription. Une question très controversée en matière de courtes prescriptions est celle de savoir si le délai de cette nouvelle prescription sera de même durée que la prescription qui a été interrompue, c'est-à-dire en matière de presse de trois mois ; ou bien s'il faut appliquer à cette nouvelle prescription les délais du droit commun, c'est-à-dire le délai de dix ans, s'il s'agit d'un crime, de trois ans s'il s'agit d'un délit, d'un an s'il s'agit d'une contravention.

La Cour de cassation a décidé pendant longtemps qu'en cas d'interruption d'une prescription de courte durée, il fallait revenir à la prescription de droit commun ; et plusieurs arrêts de la Cour de cassation et de Cours d'appel se prononcent encore en ce sens (5).

Depuis un arrêt de la Cour de cassation du 16 juin 1865, plusieurs arrêts ont décidé au contraire que l'acte interruptif prorogeait la prescription pour une nouvelle

(1) Rouen, 27 janvier 1853, D. 53.2.98.

(2) Montpellier, 1er décembre 1883, D. 84.2.55.

(3) Paris, 28 novembre 1883, D. 84.2.80 ; Limoges, 27 décembre 1883, *ibid.*; Cass., 30 novembre 1889, D. 90.1.405.

(4) Cass., 26 janvier 1884, *loc. cit.*

(5) Cass., 17 mars 1866, D. 66.1.509 ; Amiens, 2 janvier 1873, D. 74.2.41 ; Cass., 13 avril 1883, D. 83.5.64 ; 19 mars 1884, D. 85.1.183 ; Paris, 23 juillet 1884 et 11 décembre 1885, D. 86.2.112 ; Lyon, 22 juillet 1890, S. 91.2.21 ; Alger, 23 février 1895, S. 97.2.196 et les arrêts cités dans D. *Rép.*, v° *Pr. crim.*, 169.

durée de temps égale à la première (1). Mais il est à remarquer que la plupart de ces arrêts rappellent dans leurs motifs la doctrine et la jurisprudence de la Cour de cassation ; on devrait donc voir dans ces décisions des exceptions à la règle générale, fondées sur le caractère spécial et exceptionnel des dispositions qui concernent les délits, dont ces décisions avaient à s'occuper ; et il convient de noter que, tandis que tous les arrêts, qui suivent la jurisprudence première de la Cour de cassation, ont été rendus en matière de délits forestiers, de pêche ou de chasse, les arrêts qui suivent la deuxième opinion ont été rendus en matière de délits ruraux, de délits électoraux et de délits de presse.

Cette distinction, que paraît vouloir faire la jurisprudence entre les délits forestiers, les délits de pêche et de chasse, d'une part, et les délits ruraux, électoraux et de presse d'autre part, n'est pas fondée : la solution que l'on donne à la question doit être commune à toutes les infractions prévues par des lois particulières qui ont abrégé les délais de la prescription, sans régler les effets de l'interruption ; les raisons de décider sont les mêmes pour toutes les espèces de délits prévus par des lois spéciales.

La doctrine est divisée ; la majorité des auteurs se prononce contre l'opinion de la Cour de cassation (2).

L'argument capital, que font valoir les auteurs qui se

(1) Cass., 16 juin 1865, D. 65.1.243 ; 28 juillet 1870, D. 71.1.184 ; Bastia, 21 mai 1889, D. 91.2.125 ; 5 février 1890, D. *ibid.*, Cass., 24 mai 1884, D. 86. 1.143 ; Grenoble, 8 février 1883, D. 84.2.55 ; Cass., 13 mars 1886, D. 86.1. 474 ; Bordeaux, 16 avril 1886, D. 87.2.79 ; Cass., 30 novembre 1889, D. 90. 1.405.

(2) **En ce sens:** F. Hélie, *Inst. crim.*, 3, p. 735 : Le Sellyer, 2.622 ; Haus, 2.1345 ; Cousturier, 118 ; Brun de Villeret, 460 ; Garraud, *Pr.*, p. 514 ; Laborde, 881 ; Desjardins, *Rev. critiq.*, 1884, p. 82 ; Barbier, II, 1014.

En sens contraire : Carnot, III, 644 ; Bourguignon, 2.552 ; Morin, *Rép.*, v° *Pres.*, n° 15 ; Vazeille, n°' 771 et 784 ; Berriat Saint-Prix , 1re partie, n° 343 ; Mangin, 358 ; Sourdat, 399 *bis.*

prononcent dans le même sens que la jurisprudence, consiste à dire que dans les articles 637 et 638 il y a deux
dispositions : l'une relative au cas où il n'a été fait aucun
acte d'instruction ou de poursuite dans le délai qu'elle
détermine ; l'autre relative au cas où, des actes d'instruction ou de poursuite ayant eu lieu dans ce délai, l'exercice
de l'action a été suspendu pendant un certain temps ; que
ces deux dispositions sont essentiellement distinctes et
indépendantes l'une de l'autre et que le législateur ne
doit pas être considéré comme ayant dérogé à la seconde
parce qu'il a dérogé à la première. « La seconde disposition, dit un arrêt (1), ne se borne pas à dire, en chan-
geant seulement le point de départ, que la durée de la
prescription sera la même que celle réglée par la première ;
elle précise au contraire expressément cette durée de manière qu'elle puisse être appliquée même aux faits délictueux pour lesquels il a été établi par des lois spéciales,
dans le cas où l'action n'a pas été intentée, des prescriptions particulières, que le législateur ne perd pas de vue
puisqu'il les rappelle dans l'article 643 ; il suit de là que
si, de fait, la durée de la prescription est la même d'après
les deux dispositions des articles 637 et 638, cette égalité
n'est pas proclamée en principe. »

D'ailleurs, ajoute-t-on, les motifs qui ont fait introduire
les prescriptions de courte durée n'existent plus quand il
y a eu des actes d'instruction ou de poursuite : ces prescriptions ne sont pas en effet fondées sur ce que les traces
des faits auxquels elles s'appliquent sont fugitives, et sur
ce que le caractère rapide et léger de ces faits les rend
insaisissables après un certain temps, de sorte que la
durée de la prescription grandit au fur et à mesure que
les traces du fait deviennent plus insaisissables et plus

____

(1) Cass., 17 mars 1866, *loc. cit.*

faciles à dépérir. « Si l'action n'a pas été intentée dans le délai prescrit par la loi spéciale, dit l'arrêt du 17 mars 1866, il y a présomption que le fait est sans gravité, que la société n'est pas intéressée à ce qu'il soit réprimé et qu'elle pardonne au coupable ; lorsque l'action a été suivie dans le délai, la présomption disparaît ; la poursuite prouve, au contraire, et la gravité du fait et l'intérêt de la société à le faire punir, et l'absence du pardon. Il n'est plus alors de motif pour abréger la durée de la prescription et déroger au droit commun. »

On fait encore valoir dans cette opinion que le Code de 1791 et le Code de brumaire an IV (1) admettaient de même deux prescriptions, l'une de trois ans pour le cas où aucune poursuite n'avait été faite, et l'autre de six ans pour le cas contraire ; les poursuites faisant présumer la gravité de l'infraction justifiaient l'augmentation du délai de la prescription.

L'article 29 de la loi de 1819 lui aussi faisait cette distinction et fixait deux délais différents (six mois et un an).

Un autre argument est tiré de ce qu'en matière civile l'interruption des courtes prescriptions a pour effet de prolonger le cours de la prescription.

On fait enfin valoir que le système contraire a des inconvénients sérieux. Lorsque l'instance est engagée par une citation, si le tribunal omet de statuer dans le court délai de trois mois, le ministère public et la partie civile sont obligés, pour éviter la prescription, de faire de nouveaux actes interruptifs, par exemple de signifier une nouvelle citation inutile pourtant sous tous les autres rapports ; tandis qu'avec l'opinion proposée, l'instance conservera l'action pour trois ans au moins, délai général de

---

(1) Code pénal des 25 sept.-6 oct. 1791, 1re partie, tit. 6, art. 1 et 2 ; Code du 3 brumaire an IV, art. 9.

la prescription des délits et qui équivaut à celui de la péremption des affaires civiles.

Puis, dans les matières où la prescription n'est que d'un mois (délits de pêche et délits ruraux), les jugements non définitifs n'étant qu'interruptifs de la prescription, le procureur général ne jouirait pas dans son intégrité du délai de deux mois qui lui est donné par l'article 205 pour interjeter appel.

Des arrêts anciens de la Cour de cassation (1) admettaient une véritable péremption d'instance en matière criminelle, qui ne pouvait être acquise que quand les poursuites avaient été interrompues pendant trois ans. Cette doctrine n'est pas exacte ; aucun texte du Code d'instruction criminelle n'établit, comme l'article 397 du Code de procédure civile, de règles pour la péremption d'instance, et cette prétendue péremption en matière criminelle ne peut être qu'une nouvelle prescription substituée arbitrairement à la première, lorsque l'action a été intentée dans le délai utile. Aussi, cette doctrine a-t-elle été rectifiée par la Cour de cassation qui, depuis son arrêt du 28 novembre 1857 (2), décide, conformément aux principes, que la péremption n'existe pas en matière criminelle.

Mangin (3), après avoir reconnu que la péremption d'instance n'existait pas en matière pénale, se fonde sur la litispendance, c'est-à-dire sur le fait même qui sert de base à la péremption, pour créer une prescription spéciale de trois ans. « Il est de principe, dit-il, que toutes les fois qu'une action est portée devant le juge, elle devient perpétuelle en ce sens qu'elle ne s'éteint plus que par la prescription ordinaire, quelque courte que soit

(1) V. les arrêts cités dans S. 45.1.124.
(2) Cass., 28 nov. 1857, S. 58.1.171.
(3) Mangin, *loc. cit.*

d'ailleurs celle dont elle était passible, avant qu'elle eût été formée : ce principe résulte de la maxime : *Omnes actiones quæ tempore pereunt, semel inclusæ judicio, salvæ permanent*, maxime généralement reçue en France. »

D'abord, aucun texte ne consacre cette maxime romaine, détournée de son sens primitif, comme nous aurons l'occasion de le démontrer plus loin au chapitre de la suspension. Puis, peut-on dire qu'une « action est portée devant le juge », parce qu'il y aura eu un acte interruptif? Les actes, tels que les procès-verbaux ou les interrogatoires des prévenus ne peuvent pas rentrer dans l'expression de juridiction ; l'opinion de Mangin entraînerait une distinction arbitraire entre les actes interruptifs. En réalité, comme le dit M. Brun de Villeret (1), il admet une véritable péremption déguisée sous le nom de prescription. Cet argument de Mangin n'a pas été adopté par la jurisprudence ni par les auteurs qui défendent la même opinion. Deux arrêts pourtant semblent avoir voulu distinguer l'interruption résultant de la citation et celle résultant de tout autre acte interruptif, la première seule faisant courir le délai de trois ans (2).

Il nous reste à réfuter les arguments que l'on fait valoir en faveur de la première opinion, que nous venons d'exposer. Mais auparavant, notons qu'on admet pourtant dans cette opinion que ce serait bien la prescription spéciale et non la prescription de droit commun qui courrait, si l'action ne restait pas pendante devant le même juge, et si le juge venait à être dessaisi, ce qui arriverait notamment dans le cas où le juge se déclarerait incompétent (3). « Dès que le juge est dessaisi, dit Mangin, il n'y

---

(1) Brun de Villeret, 460.
(2) Cass., 28 juil. 1870 et Amiens, 2 janv. 1873, *loc. cit.*
(3) Cass., 5 juin 1841, S. 42.1.946 ; Amiens, 2 janv. 1873, *loc. cit.* — Mangin, *loc. cit.* ; Berriat St-Prix, p. 251 ; Leblond, *Code de la chasse*, 2.372.

contre inconnus interrompt la prescription à l'égard des
coupables qui sont découverts plus tard, cette solution paraît admissible : qu'importe en effet qu'un acte de poursuite
ait eu lieu par suite d'une réquisition spéciale ou incidemment dans une procédure requise sur un autre délit ?

Mais cette dernière conséquence de la règle du caractère
absolu et impersonnel des actes interruptifs ne saurait être
admise en matière de presse, où, comme nous l'avons vu,
toute poursuite et toute instruction sont subordonnées à la
plainte préalable de la partie lésée ou à une réquisition
spéciale.

1.137 ; Rennes, 3 nov. 1887, D. 88.2.233 ; *Sic* : Brun de Villeret, 249 ;
Haus, II, 1344 *bis* ; Garraud, *Pr.*, p. 513. En sens contraire : F. Hélie, II,
p. 729.

CHAPITRE IV

Nous venons de voir comment la prescription pouvait être interrompue et quels étaient les effets de l'interruption de la prescription. Nous avons à rechercher maintenant si la prescription peut être suspendue, c'est-à-dire s'il est des actes qui, faisant obstacle aux poursuites, peuvent avoir pour effet d'arrêter le cours de la prescription, de telle sorte que, le bénéfice du temps antérieur à l'acte suspensif étant réservé, et la prescription continuant à courir dès que l'obstacle est levé, la prescription aura en quelque sorte sommeillé pendant un certain temps.

La prescription peut être suspendue dans certains cas en matière civile (1) ; mais aucun texte du Code d'instruction criminelle n'indique de causes de suspension.

Plusieurs auteurs (2) ont conclu du silence de la loi pénale pour dire qu'il ne pouvait être question de suspension en matière criminelle. Ils font valoir qu'il importe peu que la partie poursuivante se trouve par suite d'un empêchement dans l'impossibilité d'exercer son action ; « le temps, dit M. Garraud, n'en continue pas moins à effacer peu à peu le souvenir de l'infraction ; et la peine, qui serait appliquée après le délai fixé pour la prescription, cesserait d'être légitime, parce qu'elle ne serait plus

---

(1) V. les art. 2251 et suiv. C. civ.

(2) Ortolan, II, 1871 ; Haus, II, 1358 à 1361 ; Garraud, *Pr.*, 393 ; Laborde, 892.

nécessaire au maintien de l'ordre social et utile par ses effets ».

On est généralement d'accord dans la doctrine pour reconnaître avec ces auteurs qu'un obstacle de fait serait impuissant à suspendre le cours de la prescription. Mais beaucoup d'auteurs (1) estiment, avec la jurisprudence, que lorsque l'obstacle à la poursuite provient de la loi elle-même, il doit avoir pour effet de suspendre la prescription, car il serait contradictoire que la loi suspendît la poursuite et la frappât en même temps de prescription, parce qu'elle n'est pas exercée.

D'après M. Garraud, cette contradiction est plus apparente que réelle ; s'il est naturel que la prescription soit suspendue en matière civile quand la loi elle-même empêche un créancier d'agir, c'est que la prescription est fondée sur une présomption de libération tirée de l'inaction du créancier ; mais, en matière pénale, il ne peut pas être question de punir l'inaction du ministère public, ni de présumer qu'il a renoncé à poursuivre, « il s'agit seulement, dit le savant criminaliste, de savoir si le temps qui s'est écoulé n'a pas effacé le souvenir de l'infraction et rendu ainsi inutile la répression de celle-ci. Or, en quoi un obstacle de droit, qui empêche le ministère public d'agir, raviverait-il le souvenir de l'infraction et rendrait-il nécessaire la répression ? »

De même qu'il est de principe que la prescription commence et suit son cours, quoique le délit demeure caché, bien que les auteurs n'en soient pas connus et lors même que des événements opposent un obstacle de fait à toute poursuite, de même, dans cette opinion, un obstacle de droit ne saurait avoir d'effet sur la prescription.

Cette opinion paraît très bien fondée sur les principes.

(1) F. Hélie, II, 1072 ; Le Sellyer, II, 517 à 520 ; Brun de Villeret, 257 et suiv. ; Villey, p. 244.

Il n'est pas vrai pourtant que la prescription a toujours sa base dans l'oubli présumé de l'infraction ; et, en matière de presse notamment, la prescription est fondée tout à la fois sur le pardon présumé de la personne offensée et sur des considérations de paix et de tranquillité publiques. Peut-on présumer que la personne outragée a voulu pardonner, lorsqu'elle a été dans l'impossibilité d'agir ? Peut-on supposer que la loi, après avoir dit qu'elle voulait que les poursuites fussent promptes, punisse de leur inaction ceux qui ont été empêchés par la loi elle-même d'agir plus rapidement ? L'argument tiré du fondement de la prescription pénale est donc sans portée en notre matière.

Peut-on alors s'autoriser de ce que le Code d'instruction criminelle est muet sur la question de suspension de la prescription, pour consacrer de véritables injustices, et aller, contre toute logique, punir au nom de la loi l'inaction de celui qui est mis par la loi elle-même dans l'impossibilité d'agir ?

La jurisprudence ne l'a pas pensé, et elle a, selon nous, sagement suppléé au silence de la loi, en déclarant applicable en matière pénale la maxime : *contrà non valentem agere non currit præscriptio* ; mais nous ne saurions approuver la jurisprudence qu'autant que la partie poursuivante aurait été dans l'impossibilité absolue d'agir, et qu'elle n'aurait eu à sa disposition aucun moyen d'interrompre la prescription ; en d'autres termes, nous n'admettons la suspension de la prescription, qu'autant que toute interruption est impossible (1).

---

(1) En matière de droit commun, beaucoup d'auteurs admettent que, si la prescription des crimes et des délits ne peut pas être suspendue, il n'en est pas de même de la prescription des contraventions, parce qu'en matière de contraventions les actes de poursuite ne produisent pas d'effet interruptif ; il y a alors suspension, parce qu'il n'y a pas d'interruption. Cette distinction ne peut pas être faite en matière de presse, puisque les contraventions y sont soumises à la même prescription et au même système d'interruption de la prescription que les crimes et les délits.

Bien que certains arrêts (1) aient jugé d'une façon générale que la maxime *contrà non valentem* était applicable en matière criminelle, de l'ensemble des décisions il semble bien résulter que la suspension ne doit être admise que lorsque la loi oppose un obstacle absolu à l'exercice de l'action (2). Quelques auteurs et notamment M. Barbier (3) voudraient qu'il fût fait une application très large de la maxime *contrà non valentem* ; « on pourrait dire, dit M. Barbier, que la prescription est suspendue toutes les fois que l'état de la procédure explique et justifie pleinement l'inaction de la partie poursuivante, et on éviterait d'imposer à celle-ci la nécessité puérile de procéder à des actes de poursuite surabondants et ne pouvant en rien hâter la solution du litige ». Certainement, il serait plus simple dans beaucoup de cas d'admettre la suspension de la prescription que d'obliger la partie poursuivante à des actes interruptifs répétés ; mais, en face du silence de la loi sur les causes de suspension de la prescription, il ne paraît possible de les admettre que dans les cas où l'inaction de la partie poursuivante trouve son excuse dans la loi elle-même.

Il nous reste à rechercher quels sont ces cas.

Nous avons déjà dit qu'on admet généralement qu'un obstacle de droit peut être une cause de suspension de la prescription, mais qu'un obstacle de fait serait sans effet sur le cours de la prescription. Ainsi la prescription continuerait malgré une guerre, des inondations, la folie du prévenu, sa disparition, etc.

La Cour de cassation a pourtant admis que la prescription était suspendue par des événements de guerre et une

---

(1) V. notamment : Cass., 7 février 1849, D. R. *Pr. crim.*, 61.

(2) Cass., 4 décembre 1885, D. 86.1.343 ; 26 avril 1888, D. 88.1.281 ; Paris 31 janvier 1884 et Orléans, 29 décembre 1885, S. 86.2.68.

(3) Barbier, L. N., 83.3.111. V. p. 149 la réfutation de cette théorie.

invasion étrangère, s'il est établi qu'en fait le cours régulier de la justice a été rendu impossible. Ainsi, dans les départements envahis, où le cours de la justice a été entravé par l'administration étrangère, que l'armée ennemie y avait installée, la prescription de l'action publique s'est trouvée suspendue par l'effet de la force majeure.

Mais l'occupation par les troupes ennemies n'aurait pas eu pour effet, à elle seule, d'arrêter le cours de la prescription (1).

La prescription ne serait pas suspendue par un obstacle tel que la démence du prévenu, comme l'avait jugé implicitement un arrêt du 22 avril 1813 (2).

Un arrêt de la Cour de cassation (3) a pourtant jugé que, la démence du prévenu mettant obstacle à toute poursuite de la part du ministère public, la prescription ne courait pas au profit de l'accusé qui n'a pu être soumis aux débats à cause de son état de démence ; et que, quelle que soit la durée du séjour de l'accusé dans un établissement d'aliénés, les poursuites peuvent régulièrement être reprises contre lui, lors de son retour à la santé. Cet arrêt semble toutefois admettre dans ses considérants que la démence de l'accusé n'aurait pas suspendu le cours de la prescription, s'il était resté en liberté et avait pu se défendre. Ainsi, la prescription serait suspendue, si le prévenu en état de démence avait été interné dans une maison d'aliénés en vertu d'un ordre de justice ; mais elle ne le serait pas, s'il était en liberté, parce qu'alors il n'existerait aucun acte qui eût la puissance d'en suspendre la marche.

Nous croyons que dans aucun cas l'état de démence ne peut être une cause de suspension de la prescription ; car,

---

(1) Crim. rej., 9 décembre 1871, D. 71.1.358 ; Trib. cor. Lunéville, 13 juin 1871, D. 71.3.92.
(2) Cass., 22 avril 1813, D. *Rép.*, v° *Pr. crim.*, 229.
(3) Cass., 8 juillet 1858, D. 58.1.431.

s'il est exact que cette démence mette obstacle à toute poursuite, le ministère public n'en a pas moins, à quelque moment de la procédure que ce soit, la faculté d'interrompre la prescription. Si, en effet, la démence se manifeste avant la fin de l'information, le ministère public en requérant et le juge d'instruction en faisant des actes d'instruction peuvent interrompre la prescription ; il suffirait même pour cela de tenter de procéder à un interrogatoire du prévenu, en constatant dans un procès-verbal régulier que cette tentative a été rendue inutile par l'état mental du prévenu ; si la démence se manifeste après le renvoi en police correctionnelle, ou s'il n'y a pas eu d'information préalable, le **ministère public** n'a qu'à citer le prévenu pour interrompre la prescription ; quand bien même celui-ci ne comparaîtrait pas à cause de son état, la citation aura toujours eu pour effet d'interrompre la prescription ; devant la chambre des mises en accusation, la prescription peut être interrompue comme au cours de l'information, puisque la chambre d'accusation a les mêmes pouvoirs que le juge d'instruction (art. 228) ; enfin, même après la mise en accusation, le président des assises peut, sur la réquisition du ministère public, interrompre la prescription, soit en entendant des témoins (art. 303), soit en procédant à l'interrogatoire de l'accusé (art. 266).

La prescription n'est point suspendue non plus par la minorité du prévenu ou de la partie civile (1), ni par leur état d'interdiction ; cela était déjà admis dans notre ancien droit.

Elle ne le serait pas davantage par l'ignorance absolue des délits occasionnée par des circonstances tout à fait indépendantes de la volonté de la partie poursuivante, ni non

---

1) Lyon, 17 juin 1842, D. *Rép.*, v° *Pr. crim.*, 98.

plus, si le ministère public n'avait pu avoir connaissance du délit soit à cause de sa nature spéciale, soit par suite des précautions ou même des manœuvres frauduleuses employées par le prévenu pour en dissimuler l'existence. Il en était autrement sous les Codes de 1791 et de brumaire an IV.

La résidence éloignée du lieu de la publication ne constitue pas une impossibilité d'agir suffisante pour suspendre la prescription, qui court non du jour où l'écrit incriminé a été publié dans le pays habité par le plaignant, mais du jour de la première publication (1).

La prescription n'est pas suspendue, dans le cas où un Français s'est rendu coupable à l'étranger d'un délit contre un Français, tant que le coupable n'a pas quitté la terre étrangère. La seule raison de douter pourrait provenir de la disposition finale de l'article 5 du Code d'instruction criminelle, qui porte qu'aucune poursuite n'a lieu avant le retour de l'inculpé en France ; mais on ne saurait voir dans ce texte une dérogation aux règles générales ; le Français qui a commis un délit à l'étranger est régi par les lois de police et de sûreté du pays qu'il habite ; s'il n'y est point poursuivi, il peut bien, par une disposition exceptionnelle, être poursuivi dès qu'il a touché le sol français ; mais, s'il lui est fait application de la loi française, il est juste qu'il puisse invoquer la prescription, telle qu'elle est établie par cette loi (2).

La prescription n'est pas suspendue, si l'empêchement d'agir provient de la volonté du juge, d'un officier ou d'une autorité, comme, par exemple, par le refus des huissiers près d'un tribunal d'assigner un de leurs collègues (3).

---

(1) Trib. Seine, 13 mars 1835, *Gaz. Trib.*, 14 mars ; Cass., 28 mars 1890 et 26 avril 1890, D. 90.1.453.

(2) *Sic* : Carnot, 1.126 ; Le Sellyer, 1999 ; Brun de Villeret, 293.

(3) Cass., 19 juillet 1883, *Gaz. Trib.*, 9 août.

Elle n'est pas suspendue par la citation pendant le temps compris entre le jour de la signification de la citation et la date de l'audience ; il importe peu que la date de l'audience ait été fixée par le greffier, en vertu d'un règlement arrêté par le tribunal ; ce règlement ne peut avoir de valeur que comme règlement intérieur, mais ne peut avoir aucune influence sur le jeu de la loi et ne peut être opposé aux parties, qui ne sauraient être ainsi privées de leurs droits (1). La partie poursuivante ne se trouve pas d'ailleurs dans un cas d'impossibilité légale d'agir : elle n'a qu'à prendre ses précautions, pour interrompre la prescription, en renouvelant la citation en temps utile, en faisant un acte de poursuite quelconque ou en provoquant une remise de cause. Et de même, elle n'est point suspendue par l'instance engagée ; à la différence de ce qui a lieu en matière civile, la prescription s'accomplit en matière criminelle pendant que le juge est saisi et que l'instance dure (2) ; ni par un jugement préparatoire, par exemple par un jugement statuant sur un incident de procédure (3) ; ni par une remise de cause ordonnée par le tribunal pendant le temps compris entre le jour où elle est ordonnée et le jour de la nouvelle comparution (4). Dans tous les cas, la partie poursuivante a en effet la faculté d'interrompre la prescription.

Il en est de même en cas d'appel. On a pourtant soutenu (5) que, l'article 203 disposant que pendant le délai et pendant l'instance d'appel il sera sursis à l'exécution

---

(1) Grenoble, 8 février 1883, D. 84.2.55 ; Fabreguettes, II, 2165 ; Barbier, II, 1014.

(2) Montpellier, 26 janvier 1884, *Gaz. Trib.*, 21 février 1884.

(3) Cass., 26 janvier 1884, D. *Sup.*, v° *Pr. crim.*, 156.

(4) Montpellier, 26 janvier 1884, *loc. cit.* ; Cass., 26 avril 1888, D. 88.1. 281 ; Fabreguettes, II, 2164 ; Barbier, II. 1015. En sens contraire : Aix, 7 décembre 1883, S. 86.2.67 ; Toulouse, 3 décembre 1883, *Loi*, 7 janvier 1884.

(5) Paris, 17 janvier 1884, L. N. 84.3.13-4 ; Favrot, *loc. cit.*

du jugement, la partie poursuivante, en cas d'appel par
le prévenu, est de par la loi condamnée à l'immobilité,
ne pouvant exercer le droit d'exécuter le jugement. Il n'est
pas exact qu'elle soit condamnée à l'immobilité : le droit
de poursuivre l'audience appartient en effet à toutes les
parties, et il est loisible à l'intimé de poursuivre dans les
délais le jugement de l'appel (1). D'ailleurs, nous avons
vu que l'appel, même quand il est interjeté par le prévenu,
est interruptif : il faudrait donc supposer que le jugement
sur l'appel n'est intervenu qu'après les trois mois de l'acte
d'appel.

Un arrêt de la Cour de cassation (2) a décidé que la
prescription de l'action publique en matière correctionnelle était suspendue pendant le temps, quelle qu'en soit
la durée, que le juge consacre au délibéré, qu'il lui appartient de prolonger autant que l'exigent les besoins de la
cause. Il est certain que les parties n'ont aucun moyen
pour obliger le juge à rendre sa décision dans un délai
quelconque : du moment où le délibéré commence, la
partie poursuivante n'a qu'à attendre en silence la décision
et, comme aucune loi n'impose au juge l'obligation de
statuer dans un délai déterminé, elle n'a aucun moyen de
provoquer son jugement. Mais si la décision de la Cour de
cassation se comprend très bien, elle n'en est pas moins
en contradiction avec sa jurisprudence ordinaire, qui
n'admet la suspension que lorsqu'il y a un obstacle de
droit résultant de la loi elle-même ; l'obstacle résultant
du délibéré provient du fait du juge, de la lenteur qu'il
met à juger l'affaire.

M. Garraud (3), tout en repoussant toute idée de sus-

____

(1) V. Cass.. 26 janvier 1884, S. 86.1.447.
(2) Cass., 4 décembre 1885, D. 86.1.343 et le rapport de M. le conseiller
Falconnet ; Sic : Bordeaux, 27 janvier 1892, D. 92.2.391.
(3) Garraud, Tr., 2, n° 66.

pension de la prescription, approuve néanmoins la solution donnée par la Cour de cassation, en se fondant sur la maxime : *actiones quæ tempore pereunt, semel inclusæ judicio, salvæ permanent*.

Nous avons déjà eu l'occasion de dire que cette maxime d'ailleurs détournée de son sens primitif n'était consacrée par aucun texte. Il faut donc se résigner ou à refuser tout effet suspensif à la mise en délibéré ou à étendre la maxime *contrà non valentem...* à tout empêchement quelconque paralysant les moyens d'action du poursuivant, sans rechercher si l'empêchement provient de la loi elle-même.

Un arrêt de la Cour de Bastia (1) a jugé que la constatation consignée par le juge d'instruction dans des actes réguliers, au cours d'une information, de faits délictueux autres que ceux qui font l'objet de la poursuite, n'en suspend pas la prescription pendant la durée de l'information dont le juge est régulièrement saisi. En effet, les actes faits par le juge à l'égard des délits nouveaux n'empêchent pas le ministère public d'agir.

La prescription ne serait évidemment pas suspendue non plus pendant l'instruction des faits objets de la poursuite.

Un arrêt de la Cour de cassation (2) a cependant jugé que la prescription ne court pas contre l'action en diffamation tant que dure l'instruction. En matière de diffamation, en effet, lorsque les faits dont l'imputation est incriminée, font l'objet soit de poursuites commencées, soit d'une plainte de la part du prévenu de diffamation, la loi (art. 35) prescrit qu'il sera, « durant l'instruction qui devra avoir lieu, sursis à la poursuite et au jugement du délit de diffamation ». Dans ce cas particulier la loi elle-même a établi une cause de suspension de la prescription,

(1) Bastia, 21 mai 1889, D. 91.2.125.
(2) Cass., 29 mars 1897, D. 97.1.479.

mais il ne faudrait pas l'étendre à tous les cas où il y aurait une instruction d'un délit de diffamation, pour lesquels la loi n'aurait pas imposé formellement comme dans l'article 35 *in fine* la nécessité d'un sursis.

L'article 372 du Code pénal et l'article 25 de la loi du 26 mai 1819 prescrivaient de même qu'il serait sursis aux poursuites et au jugement dans le cas d'imputation de faits punissables, lorsque les poursuites ont été commencées à la requête du ministère public ou que l'auteur de l'imputation aura dénoncé ces faits.

Nous avons dit au chapitre consacré au point de départ de la prescription que la Cour de cassation (1) avait jugé que la prescription commençait, en matière de dénonciation calomnieuse, non du jour où la dénonciation a été faite, mais du jour où elle a été reconnue calomnieuse. Nous avons critiqué cette solution, car, si sans doute la dénonciation n'est un délit qu'autant qu'elle est calomnieuse, elle a évidemment ce caractère avant qu'il soit prouvé qu'il existe, et le délit est consommé du jour où la dénonciation a été faite de mauvaise foi. Mais la solution donnée par la Cour de cassation se trouvait pourtant exacte, car il y avait eu dans l'espèce suspension de la prescription pendant le temps de l'information ; dans le cas où il y a information, comme on ne peut à la fois incriminer la dénonciation et poursuivre ceux qu'elle inculpe, le ministère public et la partie dénoncée se trouvent en face d'un empêchement légal d'agir, seule cause admissible de suspension. Mais, en dehors de ce cas, on ne peut pas admettre avec la Cour qu'il y a dans le délit de dénonciation calomnieuse lui-même un empêchement à ce qu'il puisse être prescrit à dater de sa perpétration ; il

____

(1) Cass., 6 août 1825, D. *Rép.*, v° *Pr. crim.*, 72 ; 6 février 1857, D. 57.1.133.

sera prescrit, si le délai pour la prescription est expiré, sans qu'il ait été informé contre la partie dénoncée.

On admet généralement que la prescription est suspendue dans le cas où un tribunal de répression surseoit, pour laisser juger par d'autres tribunaux une question préjudicielle (1), de la solution de laquelle dépend l'existence même du délit. La prescription est alors suspendue jusqu'à ce que l'autorité compétente pour connaître de cette question ait statué. Il en est ainsi notamment lorsque le sursis est accordé par la juridiction répressive pour faire juger une question préjudicielle de propriété ou pour faire procéder à des constatations qui préjugent le fond, et qui sont du ressort de l'autorité administrative (2).

Un arrêt de la Cour de Paris (3) a pourtant jugé en sens contraire que, dans le cas où un prévenu soulève une question préjudicielle, il y a interruption et non suspension de la prescription, et que, dans l'espèce de cet arrêt, le sursis ordonné par le tribunal avait eu pour effet de substituer la prescription de droit commun à la prescription spéciale de trois mois. Cette substitution d'une prescription à une autre n'est pas admissible, du moment que la nature du fait délictueux n'a pas changé.

Dalloz (4) critique cette solution, en disant qu'elle contient un vestige d'une ancienne doctrine, aujourd'hui abandonnée et dont les auteurs les plus récents ne font pas même mention, d'après laquelle les actes d'instruction et

(1) On entend par questions préjudicielles, dit F. Hélie (III, 187), « les exceptions qui suspendent la poursuite ou le jugement d'un crime, d'un délit ou d'une contravention jusqu'à vérification préalable d'un fait antérieur dont l'appréciation est une condition indispensable de cette poursuite ou de ce jugement ».

(2) Cass., 30 janvier 1830, S. 30.1.138 ; 29 août 1846, D. 46.4.525 ; 7 mai 1851, D. 51.1.407 ; 11 déc. 1869, D. 70.1.41 ; 4 fév. 1876, D. 77.1.45 ; 24 août 1882, D. 82.1.485 ; Paris, 17 janvier 1884, L. N. 84.3.13.

(3) Paris, 11 déc. 1885, D. 86.2.112.

(4) D. *Sup.*, v° *Pr. crim.*, n° 151.

de poursuite produiraient un effet à la fois interruptif et
suspensif. Plusieurs auteurs (1) semblent en effet iden-
tifier, en matière criminelle, les effets de la suspension
avec ceux de l'interruption. Mais nous ne trouvons rien de
semblable à cette doctrine dans l'arrêt de la Cour de Paris
qui dit que, dans le cas qui lui est soumis, il y a interruption, mais non suspension de la prescription.

Pour nous, sans penser que chaque fois qu'il y a suspension de la prescription il y aura en même temps interruption de la prescription, nous croyons que, dans certains cas, le même acte peut produire à la fois un effet
interruptif et un effet suspensif, et qu'il en est ainsi notamment lorsqu'un tribunal surseoit à statuer pour faire
juger une question préjudicielle ; il y a là un acte émanant
du tribunal qui est interruptif au même titre qu'un jugement d'incompétence ou une remise de cause ; comme
nous l'avons vu, bien que ces actes paraissent au premier
abord n'être que de simples abstentions, ils constituent
de véritables actes d'instruction ou de poursuite, dans le
sens que donnent à ces mots les articles 637 du Code et
65 de la loi de 1881 ; comme eux, le jugement de sursis
constitue un acte obligatoire du juge rentrant dans l'accomplissement de sa mission.

Certains auteurs, notamment M. Brun de Villeret (2),
se sont fondés sur ce que les actes interruptifs et les actes
suspensifs produisaient des effets différents, pour soutenir
qu'il n'était pas possible qu'un même acte interrompît et
suspendît à la fois la prescription. Sans doute, un jugement de sursis n'aura pas pour effet, comme tout acte
interruptif, de faire courir immédiatement un nouveau
délai de prescription, mais ce nouveau délai courra dès
que l'obstacle légal qui suspend le cours de la prescription

(1) F. Hélie, III, 732 ; Mangin, 336.
(2) Brun de Villeret, 276.

aura disparu ; il aura, comme tout acte interruptif, pour
effet d'effacer le temps écoulé depuis le dernier acte de
poursuite précédent ; de sorte qu'une fois la question préjudicielle vidée, on n'aura pas à tenir compte de ce temps,
comme dans les cas où la prescription est suspendue sans
être interrompue. Les effets de l'interruption et de la suspension peuvent donc parfaitement se concilier ; du moment qu'un acte présente le caractère d'acte d'instruction
ou de poursuite, nous ne voyons pas pourquoi il n'en pro-
duirait pas l'effet interruptif, pour cette raison qu'il sus-
pendrait en même temps le cours de la prescription.

Dès que la question préjudicielle a été vidée, la prescription de l'action reprend son cours. Il faut remarquer
que ce n'est qu'à partir du jour où le jugement statuant
sur la question est devenu définitif, qu'elle prend son
cours ; elle resterait suspendue, s'il était attaqué par la
voie de l'appel.

La prescription prend-elle son cours à partir du jour du
jugement définitif indépendamment de toute signification ?

La Cour de cassation (1) a jugé qu'il n'est pas nécessaire que le jugement ait été notifié pour que la prescription recommence à courir. Cette solution paraît exacte ; en
effet du jour où la question préjudicielle a reçu un jugement définitif, l'impossibilité d'agir a cessé pour la partie
poursuivante. Que l'on n'objecte pas que cette dernière
peut n'avoir pas eu connaissance du jugement rendu, qui
ne lui a pas été signifié : cela importe peu ; il est de principe, en matière criminelle, que, quand la loi n'en dispose
pas autrement d'une façon expresse, les actes de procédure produisent leurs effets *erga omnes*, quand même ils
ne sont pas connus des personnes, contre qui on les invoque ; on pourrait étendre en matière criminelle à tous les

____

(1) Cass., 10 avril 1835, B. 417.

actes de procédure l'adage : *Nemo censetur ignorare legem.*

La prescription sera-t-elle pareillement suspendue jus-qu'au jour du jugement définitif, dans le cas où le tribunal de répression a fixé un délai pour faire vider la question préjudicielle ? Il a été jugé par la Cour suprême (1) qu'il importe peu que le tribunal répressif ait fixé un délai pour la solution de la question préjudicielle, puisque la fixation de ce délai ne peut créer pour l'autorité compétente une obligation de prononcer dans le délai fixé ; tant qu'elle n'aura pas prononcé, la partie poursuivante est irrecevable à reprendre la poursuite, et la prescription restera suspendue.

Mais il n'en serait pas de même si, au lieu de fixer un délai dans lequel devra être jugée la question préjudicielle, le juge de répression a seulement imparti à la partie qui invoque l'exception un délai pour saisir l'autorité civile ou administrative. Si elle n'a pas agi dans le délai déterminé, elle est censée avoir renoncé à son exception. Dès lors, les poursuites pourront être reprises du jour où le délai est expiré, et la prescription recommencera à courir (2).

Un arrêt de la Cour de Douai (3) a décidé que la prescription de trois mois de l'article 65 de la loi de 1881 avait été suspendue depuis le jour où le tribunal correctionnel saisi d'un délit de diffamation avait ordonné avant faire droit qu'il serait procédé à une vérification d'écritures jusqu'au jour où avait été dressé, en présence de l'avoué de la partie civile, le procès-verbal du dépôt au greffe du rapport des experts. C'est la brièveté de la prescription en matière de presse qui a certainement amené la Cour de Douai à étendre l'application que fait la jurisprudence de

(1) Cass., 7 mai 1851, D. 51.5.407.
(2) Cass., 1er décembre 1848, D. 48.5.309.
(3) Douai, 19 juin 1882, *Gaz. Pal.*, 82.2.267.

la règle *contrà non valentem*. Mais cette solution ne saurait être approuvée ; la suspension ne peut être admise que dans les cas d'impossibilité absolue d'interrompre la prescription ; il n'y a pas là, comme dans le cas où une question préjudicielle est soulevée, de sursis pour renvoi devant une autre juridiction ; c'est toujours la même juridiction qui est saisie, et il est possible d'interrompre la prescription par des actes formés devant elle.

Deux arrêts de la Cour de cassation (1) ont décidé que, lorsqu'un prévenu est à la fois poursuivi pour un crime et un délit non connexes et que la mise en accusation ne porte que sur le crime, la prescription du délit est suspendue jusqu'au jugement définitif qui doit intervenir sur le crime. La Cour suprême se base sur ce que la condamnation pour le crime, si l'accusé est jugé coupable, aurait pour effet de le soustraire aux peines encourues à raison du délit, par suite de l'article 365 du Code d'instruction criminelle, qui prohibe la cumulation des peines ; il y a donc, tant qu'il n'a pas été prononcé sur le crime, impossibilité d'exercer l'action née du délit, et la prescription de cette action ne reprend son cours que du jour de l'acquittement du prévenu sur le crime qui lui était reproché. Plusieurs auteurs soutiennent cette doctrine (2).

Nous croyons qu'il n'y a pas dans ce cas une impossibilité d'agir pour le ministère public. Ce que la loi prohibe en effet, c'est le cumul des peines et non le cumul des poursuites (3).

On dit, dans le système de la Cour de cassation : l'action publique a pour objet l'application de la peine ; or la

---

(1) Cass., 19 janvier 1809, S. 1807.1.1115 ; 28 août 1823, D. *Rép.*, v° *Pr. crim.*, 158.

(2) Mangin, 337 ; Le Sellyer, 2287 et 2288 ; Berriat St-Prix, 340 ; Hoorobeke, p. 100 ; Brun de Villeret, 308 ; Barbier, II, 1015.

(3) Dans ce sens : Couturier, 99 ; Faustin-Hélie, III, 720 ; Labroquère, *Rev. crit.*, 1861, p. 173.

pénalité applicable au prévenu est épuisée par la condamnation à la peine la plus grave; la poursuite n'a donc plus de raison d'être, et se trouve par conséquent éteinte. Il n'est pas exact que la poursuite n'ait plus d'objet, car comme le fait très justement remarquer M. Garraud (1), « l'objet de l'action publique est l'application par le juge de la peine légale, c'est-à-dire la condamnation du coupable, et non l'application matérielle ou l'exécution de cette peine ». Interdire la poursuite des délits de gravité inférieure, une fois la peine la plus forte prononcée, serait contraire à l'intérêt des parties lésées, qui seraient privées du droit de porter leur action en réparation devant les tribunaux de répression ; à l'intérêt de la société, qui exige que le vrai coupable soit reconnu ; à l'intérêt de l'accusé lui-même, qui doit avoir le droit de se disculper d'une accusation sans fondement ; à l'intérêt de ses complices, qui se trouvent en état d'arrestation, dont on prolonge injustement la détention, en suspendant le jugement de l'affaire qui les concerne jusqu'au jugement définitif d'un fait plus grave reproché à l'auteur principal et qu'il aurait commis seul.

On invoque la disposition de l'article 379 qui dispose que, lorsqu'un accusé se trouve pendant les débats inculpé sur d'autres crimes que ceux dont il est accusé, la Cour d'assises ne peut ordonner de nouvelles poursuites, que si les crimes nouvellement manifestés méritent une peine plus grave. Mais tout ce qu'on peut déduire de cette disposition, c'est que la Cour d'assises n'a pas le pouvoir d'ordonner des poursuites, et non que les poursuites ne sont pas possibles ; aucun texte n'impose en effet l'obligation de surseoir à la poursuite des délits moins graves, et aucun texte ne pouvait l'imposer. Du moment

____

(1) Garraud, *Pr.*, 300.

que toute infraction donne naissance à une action, cette
action peut être exercée tant qu'elle n'est pas légalement
éteinte. Qu'importe qu'une condamnation pour un crime
plus grave ait été prononcée ? Cette condamnation peut-
elle avoir pour effet d'éteindre l'action publique, à l'égard
de toutes les infractions antérieures emportant des peines
moins graves ? Non ; l'article 365 a seulement disposé que,
dans le cas de concours d'infractions, la peine la plus
forte absorberait toutes les autres. Si donc la poursuite
du délit est possible, après la condamnation pour le crime,
il n'y a aucune raison pour suspendre le cours de la prescription de l'action née du délit, car il n'y a aucune impossibilité d'agir.

Quant au cas de délit connexe à un crime et non compris dans les poursuites, il est généralement admis que
la prescription n'est pas suspendue pendant la durée de
l'instruction faite à raison du crime. C'est qu'en effet, aux
termes de l'article 226, la Chambre des mises en accusation doit statuer par un seul et même arrêt sur les délits
connexes dont les pièces se trouvent en même temps pro-
duites devant elle ; il y a donc possibilité pour le ministère public de poursuivre à la fois le crime et le délit.
Toutefois plusieurs auteurs (1) admettent que la prescription serait suspendue, si, pour un motif quelconque, la
Chambre d'accusation avait refusé soit de statuer sur le
délit connexe, soit de le faire juger en même temps que
le crime auquel il se rattache. Mais alors, c'est que la
Chambre d'accusation a jugé qu'il n'y avait pas connexité,
et nous nous trouvons dans le cas de concours d'infractions
non connexes, que nous venons d'étudier.

Il avait été jugé (2) sous l'empire de l'article 75 de la

(1) Mangin, 338 ; Le Sellyer, 2290 ; Brun de Villeret, 300.
(2) Cass., 13 avril 1810, B. 55. D. *Rép.*, v° *Pr. crim.*, 157 ; Metz, 1ᵉʳ mars
1866, D. 66.2.54.

Constitution de l'an VII, que la prescription était suspendue pendant tout le temps nécessaire pour obtenir l'autorisation de poursuivre les agents du gouvernement. Cet article, dans le but de sauvegarder le principe de la séparation des autorités administrative et judiciaire, établissait une garantie administrative en faveur des agents du gouvernement, en ne permettant de les poursuivre à raison de faits relatifs à leurs fonctions, qu'en vertu d'une autorisation préalable du Conseil d'État. Le ministère public devait provoquer cette autorisation ; mais, tant qu'elle n'était pas accordée, il ne dépendait pas de lui d'activer les décisions du Conseil d'État ; il était condamné à l'inaction.

L'article 75 de la constitution de l'an VII a été abrogé par le décret du 19 septembre 1870, qui supprime simplement l'autorisation nécessaire pour poursuivre la personne du fonctionnaire, sans toutefois toucher au principe de la séparation des pouvoirs qui protège l'acte. Quand donc l'examen de la responsabilité pénale d'un fonctionnaire implique l'appréciation d'un acte administratif, le tribunal doit, comme nous l'avons vu plus haut, surseoir à statuer.

Dans le même ordre d'idées, l'article 75 de la constitution de l'an VIII établissait une garantie politique, en faveur des ministres qui ne pouvaient être poursuivis sans une autorisation préalable du Sénat, et en faveur des sénateurs, conseillers d'État et députés qui ne pouvaient être poursuivis sans une autorisation préalable du corps auquel ils appartenaient. Cette garantie politique a été conservée par la loi du 16 juillet 1875 (art. 14), en matière criminelle et correctionnelle, et sauf le cas de flagrant délit, en faveur des membres du Parlement, qui ne peuvent être poursuivis pendant la durée des sessions qu'avec l'autorisation de la chambre dont il font partie.

On doit aussi admettre dans ce cas que la prescription est suspendue pendant le temps qui s'écoule entre la demande en autorisation de poursuites et l'obtention de cette autorisation : cela offre peu d'intérêt pratique, car ce délai sera en fait de courte durée. Mais on doit aller plus loin et décider avec la Cour d'Assises de la Seine (1), que la prescription de l'action dirigée contre un membre du Parlement est suspendue tant que l'immunité parlementaire met le poursuivant, malgré ses diligences, dans l'impossibilité de procéder à des poursuites valables, et spécialement, lorsque l'autorisation sollicitée a été repoussée par la Chambre, pendant toute la durée de la session ; la prescription ne reprend son cours qu'à l'expiration de la session.

Le titre de député ou de sénateur ne suspend, il est vrai, que la poursuite personnelle et les opérations gênantes pour la liberté du représentant, et ne suspend pas les actes qui tendent à constater une infraction et à en recueillir les charges, comme les procès-verbaux, l'audition des témoins, les vérifications, les expertises, etc. (2), et qui sont, par suite, autant de moyens d'interrompre la prescription ; mais, lorsque la poursuite émane d'un particulier ou que le ministère public agit par voie de citation directe, ces actes ne sont pas possibles, et la partie poursuivante n'a aucun moyen d'interrompre la prescription. Or il ne faut pas oublier qu'en matière de presse la voie de la citation directe est la plus fréquente et, dans la plupart des cas, la seule possible.

Nous avons déjà dit que la demande en autorisation de poursuites constituait un acte interruptif ; elle aura donc à la fois pour effets de suspendre et d'interrompre la prescription ; nous avons vu, à propos du jugement de sursis,

(1) Cour d'assises de la Seine, 30 octobre 1882, *Gaz. Pal.*, III, p. 212.
(2) V. article 3, décret 9 août 1806.

que ces deux effets n'étaient pas inconciliables (1). Enfin, la prescription reprendra son cours, du jour où l'autorisation sollicitée aura été accordée, et en cas de refus, du dernier jour de la session législative.

Il ne faut pas confondre avec le cas où la poursuite est subordonnée à une autorisation préalable, celui où la poursuite est subordonnée à la nécessité d'une plainte ou d'une dénonciation préalable. En matière de presse notamment, le droit du ministère public d'exercer des poursuites est dans beaucoup de cas subordonné à la plainte de la partie lésée.

Dans ces cas, bien qu'il y ait impossibilité d'agir pour le ministère public, il ne peut pas être question de suspension de la prescription ; si la prescription n'a pas précisément couru contre lui, elle a couru contre celui, sans le concours duquel l'exercice de l'action n'est pas possible, contre la partie lésée ; la loi a voulu laisser à cette dernière seule le soin de décider si les poursuites devaient avoir lieu ; et si elle n'est pas dans l'impossibilité d'agir, la prescription ne saurait être suspendue.

L'article 29 (4e alinéa) de la loi du 26 mai 1819 décidait que, dans le cas d'offense envers les Chambres, le délai ne courait pas dans l'intervalle de leurs sessions ; aux termes de l'article 2 de la même loi, il fallait l'autorisation des Chambres pour poursuivre les offenses qui les concernaient, et il est manifeste que cette autorisation ne pouvait être donnée dans l'intervalle des sessions.

Aujourd'hui, il n'y a plus de délit d'offense envers les Chambres ; la diffamation et l'injure sont les seuls délits prévus contre elles par la loi de 1881 ; mais ces délits, comme tous les délits de même nature commis envers les autres corps constitués, ne peuvent être poursuivis que sur

____

(1) **En sens contraire** : Brun de Villeret, 275 et suiv.

une délibération prise en assemblée générale et requérant
des poursuites. L'impossibilité où se trouvent les Chambres
de délibérer dans l'intervalle des sessions doit nécessairement suspendre le cours de la prescription ; le délai de la
prescription ne commence alors à courir qu'à partir du
premier jour de la constitution des Chambres ; car, comme
le fait remarquer Chassan (1), le jour de leur réunion ne
peut pas être pris pour point de départ puisque, tant que
la Chambre n'est pas constituée, elle ne peut agir.

D'après une jurisprudence constante (2), le pourvoi en
cassation a non seulement pour effet d'interrompre la
prescription, mais aussi d'en suspendre le cours pendant
toute la durée de l'instance en cassation.

Quant aux auteurs, ils n'examinent en général la question des effets suspensifs du pourvoi en cassation, qu'à
l'occasion des contraventions de simple police. En droit
commun, c'est en effet en matière de contraventions que la
question présente de l'intérêt, car le délai d'un an de leur
prescription, n'étant soumis à aucune interruption, peut se
trouver insuffisant en cas de pourvoi en cassation, surtout
lorsqu'il y aura annulation et des renvois de la Cour de
cassation. En matière de presse, le court délai de la prescription donne aussi à la question un grand intérêt, surtout
dans le cas où la Cour de cassation sera restée plus de
trois mois sans donner de solution au pourvoi. L'article 425 fait, il est vrai, un devoir à la Cour de cassation
de statuer dans le mois de la réception des pièces ; mais il
faut remarquer qu'aucune déchéance n'est attachée à la
disposition de l'article 425 ; et on est d'accord pour reconnaître qu'elle ne contient qu'une mesure comminatoire

(1) Chassan, II, 1241.
(2) V. notamment : Cass., 22 juin 1878, D.79.1.440 ; 27 janvier 1883, D.84.
1.311 ; 3 janvier 1884, D. 84.1.168 ; 7 février 1885, D. 85.1.381 ; 12 février
1885, D. 85.1.432 ; 5 novembre 1886, D. 87.1.240 ; 8 novembre 1889, D. 90.
1.329.

dont l'accomplissement est subordonné aux convenances et aux nécessités du service.

En matière de contraventions de droit commun, les auteurs sont divisés entre quatre systèmes : d'après le premier, le pourvoi n'est ni suspensif, ni interruptif ; d'après le deuxième, le pourvoi n'est pas interruptif, mais il est suspensif ; d'après le troisième, le pourvoi est interruptif, mais il n'est pas suspensif ; enfin d'après le quatrième, le pourvoi est à la fois interruptif et suspensif.

Dans notre matière, nous devons tout d'abord écarter les systèmes qui ne reconnaissent pas au pourvoi un effet interruptif ; s'il est vrai qu'en matière de contraventions, l'article 646 ne reconnaît d'effet interruptif qu'à l'appel, les prescriptions des contraventions de presse, comme de toutes les infractions de presse, peuvent être interrompues par tout acte d'instruction et de poursuite et notamment par le pourvoi.

Restent donc deux systèmes, le troisième et le quatrième : ou le pourvoi est seulement interruptif, ou bien il est à la fois interruptif et suspensif. Nous n'hésitons pas à nous rallier au dernier, qui est le système suivi par la jurisprudence.

Nous avons déjà montré que les effets interruptifs et suspensifs ne sont pas inconciliables et peuvent être produits par le même acte. Il nous faut donc établir que la partie poursuivante est dans une impossibilité absolue d'agir.

Nous avons donné une solution différente en cas d'appel, mais la situation de la partie poursuivante n'est pas la même en cas de pourvoi en cassation et en cas d'appel. Si, devant la Cour d'appel, elle peut continuer les poursuites, et, par des actes interruptifs, conserver son action, devant la Cour de cassation ses pouvoirs sont paralysés dès que le pourvoi est formé.

Le pourvoi a pour effet d'arrêter toute instruction et

toute poursuite ; il a saisi la Cour de cassation, qui est investie d'attributions particulières, et qui n'a qu'à rechercher si le jugement attaqué est conforme à la loi, sans se préoccuper de ses rapports avec les faits du procès ; l'ancienne juridiction est dessaisie d'une manière irrévocable, si bien qu'en cas d'annulation c'est une autre juridiction qui sera chargée de statuer. Le dernier acte de poursuite, qu'a pu faire la partie poursuivante, c'est le pourvoi ; une fois le pourvoi formé, elle ne peut faire aucun acte devant l'ancienne juridiction qui est dessaisie, et elle est sans action pour provoquer la solution de la Cour de cassation ; en cas de condamnation, le pourvoi étant suspensif, le ministère public ne peut pas faire exécuter la peine ; et comme le fait remarquer Dalloz (1), s'il est vrai que le procureur général près la Cour de cassation peut requérir devant elle pour l'expédition des affaires, il ne représente pas l'action publique, il ne continue pas l'officier du ministère public qui a formé le pourvoi et, s'il a mis de la négligence dans l'accomplissement de ses devoirs, cette négligence ne peut nuire à l'action publique à laquelle il est étranger.

Il y a donc impossibilité légale d'agir pour la partie poursuivante, et cela sans que l'on puisse distinguer si le pourvoi émane du ministère public, de la partie civile ou de la partie condamnée.

A partir de quel moment la prescription est-elle suspendue dans le cas de pourvoi en cassation ? M. Brun de Villeret (2) adopte un système qui peut se résumer ainsi : lorsque le pourvoi aura eu pour effet d'interrompre la prescription, la suspension ne commencera qu'après que le recours aura produit son effet interruptif, car alors seulement commence l'empêchement légal ; tandis que,

(1) D. *Rép.*, v° *Pr. crim.*, 126.
(2) Brun de Villeret, 312 et suiv.

lorsque le pourvoi n'a pas pu interrompre la prescription, par exemple, lorsqu'il émane de la partie condamnée, l'instance devant la Cour de cassation aura pour effet de suspendre le cours de la prescription du jour du pourvoi.

Nous avons dit déjà qu'à notre avis le pourvoi était interruptif dans tous les cas, même lorsqu'il émane de la partie condamnée ; nous rejetons donc la distinction faite par M. Brun de Villeret. Mais devons-nous décider avec lui que la prescription n'est suspendue que du jour où l'effet interruptif du pourvoi a cessé, c'est-à-dire, en matière de presse, trois mois après le jour du pourvoi ? M. Brun de Villeret se fonde pour le soutenir sur la prétendue inconciliabilité des effets interruptifs et suspensifs ; mais nous avons vu que ces effets n'étaient pas tellement contraires qu'ils ne puissent se concilier. Il n'est pas vrai non plus, comme il le soutient, que l'empêchement légal d'agir ne commence qu'au moment où le pourvoi a produit tout son effet interruptif ; il existe au lendemain même du pourvoi, au jour même où la partie poursuivante ne peut plus faire aucun acte interruptif.

La prescription recommence à courir, dès que l'instance a pris fin ; dès qu'une solution a été donnée au pourvoi, l'impossibilité d'agir cesse (1).

L'article 373 dispose, il est vrai, que le ministère public ne peut faire exécuter l'arrêt de condamnation avant la réception de l'arrêt de cassation, qui a rejeté la demande ; mais il a été jugé que cette disposition ne met pas obstacle à ce que la prescription de l'action légalement suspendue par le pourvoi ne recommence à courir à partir du jour où il a été statué sur ce pourvoi (2).

Dans le cas de pourvoi formé par le prévenu, la partie

(1) Cass., 29 mai 1884, D. 85.1.381.
(2) Cass., 7 février 1885, D. 85.1.382. *Contrà* : Rennes, 11 décembre 1884, *Gaz. Trib.*, 14 décembre.

civile ne pourrait pas opposer que l'arrêt de rejet de la Cour
de cassation ne lui a pas été signifié, pour prétendre que la
prescription n'a pu recommencer à courir du dit arrêt (1).
Aucune disposition ne prescrit en effet de notifier à la partie civile l'arrêt rendu par suite du pourvoi du prévenu ;
peu importe qu'elle n'en ait pas eu connaissance ; l'impossibilité où elle était d'agir a cessé légalement au jour
où l'instance a pris fin.

La prescription est donc suspendue par le pourvoi jusqu'à ce que l'instance ait pris fin, et alors même que le
pourvoi aurait été déclaré non recevable (2).

Mais l'impossibilité d'agir de la partie poursuivante aura
pu cesser avant que la Cour ait statué sur le pourvoi, comme
par exemple dans le cas où le prévenu s'est désisté du
pourvoi qu'il a formé. Du jour de ce désistement, la partie
poursuivante recouvre le droit d'exercer des poursuites.
Devons-nous décider aussi dans ce cas que la prescription recommence à courir indépendamment de toute signification aux parties civiles ?

La Cour de cassation (3) a jugé que les parties civiles
qui, sur la notification à elles faite du pourvoi du prévenu,
sont intervenues devant la Cour de cassation, ne sont pas
fondées à prétendre qu'elles n'ont pas eu connaissance de
l'arrêt qui a donné acte au prévenu du désistement de son
pourvoi ; que, par suite de leur intervention devant la
Cour, elles devaient être présumées connaître le désistement ; que, par conséquent, le bénéfice de la prescription
était acquis au prévenu par l'expiration du délai de trois
mois, indépendamment de toute signification du désistement. Nous croyons que cette solution devrait être donnée
même dans le cas où les parties civiles ne seraient pas

(1) Cass., 7 février 1885, *loc. cit.*
(2) Cass., 8 novembre 1889, D. 90.1.329.
(3) Cass.. 27 janvier 1883, D. 84.1.311.

intervenues devant la Cour de cassation ; l'arrêt qui donne
acte du désistement doit être assimilé à l'arrêt qui statue
sur le pourvoi ; dans les deux cas, l'impossibilité légale
d'agir cesse dès le jour de l'arrêt.

Du pourvoi en cassation rapprochons le recours ayant
pour objet un règlement de juges ; le cours de la justice
se trouve aussi dans ce cas nécessairement suspendu jusqu'à la décision de la Cour de cassation (1).

Tels sont les cas de suspension de la prescription.

En règle générale, le temps écoulé avant le début de la
suspension compte dans le délai qui doit s'accomplir
après cette suspension ; cette règle est évidemment applicable en matière de presse : si donc un mois s'était déjà
écoulé depuis le dernier acte de poursuite, lorsque la
prescription se trouve suspendue, le poursuivant n'aurait
plus, lorsqu'elle reprend son cours, que deux mois pour
agir. Mais le plus souvent l'acte qui suspend la prescription est en même temps un acte interruptif ; alors, la
prescription ayant été interrompue au jour où elle est
suspendue, la partie poursuivante aura trois mois pour
agir, à compter du jour où la cause de la suspension aura
cessé.

Ce point n'est toutefois pas admis par tout le monde,
comme nous avons déjà eu l'occasion de le dire (2) ; mais
il faut alors supposer dans le système contraire que l'acte
qui met fin à la suspension est aussi un acte interruptif,
car autrement la prescription serait acquise dès que la
cause de la suspension aurait cessé, ce qui serait évidemment inadmissible.

(1) Cass., 19 juin 1888, D. 88.1.399.
(2) V. notamment Brun de Villeret, *loc. cit.*

TROISIÈME PARTIE

PRESCRIPTION DES ACTIONS CIVILES

—

CHAPITRE PREMIER

PRESCRIPTION DE L'ACTION CIVILE.

Tout fait délictueux donne naissance à une double action : l'action publique, qui a pour but l'application d'une peine et qui est exercée au nom de la société par le ministère public, et l'action civile qui a pour objet la réparation du dommage souffert et qui est exercée par la partie lésée ou ses représentants. Cette dernière peut être exercée par la partie lésée soit devant la juridiction répressive en même temps que l'action publique, soit devant la juridiction civile. Toutefois, l'action civile résultant des délits de diffamation prévus et visés par les articles 30 et 31 ne peut pas être poursuivie séparément de l'action publique (art. 46).

Jusqu'ici nous avons plus spécialement consacré nos explications à la prescription de l'action publique naissant des délits de presse ; il nous reste maintenant à étudier les particularités que peut présenter la prescription de l'action civile naissant de ces mêmes délits.

Nous savons déjà qu'aux termes de l'article 65 de la loi

de 1881, comme aux termes des articles 637 et 638 du Code, l'action civile est soumise à la même prescription que l'action publique.

Avant de rechercher les causes de cette assimilation des deux actions au point de vue de la durée du délai de la prescription, il convient de bien préciser ce que l'on doit entendre par action civile. C'est, selon les termes de l'article 1er du Code « l'action en réparation du dommage causé par un crime, par un délit ou par une contravention ». D'où il résulte que deux conditions sont nécessaires pour qu'une action constitue une action civile, dans le sens que l'on donne à ces mots en matière criminelle, 1° que cette action ait pour cause exclusivement une infraction et 2° qu'elle ait pour objet direct et immédiat la réparation du dommage qu'elle a causé. Ce n'est pas autre chose que l'action de l'article 1382 du Code civil, dans le cas particulier où le fait qui a causé le préjudice constitue un délit prévu par la loi pénale. Peu importe qu'elle soit dirigée contre l'auteur de l'infraction ou contre les personnes que la loi déclare civilement responsables. Dans le langage courant, on distingue, il est vrai, l'action civile dirigée contre l'auteur de l'infraction, à laquelle on réserve plus spécialement le nom d'action civile et l'action contre les personnes civilement responsables ; mais il n'en est pas moins vrai que cette dernière action n'est autre, comme nous le démontrons plus loin, que l'action en réparation du dommage causé par une infraction de l'article 1er du Code.

L'action civile doit, disons-nous, avoir sa cause exclusivement dans un fait délictueux. L'action qui serait intentée à l'occasion et à la suite d'un fait puni par la loi pénale, et qui n'aurait pas sa cause exclusivement dans ce fait, mais, par exemple dans un contrat ou un quasi-contrat, ou qui serait basée sur un quasi-délit ou sur une

simple faute dépourvue de toute nature délictueuse, serait, quant à sa durée et quant aux conditions de son exercice, soumise aux règles du droit commun. Une infraction commise par un débiteur ne saurait être en effet une
cause d'aggravation de la condition du créancier. Sur ce
point tout le monde est d'accord (1). Et par application de
ces principes, la jurisprudence a toujours décidé que l'action civile n'était soumise à la prescription spéciale édictée par la loi de 1881, qu'autant qu'elle était fondée sur
un fait constituant un des délits prévus par cette loi. En
conséquence, la prescription de trois mois ne s'applique
pas aux actions en dommages-intérêts intentées en raison
d'une imputation qui n'a aucun des caractères du délit de
diffamation ou basée sur un propos ou un écrit non diffamatoire ou injurieux (2). Ainsi, il a été jugé (3) que la
demande de radiation sur les listes électorales du nom
d'un électeur, fondée sur le prétendu état de faillite de ce
dernier, ne présentant pas les caractères légaux du délit
de diffamation, lorsque l'auteur de cette demande n'est
pas animé de l'intention de nuire mais exerce de bonne
foi le droit accordé à tout électeur inscrit, peut bien donner ouverture à une action en dommages-intérêts, en raison de l'imprudence avec laquelle a agi le réclamant et
du préjudice causé, mais que cette action ne se prescrira
que par le laps de trente ans.

En second lieu, il ne suffit pas qu'une action naisse d'un
délit, pour constituer une action civile ; il faut aussi
qu'elle ait pour objet direct et immédiat la réparation du
dommage qu'il a causé. Il faut donc une infraction dommageable pour donner naissance à une action civile. Le

<hr>

(1) V. les auteurs cités dans D. *Sup.*, v° *Pr. crim.*, n° 60.
(2) Civ. rej., 17 mai 1886, D. 87.1.54 ; Paris, 16 novembre 1886, D. 87.
2.171 ; Nancy, 14 mai 1892, D. 92.2.433.
(3) Bordeaux, 16 avril 1886, D. 87.2.79.

dommage doit être actuel et personnel à celui qui s'en plaint, et ce qu'il convient de noter spécialement en matière d'injure et de diffamation, c'est que l'article 1er du Code d'instruction criminelle, pas plus que l'article 1382 du Code civil, ne distingue entre le dommage pécuniaire et le dommage moral : on doit donc entendre par dommage la privation ou la lésion d'un bien, qu'il soit ou non susceptible d'être apprécié en argent ; toute atteinte à l'honneur ou à la considération d'une personne constitue par suite un dommage.

Ces principes rappelés, il nous faut rechercher les raisons qui ont décidé le législateur à soumettre à la même prescription l'action civile et l'action publique.

Cette assimilation des deux prescriptions paraît certainement difficile à justifier. L'action civile en effet n'a d'autre objet que la réparation du préjudice causé par l'acte délictueux et dérive des principes généraux posés par les articles 1382 et suivants du Code civil. Pourquoi cette action qui a sa base dans la loi civile, dont la prescription par conséquent est fondée, comme la prescription de toute action civile, sur l'inaction prolongée du créancier, est-elle soumise aux règles de la prescription pénale ? On arrive avec cette assimilation à cette conséquence étrange, qu'un individu actionné civilement en réparation d'un fait dommageable peut opposer à la demande dirigée contre lui une prescription plus courte que la prescription ordinaire de trente ans, si le fait dommageable est qualifié délit par la loi pénale, et se trouve, pour avoir violé à la fois la loi pénale et la loi civile, dans une meilleure condition que s'il avait violé seulement la loi civile ; la durée de la prescription est ainsi en raison inverse de la gravité du fait dommageable. « Le criminel, disait Dunod (1), ne

____

(1) Dunod, part. II, ch. IX, p. 191.

doit pas être de meilleure condition que ceux qui se sont emparés du bien d'autrui sans commettre un crime punissable et c'est assez pour lui d'éviter la punition qu'il méritait. »

Il y a évidemment dans cette assimilation des deux prescriptions une dérogation aux principes ordinaires ; elle est justifiée pourtant par de puissantes considérations. Le législateur n'a pas voulu que la partie lésée puisse venir réclamer la réparation du préjudice qui lui a été causé par une infraction, lorsque le pouvoir social est impuissant à en demander compte à l'agent. Pour pouvoir apprécier l'étendue du préjudice causé, il faut constater l'existence du délit, et en rechercher la nature et le caractère. « On ne peut obtenir la réparation de l'accusé, dit Muyart de Vouglans, sans le convaincre de son crime ; on ne peut le condamner, sans se mettre dans la nécessité de le punir. » L'ordre public est donc intéressé à ce que l'existence d'un délit, que la justice pénale serait impuissante à réprimer, ne soit pas solennellement reconnue.

D'ailleurs, les raisons, qui ont amené le législateur à restreindre la durée de la prescription pénale, retrouvent ici toute leur force. L'exercice de l'action civile apporte les mêmes éléments de trouble à la paix publique que l'exercice de l'action publique ; et lorsque la vindicte publique elle-même cède devant le besoin de la paix, voudrait-on que l'obstacle, que la loi a sagement établi pour éviter toute menace de trouble après un certain temps, n'arrêtât pas aussi le droit, quelque sacré qu'il fût, d'un simple particulier, qui n'avait qu'à faire ses diligences en temps utile ?

M. Garraud (1) donne une troisième raison. « Le législateur, dit-il, veut, dans l'intérêt général, faire de la par-

_____

(1) Garraud, *Précis*, 402.

tie lésée qui est la première informée de l'infraction et mieux en état que tout autre d'en désigner l'auteur, l'auxiliaire le plus actif de la partie publique ; et dans ce but, il déclare l'action civile non recevable, si elle est exercée après l'expiration des délais, relativement courts, fixés pour la prescription de l'action publique. » Cette troisième raison a évidemment une grande valeur dans notre matière des délits de presse, où, on le sait, l'exercice de l'action publique est dans la plupart des cas subordonné à la plainte de la partie diffamée ou injuriée.

Bien qu'il y ait identité entre l'action civile du Code d'instruction criminelle et l'action dérivant de l'article 1382 du Code civil, des nécessités d'ordre public justifient donc pleinement la dérogation aux règles ordinaires de la prescription en ce qui concerne la première.

Quelques jurisconsultes (1) ont prétendu que l'action civile ne saurait être soumise à la prescription pénale, qu'autant qu'elle serait portée devant la juridiction répressive. D'après eux, l'action civile, lorsqu'elle est exercée devant les tribunaux répressifs, a un caractère spécial ; la partie lésée concourt dans une certaine mesure à la répression du délit, puisque, en matière correctionnelle du moins, son intervention met en mouvement l'action publique ; son action tend à obtenir à la fois la répression du délit et la réparation du préjudice causé. L'action qui dans ce cas comprend deux éléments est l'action civile mixte, qui ne peut être exercée que devant la juridiction répressive, tandis que celle qui ne comprend pas l'élément pénal et qui n'a pour objet que la réparation du dommage doit être portée devant la juridiction civile. On comprend que l'action civile mixte marchant parallèlement à l'action pu-

____

(1) Bourguignon, 2.539 ; Bertauld, p. 652 ; Grellet-Dumazeau, 298 et s. Paul Collet, *Rev. crit.*, 1868, p. 1.

blique doit avoir la même durée ; mais l'autre, qui ne peut être exercée que devant les tribunaux civils, doit, quant à sa durée, être soumise aux règles du droit civil.

Certainement une dérogation doit être entendue d'une manière restrictive ; mais la distinction proposée par ces auteurs entre l'action civile exercée devant les tribunaux répressifs et l'action civile exercée devant les tribunaux civils n'est pas acceptable. Sans doute, les conditions d'exercice de l'action civile peuvent varier suivant la juridiction saisie ; sans doute, portée devant les tribunaux de répression, l'action civile met en jeu l'action publique et a, comme on le dit, un élément pénal et un élément civil. Mais cet élément civil, base de la réparation pécuniaire, ne saurait varier avec la juridiction saisie.

Il y a identité complète, nous l'avons vu, entre l'action de l'article 1ᵉʳ du Code d'instruction criminelle et l'action de l'article 1382 du Code civil ; ce dernier article, conçu dans les termes les plus larges, accorde une action à raison de tout fait de l'homme, qui cause, par suite d'une faute, un dommage à autrui ; or, la définition donnée par l'article 1ᵉʳ rentre dans les termes de l'article 1382 ; ainsi que le fait remarquer Rauter (1), c'est la loi civile qui est le fondement principal de l'action civile : la loi criminelle n'a fait qu'en régler l'emploi d'une manière secondaire.

Cette identité parfaite entre l'action civile exercée devant les tribunaux répressifs et l'action civile exercée devant les tribunaux civils établie, on ne peut pas admettre que la prescription pénale ne sera applicable que dans le premier cas.

Outre qu'il serait contraire à tous les principes de faire dépendre la durée de la prescription d'une action de la nature de la juridiction saisie, quand on ne doit avoir

(1) Rauter, nº 133.

égard qu'à la nature même de l'action, l'examen des textes ne saurait laisser aucun doute. Si, en effet, les articles 637 et 638 du Code et après eux l'article 65 de la loi de 1881 n'avaient entendu parler que de l'action civile portée devant les tribunaux de répression, ils auraient dit une chose inutile ; car un juge de répression ne peut être saisi d'une action en dommages-intérêts qu'à titre d'accessoire d'une poursuite criminelle ; et il est bien certain qu'il ne pourrait être saisi d'une action civile intentée isolément, alors que l'action publique ne pourrait pas être exercée. « Si donc, dit M. Garraud (1), ces mots « action civile » ont un sens dans les articles 637, 638, 640 , ils n'ont et ne peuvent avoir d'autre sens que celui-ci : savoir qu'après la prescription de l'action publique, la partie lésée n'aura pas d'action civile, non seulement devant les tribunaux de répression, cela était évident, quand même la loi ne l'aurait pas dit, mais même devant les tribunaux civils, ce qui avait besoin d'être expliqué ».

Puis, l'article 2 du Code, qui nous dit que l'action civile peut être exercée contre le prévenu et contre ses représentants ajoute qu'elle s'éteint par la prescription, ainsi qu'il est réglé au livre II, titre VII, chapitre V, c'est-à-dire conformément aux articles 637 et suivants, sans faire de distinction entre le cas où elle est exercée contre le prévenu ou contre ses représentants ; or, dans ce dernier cas, seuls les tribunaux civils pourraient être saisis, et c'est la prescription pénale qui est applicable.

Si le législateur enfin avait voulu que l'action civile fût dans certains cas soumise à la prescription du droit commun. il s'en serait expliqué clairement, comme il l'a fait dans l'article 642, en ce qui concerne la prescription des condamnations civiles.

(1) Garraud, *Pr.*, 402.

L'article 29 de la loi du 26 mai 1819 nous apporte encore un argument. Cet article, après avoir dit que l'action publique contre les délits de presse se prescrivait par six mois, décidait que l'action civile ne se prescrivait que par trois ans. Il est bien certain que cet article ne pouvait avoir en vue que l'action civile exercée devant les tribunaux civils, puisqu'après le délai de six mois l'action publique était éteinte ; or le texte est formel : l'action civile est soumise non à la prescription de droit commun de trente ans, mais à la prescription de trois ans, qui est la prescription ordinaire des délits.

Dans notre ancien droit, la question, d'abord vivement controversée, était à peu près généralement résolue dans le sens que nous indiquons depuis un arrêt du Parlement de Paris de l'année 1600. Le Code de 1791 ne s'expliquait pas sur les effets de la prescription par rapport à l'action civile ; mais le Code de brumaire an IV (art. 9 et 10) disposait formellement qu'après le terme de la prescription, nul ne pouvait être recherché soit au criminel, soit au civil. Le Code d'instruction criminelle n'a donc fait que se conformer aux précédents.

Fondée sur des considérations de paix et d'ordre publics et sur les textes, la règle qui soumet l'action civile à la même prescription que l'action publique, quelle que soit la juridiction saisie, apparaît donc comme certaine.

La généralité des auteurs se prononce en ce sens et, à part deux arrêts (1), la jurisprudence a toujours consacré cette doctrine (2).

Cette règle, qui solidarise les deux actions publique et civile au point de vue de la prescription, doit-elle être

---

(1) Riom, 24 juin 1841 et trib. Gien, 2 janvier 1838, D. *Rép.*, v° *Pr. crim.*, 94.

(2) V. les auteurs et les arrêts cités dans D. *Sup.*, v° *Pr. crim.*, 52, et notamment en matière de presse un arrêt récent : Cass. civ., 6 avril 1898, *Gaz. Trib.*, 11 août 1898. — Fabreguettes, II, 2142 ; Barbier, II, 1018.

étendue au cas où l'action publique est éteinte pour toute autre cause ?

L'action publique a été éteinte, par exemple, par le décès du prévenu : dans ce cas, il ne peut pas y avoir de doute ; l'article 2 du Code, en effet, après avoir dit que l'action publique s'éteignait par la mort du prévenu et que l'action civile pouvait être intentée contre ses représentants, dit formellement que cette dernière s'éteint par la prescription établie dans les articles 637 et suivants. Ce qui se comprend très bien ; le décès du prévenu ne peut en rien changer le caractère délictueux de l'acte qui a donné naissance à l'action civile (1).

Mais il n'en serait pas de même dans le cas où l'action publique est éteinte par suite d'amnistie, sans que l'action civile soit éteinte. Ici, une loi a effacé le caractère délictueux de l'infraction ; ce n'est donc plus un délit qui donne naissance à l'action civile, et on rentre évidemment sous l'empire du droit commun ; l'action civile ne se prescrit plus que par trente ans.

Il a pourtant été jugé (2) en sens contraire que, par application de la loi du 29 juillet 1881 (art. 70), qui a éteint l'action publique des crimes et délits commis antérieurement au 16 février 1881, mais sans porter atteinte aux droits des tiers, si la partie civile qui avait porté sa demande devant le juge de répression a laissé s'écouler plus de trois mois depuis la promulgation de la loi sans faire aucun acte d'instruction ou de poursuite, l'action civile s'est trouvée éteinte par la prescription.

Que faut-il décider lorsque l'action publique a été jugée, sans que l'action civile ait été engagée ?

Supposons d'abord que l'action publique a abouti à la condamnation du prévenu. Quelques auteurs et quelques

(1) Crim. rej., 4 décembre 1877, D. 78.1.252.
(2) Cass., 16 mars 1882, D. 82.1.239.

arrêts (1) ont soutenu que dans ce cas les tribunaux civils n'avaient aucun fait à constater, mais seulement à faire droit sur une demande en réparation du préjudice causé, qu'ils n'avaient plus à rechercher des preuves du fait, à établir que la personne, à qui des dommages-intérêts sont réclamés, est l'auteur de ce fait : sur ces points, le jugement de condamnation est revêtu de l'autorité de la chose jugée ; on ne peut pas alors permettre à la personne condamnée, quand le fait est légalement constaté, quand sa culpabilité est légalement attestée par un jugement, d'exciper d'une prescription qui est basée principalement sur la difficulté d'apporter des preuves suffisantes après un certain temps.

Cette opinion est repoussée avec raison par la majorité des auteurs et par la jurisprudence (2). Il n'est pas vrai que la prescription soit fondée sur la difficulté de constater les délits après un certain temps. Puis, s'il est exact que le jugement de condamnation établit l'existence juridique du délit, il n'en faudra pas moins, pour apprécier l'étendue du dommage dont on demande réparation, que cette demande soit fondée sur la nature et le caractère de l'acte dommageable, que les juges sont ainsi nécessairement appelés à apprécier ; l'existence du délit se trouve donc remise en question ; on devra discuter sur la nature du fait délictueux cause du préjudice ; ce sont ces débats irritants que la loi ne permet pas de soulever après un

(1) Rodière, p. 39 ; Labroquère, *Rev. crit.*, 1861, p. 163 ; Villey, *Rev. crit.*, 1875, p. 81 ; F. Chesney, *Rev. crit.*, 1893, p. 51. — Paris, 18 janvier 1811, S. 11.2.81 ; Caen, 8 janvier 1827, S. 28.2.21 ; Nimes, 27 mars 1833, S. 33.2.243.

(2) V. dans ce sens : Vazeille, n° 595 ; Mangin, 355 ; Le Sellyer, 2247 ; Cousturier, 89 ; Sourdat, 400 ; Brun de Villeret, 336 ; Garraud, *Précis*, 406 ; Fabreguettes, 2143. — Lyon, chambres réunies, 17 juin 1842, S. 42.2.343 ; Civ., Cass, 6 mars 1855, D. 55.1.84 ; Req., 2 mars 1864, D. 64.1.266 ; Cass., 18 novembre 1895, D. 98.1.497 et les arrêts cités dans D. *Sup.*, v° *Pr. outr.*, 1525.

certain délai. Du moment qu'il suffit qu'une action résulte d'un fait punissable pour qu'elle se poursuive conformément à la loi pénale, les causes d'extinction de l'action publique, qui ne modifient en rien le caractère délictueux de ce fait, ne sauraient modifier non plus la durée de la prescription de cette action. C'est déjà la solution que nous avons donnée pour le cas où l'action publique est éteinte par le décès du prévenu,

Mais, si nous supposons que les poursuites au criminel ont abouti à une déclaration de non-culpabilité, l'action civile sera alors régie par les règles de la prescription ordinaire de trente ans.

En effet, s'il est intervenu une ordonnance de non-lieu ou un acquittement éteignant provisoirement ou définitivement l'action publique, le fait, qui a été jugé n'être pas délictueux, peut bien donner naissance à une action en dommages-intérêts, mais il ne constitue plus qu'un quasi-délit civil et l'action qui en dérive est l'action de l'article 1382 du Code civil et a un caractère purement civil. Ici, comme dans le cas d'amnistie, la cause d'extinction de l'action publique, modifiant le caractère délictueux du fait générateur de l'action civile, en modifie aussi la prescription (1).

M. Rodière (2), qui admet qu'en cas de condamnation l'action civile dure trente ans, soutient qu'en cas d'acquittement la prescription pénale est applicable pour le motif que, si les preuves ont déjà paru insuffisantes lors du jugement criminel, elles doivent à plus forte raison l'être encore après ce jugement. Nous avons déjà dit qu'il n'était pas exact de dire que la prescription était fondée sur la difficulté de constater les délits.

____

(1) Le Sellyer, n° 483 ; Brun de Villeret, 338 ; Garraud, *Précis*, 406. — Cass., 9 janv. 1880, D. 80.1.285.

(2) Rodière, p. 89.

Nous devons nous en tenir à la nature de l'action, pour savoir quelle prescription est applicable et n'admettre que la prescription pénale ne peut être appliquée à une action civile, que dans les termes de la loi, c'est-à-dire que lorsque cette action résulte d'un fait puni par la loi pénale.

Que doit-on décider dans le cas où la partie lésée, poursuivant la réparation du dommage qui lui a été causé par un délit, qualifie dans sa demande le fait qui lui a causé un préjudice de simple quasi-délit civil, alors qu'il présente en réalité les caractères d'une infraction à la loi pénale ? Le juge civil, pour apprécier la nature de l'action, doit-il s'attacher à la qualification qui lui est attribuée par le demandeur ou peut-il et doit-il rechercher le caractère réel des faits qui servent de base à la demande ?

Lorsque l'action civile est mise en mouvement postérieurement à l'action publique ou en même temps, il est certain que la qualification donnée aux faits par la juridiction répressive s'impose au tribunal civil (1) Mais lorsque l'action publique n'a pas été exercée ou ne peut plus l'être par suite du décès du prévenu, il ne nous paraît pas douteux que le juge civil est compétent pour examiner si les faits sont délictueux et si, par conséquent, la prescription pénale est applicable. C'est un droit et un devoir pour le juge de rechercher le véritable caractère de la demande ; il ne peut déclarer l'extinction d'une action qu'en connaissance de cause. Les intérêts des parties doivent se régler non par la qualification que revêt la demande, mais par le véritable objet qu'elle poursuit. Vainement donc la partie lésée essayerait-elle de déguiser son action pour échapper aux conséquences de la prescription. Si elle pouvait ainsi demander la réparation du fait matériel seul, en laissant de côté tout ce qui pourrait lui imprimer le caractère d'un

____

(1) Req., 2 mai 1864, D. 64.1.261.

acte délictueux, toutes les actions civiles pourraient se convertir en actions ordinaires et échapper à la prescription plus courte édictée spécialement par le législateur, ce qui est inadmissible.

Quelques auteurs (1) prétendent que le défendeur ne peut pas devant les tribunaux civils solliciter le bénéfice de la prescription pénale, lorsque la criminalité de l'acte ne résulte pas des faits, tels qu'ils sont libellés dans l'exploit introductif d'instance, car il ne doit pas être admis à prétendre que le fait qui sert de fondement à l'action constitue un délit ; il ne peut pas être recevable à soutenir qu'il a commis une faute plus grave que celle qui lui est reprochée : *Nemo auditur propriam turpitudinem allegans*.

Mais, comme le dit un arrêt, « la honte est dans l'acte lui-même, non dans la dénomination que lui donne la loi ». D'ailleurs, le défendeur, en disant que l'acte qui lui est imputé constitue un délit, ne se proclame pas nécessairement coupable ; il se borne à soutenir que, si les faits qui lui sont reprochés sont prouvés, l'action est prescrite.

Comprendrait-on que, lorsqu'un demandeur en laissant dans l'ombre le véritable caractère des faits veut tromper la justice afin d'exercer une action que la loi déclare éteinte, il ne fût pas permis au défendeur et au juge de déjouer cette manœuvre ? En définitive, le défendeur ne fait qu'user du droit inhérent à la défense ; il ne fait que repousser l'attaque dont il est l'objet.

Ajoutons que, si l'on admet que la prescription de l'action civile est d'ordre public, comme celle de l'action publique, le juge a le devoir de suppléer d'office le moyen tiré de la prescription et de qualifier lui-même les faits qui servent de base à la demande.

(1) Le Sellyer, 2312 ; Labroquère. *Rev. crit.*, 1861, p. 165.

La jurisprudence et la majorité des auteurs sont fixées dans le sens que nous indiquons (1).

Il a été jugé, spécialement en matière de presse, que la demande en dommages-intérêts, introduite devant un tribunal civil par une assignation fondée sur le préjudice causé par un fait constituant le délit de diffamation, ne change pas de caractère par suite du dépôt de conclusions nouvelles motivant l'application de l'article 1382 du Code civil, et que l'action n'en est pas moins soumise à la prescription de trois mois de la loi de 1881 (2) ; que peu importe que la demande en dommages-intérêts fondée sur un acte constituant le délit de diffamation ne vise que l'article 1382 et ne qualifie le fait que de quasi-délit : c'est la prescription de l'article 65 qui doit être appliquée ; il appartient aux juges de rendre aux faits qualifiés par l'assignation leur véritable caractère (3) ; la défense au fond ne peut pas être considérée comme une renonciation à se prévaloir de la prescription acquise (4).

L'action civile portée devant les tribunaux civils est régie par les règles de la procédure civile. Cela ne doit pas être admis cependant d'une façon absolue. Ainsi, il n'est pas douteux que les conditions de forme exigées par la loi de 1881 pour l'assignation introductive d'instance sont exigées aussi bien pour la citation devant les tribunaux civils que pour la citation devant les tribunaux répressifs (5).

Deux questions sont en outre controversées au point

(1) F. Hélie, III, 794 ; Sourdat, II, 379; Brun de Villeret, 356 ; Aubry et Rau, IV, § 445; Demolombe, VIII, 697.

(2) Nancy, 15 décembre 1883, D. 84.2.14 ; Paris, 20 mars 1885, D. 85.2.264 ; Besançon, 9 juillet 1885, D. 88.2.221.

(3) Paris, 2 janvier 1892, D. 92.2.199 ; Bordeaux, 29 janvier 1892, D. 92.2.391 ; Grenoble, 26 novembre 1892, D. 93.2.270.

(4) Caen, 30 novembre 1896, *Gaz. Pal.*, 97.1.365.

(5) Civ. Cass., 21 juillet 1884, D. 85.1.169.

de vue particulier de la prescription. D'abord, la prescription de l'action civile est-elle d'ordre public, comme celle de l'action publique? en second lieu, la maxime : *Actiones semel inclusæ judicio salvæ permanent*, admise en matière civile, doit-elle l'être aussi, lorsqu'il s'agit d'une action civile née d'un délit et portée devant un tribunal civil ?

Sur la première question, la jurisprudence et la doctrine sont divisées entre trois opinions.

Dans la première opinion (1), on étend à la prescription de l'action civile le caractère d'ordre public, qui appartient à la prescription de l'action publique. Il en résulte que, même devant le juge civil, le moyen tiré de la prescription doit être suppléé d'office, lorsque le défendeur ne l'invoque pas : qu'il peut être proposé en tout état de cause, et même pour la première fois en appel et devant la Cour de cassation ; enfin, le défendeur ne peut y renoncer ni directement, ni indirectement. C'est à cette première opinion que nous nous rallions.

Dans une deuxième opinion (2), on prétend au contraire que l'assimilation établie par la loi entre l'action publique et l'action civile, quant à leur durée, ne s'étend point à leur caractère. En l'absence d'un texte qui permette de conclure que l'exception est d'ordre public pour l'action civile, l'article 2223 du Code civil, qui défend aux juges de suppléer d'office le moyen de la prescription, doit reprendre son empire. Plusieurs décisions judiciaires (3) ont

(1) Cousturier, 87 ; Brun de Villeret, 361 ; Haus, 2, 1433 ; Garraud, *Pr.*, 405.— Paris, 24 février 1855, D. 56.1.71, et en matière de presse : Nancy, 15 décembre 1883, D. 84.2.54 ; Paris, 2 janvier 1892, D. 92.2.199 ; Trib. civ. Narbonne, 12 mai 1898, *Mon. Lyon*, 17 septembre 1898. Un jugement du tribunal civil de Lyon du 28 mai 1886 (*Mon. Lyon*, 18 septembre 1886) a décidé notamment que la prescription de trois mois en matière de presse étant d'ordre public était opposable même aux étrangers.

(2) Legraverend, 1, p. 86 ; Massé et Vergé, sur Zachariæ, 5, 860.

(3) Cass., 28 février 1860, D. 60.1.191 ; Colmar, 27 mai 1863, D. 63.2. 141 ; Angers, 24 août 1865, D. 66.2.211.

consacré cette deuxième opinion : bien qu'elles soient relatives à des hypothèses où l'action civile était intentée devant la juridiction civile, elles statuent d'une façon générale et leurs considérants visent aussi bien le cas où l'action civile serait portée devant la juridiction répressive.

Dans une troisième opinion, on distingue suivant que l'action civile a été portée devant la juridiction répressive en même temps que l'action publique, ou qu'elle a été portée isolément devant les tribunaux civils ; dans le premier cas seulement, la prescription serait d'ordre public (1).

Si l'on admet l'une de ces deux dernières opinions, il faut exiger, dans le cas où l'on peut renoncer au bénéfice de la prescription, que cette renonciation soit expresse. Ainsi, il a été jugé, en matière de contravention prévue par la loi de la presse, que le fait par le prévenu d'avoir soulevé un déclinatoire, qui devait être présenté avant tout moyen de défense au fond, ne saurait être considéré comme une renonciation à la prescription qui était dès ce moment acquise (2). De même, la Cour de Lyon (3) a décidé que cette renonciation ne doit pas se supposer aisément, qu'elle doit être formelle ou du moins résulter d'une intention tacite et impliquant l'idée de renonciation, qu'elle résulte notamment de l'acceptation et de la constitution d'une expertise pour régler le chiffre du dommage causé, le principe de la responsabilité n'étant pas contesté ; mais qu'il en est autrement, lorsque la partie actionnée sans se reconnaître responsable s'est bornée à accepter une expertise pour déterminer si des empiéte-

---

(1) Le Sellyer, 2, 444 ; Sourdat, 406 ; Bertauld, 550 ; Fabreguettes, 2147 ; Barbier, II, 1018. — Civ. cass., 31 mai 1847, D. 47.4.379 ; Lyon, 30 juin 1887, D. 88.2.53 ; Req., 25 février 1891, D. 91.5.406 ; Civ. cass., 5 janvier 1892, D. 92.1.45 (ce dernier arrêt rendu en matière de presse).

(2) Bordeaux, 29 janvier 1892, D. 92.2.391.

(3) Lyon, 30 juin 1887, *loc. cit.*

ments ont ou non été commis, tous droits et moyens réservés. La Cour de Colmar (1) a jugé qu'on ne devait pas considérer comme une renonciation au bénéfice de la prescription l'offre faite par le défendeur au bureau de paix, dans un sentiment d'humanité et en dehors de la pensée de responsabilité, contre laquelle il protestait formellement.

On dit en faveur des deux dernières opinions que la partie lésée peut transiger sur les dommages-intérêts qui résultent d'une infraction quelconque ; que, la transaction ne formant aucun obstacle à la poursuite du ministère public, l'action civile se trouve éteinte, tandis que l'action publique subsiste ; que, pour les mêmes raisons qui font autoriser la transaction sur l'action civile, on doit permettre au prévenu assigné en réparation du dommage causé par son délit de renoncer à la prescription d'une manière expresse ou tacite.

Sans doute, la partie lésée peut toujours transiger sur les dommages-intérêts ; mais il ne faut pas oublier que la loi a établi une assimilation complète au point de vue de la prescription entre l'action publique et l'action civile, et que cette assimilation est justifiée par des considérations d'ordre public. Si le législateur a estimé qu'après un certain temps les débats étaient dangereux pour la tranquillité publique, il a eu aussi bien en vue les débats devant la juridiction civile que les débats devant la juridiction répressive ; il n'est pas possible d'admettre qu'il dépende d'un simple particulier de lever l'obstacle établi par la loi dans l'intérêt public. Rien dans les textes, pas plus dans l'article 65 que dans les dispositions du Code, ne permet d'autoriser une pareille atteinte aux principes consacrés par la loi.

(1) Colmar, 27 mai 1863, *loc. cit.*

Peu importe que le moyen tiré de la prescription de l'action civile tende uniquement à repousser des condamnations pécuniaires et à sauvegarder des intérêts purement privés ; toute réparation civile n'en a pas moins pour base la déclaration judiciaire de l'existence du fait punissable.

Quant à la distinction faite par la troisième opinion, elle n'est pas fondée : ce n'est pas en effet parce qu'il y a connexité entre les actions civile et publique, lorsque l'action civile est portée devant le tribunal saisi de la répression du délit, que l'interruption de l'une profite à l'autre, mais bien parce qu'il y a assimilation complète, quant à leurs caractères essentiels, entre les deux actions.

Il est certain que sous le Code de brumaire an IV, le juge civil devait suppléer d'office le moyen de la prescription (1). Rien ne prouve que le législateur de 1808 ait voulu déroger à la législation antérieure. Notre solution est donc conforme à la fois aux précédents et aux principes consacrés dans les articles 637 et suivants.

Quelques auteurs (2), qui soutiennent notre opinion, pensent que la prescription ne pourrait plus être suppléée d'office devant le tribunal civil, s'il était intervenu sur l'action publique un jugement irrévocable de condamnation contre le prévenu. Mais en quoi ce jugement changerait-il le caractère de l'action civile ? Elle dérive toujours d'un fait puni par la loi pénale ; à la suite de ce jugement, l'action civile n'en continuera pas moins à être soumise aux mêmes règles, et sa prescription devra toujours être suppléée d'office.

Sur la question de savoir si la maxime *actiones semel inclusæ judicio* doit recevoir son application dans le cas

(1) **V. article 10**, *in fine*.
(2) **Vazeille**, 596 ; **Cousturier**, *loc. cit.*

où l'action civile née d'un délit est portée devant un tribunal civil, les auteurs sont divisés.

Un grand nombre d'entre eux (1) décident que cette maxime est applicable en notre matière comme en toute matière civile. Tant que l'instance se poursuit, il n'y a pas de prescription possible de l'action ; seule l'instance est soumise à une prescription particulière qu'on appelle péremption. Il suffit donc à celui qui a une action à exercer de commencer les poursuites dans le délai fixé par la loi ; l'instance protégera l'action contre la prescription, et cette instance ne sera jamais éteinte que par la discontinuation de poursuites pendant trois ans et qu'autant qu'une demande en péremption aura été formée après l'expiration de ce délai (art. 397 du Code de procédure civile).

On dit dans cette opinion que cette règle de la péremption d'instance, puisée dans le droit romain, est nécessitée par la force des choses. Il ne dépend pas en effet de celui qui a introduit sa demande de faire statuer d'une façon définitive dans une époque déterminée : malgré toutes ses diligences, la solution de son procès pourra toujours être retardée par les incidents de procédure, l'encombrement du rôle, les procédures d'appel, de cassation et de renvoi après cassation ; il n'est donc pas possible de fixer un terme fatal pour la solution des contestations qui s'agitent entre particuliers. « Tout ce que pouvait faire le législateur, dit M. Brun de Villeret (2), c'était de déterminer dans quels délais les citations seraient intentées, et de frapper les instances de déchéance, lorsqu'il y aurait discontinuation de poursuites pendant un certain intervalle de temps. »

(1) Mangin, 362 ; Le Sellyer, 2520 ; Rodière, 39 ; Sourdat, 402 ; Brun de Villeret, 359 ; D. *Rép.*, v° *Pr. crim.*, 99.
(2) Brun de Villeret, 359.

Il faudrait distinguer, d'après ces auteurs, entre l'exercice de l'action, qui est, quant à l'époque où elle peut être mise en mouvement, régie par les règles du droit criminel, et la litiscontestation, qui est soumise aux règles du droit commun. Dès que l'instance est engagée, l'action n'est plus en jeu ; la procédure seule subsiste ; c'est en quelque sorte une suspension de la prescription de l'action civile que produit la litiscontestation, avec cette différence qu'une fois l'instance éteinte par la péremption, la prescription de l'action civile serait éteinte, au lieu de reprendre son cours, comme dans les cas ordinaires de suspension.

Cette doctrine est combattue par quelques auteurs (1), et nous n'hésitons pas à nous rallier à l'opinion de ces derniers. Nous avons déjà eu plusieurs fois l'occasion de nous expliquer sur la maxime *actiones semel inclusæ...* Nous avons dit que cette maxime tirée de la loi 139 *de regulis juris* au Digeste était, dans l'application qu'on voulait en faire, détournée de son sens primitif. Il n'est possible, en effet, de voir dans ce passage de Gaius qu'une consécration des règles sur la *litiscontestatio*, qui avait pour effet de transformer tout droit déduit *in judicium* en un droit nouveau de créance ; et spécialement, cette nouvelle obligation devenait, par le fait de la *litiscontestatio*, perpétuelle, alors que l'action intentée était temporaire (2) : de plus les *actiones quæ ad heredes non transeunt*, une fois poussées jusqu'à la *litiscontestatio*, passaient aux héritiers du demandeur et contre ceux du défendeur (3) ; par le fait de la *litiscontestatio*, l'action devenait un droit acquis pour les plaideurs, quelle qu'elle fût dans son origine ;

(1) Cousturier, 91 ; Hoorebeke, 242.
(2) L. 9, § 3. Dig. XII, 2.
(3) L. 8, § 1. Dig. XXVII, 7. « Litiscontestatione et pœnales actiones transmittuntur ab utraque parte et temporales perpetuantur ». — V. Ortolan, *Institutes*, III, 2045.

elle était donc désormais perpétuelle et transmissible pour ou contre les héritiers.

Nous ne trouvons rien de semblable dans notre droit à ces effets de la *litiscontestatio*. Tout ce que nous trouvons, c'est la péremption d'instance, telle qu'elle est organisée par le Code de procédure civile ; la seule question qui puisse donc nous occuper est celle de savoir si la péremption est applicable à l'action civile née d'un délit et portée devant les tribunaux civils.

Pour nous, elle n'est pas applicable. Nous avons vu, en effet, que la prescription de l'action civile était d'ordre public comme celle de l'action publique, et qu'on ne pouvait y renoncer. Or, la péremption n'est que l'abandon présumé de l'instance, justifié par la discontinuation des poursuites pendant un certain temps, et, par suite, la faculté de renoncer à la prescription, en s'abstenant de l'invoquer en temps utile. S'il est vrai qu'en matière de presse la prescription soit fondée sur le pardon présumé de la partie lésée, nous savons qu'elle a aussi pour objet la sauvegarde de la paix et de la tranquillité publiques. D'ailleurs, la loi est formelle ; si elle a laissé le champ libre à la partie lésée pour poursuivre ou ne pas poursuivre, elle limite expressément le temps dans lequel elle peut agir ; et des termes mêmes de l'article 65, il résulte que l'action non seulement doit être introduite dans les trois mois du jour de l'infraction, mais doit être conservée, une fois introduite, par des actes interruptifs distants de moins de trois mois ; les mots « après trois mois révolus à compter du dernier acte de poursuite » ne sauraient laisser de doute sur ce point, et il n'est pas possible de soutenir qu'ils ne visent que la prescription de l'action publique.

On dit dans le système contraire qu'une fois que la partie lésée a introduit sa demande devant la juridiction civile, il ne dépend plus d'elle d'y faire statuer d'une manière définitive avant une époque déterminée. Cela est très vrai, mais la partie lésée n'en a pas moins la faculté d'interrompre la prescription, lorsque trois mois seront sur le point d'être écoulés, sans qu'une solution ait été donnée à sa demande. L'objection d'ailleurs pourrait tout aussi bien être faite dans le cas où il s'agit d'une action portée devant un tribunal répressif.

En droit commun, la question se pose surtout à propos de l'action civile née d'une contravention de simple police. Dans ce cas, en effet, la partie lésée n'a pas la faculté d'interrompre la prescription ; mais le ministère public non plus ne peut pas interrompre la prescription de l'action publique, et pourtant c'est un point, sur lequel tout le monde est à peu près d'accord, qu'il n'y a pas de péremption d'instance en matière répressive.

Quoi qu'on en dise, notre système ne lèse aucun intérêt ; seul, il est conforme aux textes ; seul, il respecte la pensée du législateur, qui a voulu lier le sort de l'action civile à celui de l'action publique, sans distinguer si cette action civile était exercée devant une juridiction civile ou répressive ; tandis que le système contraire n'aboutit qu'à substituer arbitrairement, en l'absence de tout texte formel, une prescription de trois ans, qui peut même aller jusqu'à trente ans si la péremption n'est pas demandée, à la prescription pénale, établie par le législateur dans l'intérêt public.

La jurisprudence ne paraît pas bien fixée sur la question ; toutefois, plusieurs arrêts se sont prononcés dans notre sens. Un premier arrêt de la Cour de cassation (1) a jugé que la prescription spéciale et exceptionnellement édictée

____

(1) Dans ce sens : Cass., 17 mai 1884, *Loi*, 23 juin 1884 ; Lyon, 20 septembre 1884, *Loi*, 17 décembre ; Paris, 20 mars 1885, *Gaz. Trib.*, 4 avril 1885.

par l'article 189 du Code de commerce a pour point de départ les derniers actes de poursuite et non l'instance prise en elle-même ; que d'ailleurs, en étendant sous prétexte d'action non périmée le droit de poursuite des porteurs de lettres de change et billets à ordre à une période de temps qui pourrait aller quelquefois jusqu'à la période trentenaire, on n'irait à rien moins qu'à compromettre de la manière la plus grave l'intérêt prédominant de la sécurité des transactions commerciales, auquel l'article 189 a particulièrement voulu pourvoir. Avec cette différence que c'est l'intérêt de la paix publique qui se trouve en jeu, ces motifs s'appliquent parfaitement à l'action civile née d'un délit de presse.

Nous trouvons d'autre part dans les considérants d'un jugement du tribunal de la Seine (1), la meilleure réfutation que l'on puisse faire du système que nous combattons. Nous y relevons notamment les passages suivants : « L'action civile exercée par Jogand, dit Léo Taxil, contre tous les défendeurs a pour base, suivant les énonciations formelles de l'exploit introductif d'instance, un délit de diffamation dont le demandeur aurait pu poursuivre la réparation devant la juridiction correctionnelle, en vertu des articles 29 et 32 de la loi du 29 juillet 1881. D'autre part, le demandeur reconnaît dans ses écritures qu'il a laissé s'écouler trois mois révolus, et même un temps beaucoup plus long, sans faire un acte de procédure, depuis que la cause est pendante devant le tribunal ; il oppose seulement que l'article 65 de la loi de 1881 n'est pas applicable à l'action civile, et, en outre, qu'il ne lui appartenait pas d'obtenir audience et ensuite jugement, en dehors des délais que la force même des choses a imposée. Mais sur le premier point, l'article 65 n'établit aucune dis-

____

(1) Jug. 1re ch. Seine, 7 janvier 1885, *Loi*, 10 janvier 1885.

tinction entre le cas où l'action civile qu'il prévoit est exer-cée concurremment avec l'action publique et celui où elle l'est distinctement devant la juridiction civile ; on excipe vainement de ce que cet article figure sous la rubrique « récidive, circonstances atténuantes, prescription » et de ce qu'il fait courir le délai qu'il a fixé du dernier acte de poursuite. La disposition est conforme aux principes généraux qui gouvernent la prescription des crimes et délits, tels qu'ils résultent de l'article 637 du Code d'instruction criminelle, et ni le titre dans lequel il est placé, ni les termes dans lesquels il est conçu, n'impliquent qu'ils doivent rester sans application devant la juridiction civile. Spécialement, l'expression « poursuite » est générique en cette matière, ainsi qu'il ressort de l'article 397 du Code de procédure civile, relatif à la péremption. — Sur le second point, la maxime *contrà non valentem...* ne saurait s'appliquer dans l'espèce, le demandeur pouvant toujours conjurer la déchéance édictée contre lui par la signification de simples conclusions. »

CHAPITRE II

§ 1. — De l'action civile jointe à l'action publique.

Lorsque l'action civile est exercée devant la juridiction répressive en même temps que l'action publique, tous les actes interruptifs de la prescription de l'action publique interrompent aussi la prescription de l'action civile, et si l'action publique est frappée de déchéance par suite de défaut d'actes de poursuite distants de moins de trois mois, l'action civile suit le même sort. Ceci n'est pas contesté.

Nous avons vu qu'il est généralement admis que les actes émanant de la partie lésée sont interruptifs, lorsqu'ils sont posés devant la juridiction répressive ; et que la prescription est interrompue au profit de toutes les parties, alors même que l'acte interruptif n'émane que de l'une d'elles.

Nous renvoyons aux explications que nous avons données sur l'interruption de la prescription de l'action publique et mentionnons simplement quelques décisions rendues.

Il a été jugé notamment que la citation donnée au prévenu à la requête du procureur général interrompait la prescription tant de l'action civile que de l'action publique (1), et que les actes émanant de la partie civile et tendant à la fois à la réparation du préjudice et à la répres-

(1) Cass., 7 février 1885, D. 85.1.381.

sion du délit conservaient à la fois l'action publique et l'action civile (1).

D'après M. Barbier (2), les recours exercés contre les décisions judiciaires statuant sur le fond, tant au point de vue de l'action civile que de l'action publique, n'interrompent la prescription de ces deux actions, qu'autant qu'ils sont formés à la fois par le ministère public et la partie civile. Ainsi, l'appel interjeté par le ministère public renvoyant le prévenu des fins de la plainte ne saurait interrompre la prescription de l'action civile, le ministère public n'ayant pas qualité pour attaquer ce jugement en tant qu'il statue sur les intérêts privés de la partie civile, et réciproquement, l'appel de la partie civile n'interromprait que la prescription de l'action civile. Mais nous avons démontré qu'en raison de l'indivisibilité des deux actions, tout acte interruptif de la prescription de l'une devait nécessairement interrompre la prescription de l'autre.

De même que pour l'interruption de la prescription de l'action publique, les actes d'instruction ou de poursuite interrompent la prescription de l'action civile, alors même qu'ils ne seraient pas connus de la partie à laquelle on les oppose. Ainsi, en cas d'appel par le prévenu, la prescription de l'action civile est acquise au prévenu, comme celle de l'action publique, si aucun acte interruptif n'est intervenu dans les trois mois de l'appel, bien que l'acte d'appel n'ait pas été notifié à la partie civile, cette notification n'étant pas nécessaire pour faire courir les délais à son encontre (3).

De même, en cas de pourvoi formé par un condamné, la prescription de l'action civile lui serait acquise comme

____

(1) Cass., 29 mars 1856, D. 56.1.269.
(2) Barbier, II, 1017 ; D. *Sup.*, vº *Pr. outr.*, 1520.
(3) Paris, 28 nov. 1883, D. 84.2.80 ; Cass., 26 janv. 1884 ; L. N. **84.33.** 15.13.

celle de l'action publique, après trois mois écoulés depuis l'arrêt de rejet du pourvoi, sans que la partie civile soit recevable à soutenir qu'elle n'avait pas eu connaissance de cet arrêt (1).

§ 2. — De l'action civile exercée isolément devant la juridiction civile.

D'abord, il est généralement admis que tous les actes de poursuite interruptifs de la prescription de l'action publique interrompent la prescription de l'action civile, non seulement lorsqu'elle est exercée simultanément, mais alors même qu'elle n'est pas encore formée ou qu'elle est portée séparément devant la juridiction civile (2).

Mais les actes posés par la partie civile devant la juridiction civile sont-ils de même interruptifs de la prescription de l'action publique qui n'a pas encore été exercée, et sont-ils même interruptifs de la prescription de l'action civile ?

Nous avons, en étudiant l'interruption de la prescription de l'action publique, soutenu l'opinion d'après laquelle tout acte posé devant la juridiction civile est interruptif de la prescription des deux actions (3).

A côté de cette opinion, nous en avons signalé deux autres. D'après l'une, les actes faits par la partie civile ne peuvent conserver que l'action civile ; nous l'avons écartée pour ce motif que les textes s'opposent à ce que l'action civile survive à l'action publique, lorsque celle-ci est éteinte par la prescription, et parce que l'une des prescriptions ne peut être interrompue sans que l'autre le soit également. D'après la troisième opinion, les actes de la partie civile ne pouvant interrompre la prescription de l'action

(1) Cass., 7 fév. 1885, D. 85.1.381.
(2) Mangin, 354 ; Le Sellyer, 2246 ; Sourdat, 388 ; D. *Sup.*, v° *Pr. outr.*, n° 1525 ; Cass., 29 mars 1856, D. 56.1.269 ; Metz, 30 mars 1870, D. 70.2.111.
(3) V. p. 85 et suiv.

publique ne peuvent pas non plus, pour la raison que nous venons de donner, interrompre la prescription de l'action civile ; on est alors obligé dans cette opinion de dire que l'action civile est conservée tant que dure l'instance, et de substituer à la prescription de trois mois une prescription plus longue de trois ans ; nous avons donné les raisons qui font écarter ce système.

Quels sont les actes posés devant la juridiction civile, qui, d'après notre opinion, interrompent la prescription des actions publique et civile, et, d'après, la deuxième opinion, interrompent au moins la prescription de l'action civile ?

Ce sont, d'une manière générale, tous les actes impliquant l'exercice de son droit par la partie lésée et marquant son intention de poursuivre l'instance ; tous les actes du juge marquant un progrès dans l'accomplissement de sa mission ; tout acte de procédure, de quelque personne qu'il émane, qui met la justice en mouvement (1).

Ainsi, la citation en conciliation devant le bureau de paix est interruptive ; mais elle ne l'est, de même qu'en matière civile ordinaire, que lorsqu'elle est suivie d'une assignation en justice, donnée dans les délais de droit (2).

Un simple billet d'avertissement adressé au défendeur, en conformité de la loi du 2 mai 1855, avant la citation devant le juge de paix, n'est pas interruptif : il n'est qu'un préliminaire obligatoire de toute action civile en justice de paix, destiné à prévenir autant que possible l'instance imminente (3).

L'assignation est évidemment interruptive ; sur ce point, nous renvoyons à ce que nous avons dit de la cita-

(1) Conf. Rap., conseiller Petit, sous Cass., 15 mars 1884, *Loi*, 1884, n° 131.

(2) Art. 2245 Civ.; Trib. civ. Lyon, 20 novembre 1882, *Gaz. Pal.*, III, p. 407.

(3) Trib. civ. Seine, 26 janvier 1897, *Gaz. Pal.*, 97.1.203.

tion devant les tribunaux répressifs, notamment en ce qui concerne les règles de formes, imposées par la loi de 1881, et qui sont exigées de toutes les assignations introductives d'instance.

Sont interruptifs tous les actes de procédure en cours d'instance, comme l'avenir à l'audience, la sommation d'avoir à communiquer les pièces, les conclusions signifiées, les conclusions prises à l'audience, les jugements incidents, les jugements sur le fond tant qu'ils ne sont pas définitifs, les recours contre les jugements, etc., et d'une manière générale tous les actes permis ou ordonnés par la loi, qui font partie de l'instance et qui, en matière civile ordinaire, ont pour effet d'interrompre la péremption d'instance (1).

La péremption, aux termes d'un arrêt de la Cour suprême (2), n'a d'autre base que la présomption d'abandon de son droit par le demandeur, que la loi fait résulter d'un silence prolongé pendant plus de trois ans ; d'où il suit que, si les faits de la cause sont exclusifs de cette présomption, si le demandeur a fait des diligences quelconques pour arriver à la solution du litige, la péremption ne peut avoir lieu. De même la prescription de l'action civile ne pourrait avoir lieu, si les diligences de la partie lésée font tomber la présomption de pardon que la loi fait résulter de son silence pendant trois mois. De même donc qu'il est généralement admis qu'on doit considérer comme interruptifs de la péremption les actes qui se rattachent à l'instance, lors même qu'ils ne tendent pas à hâter le jugement ou qu'ils sont frustratoires, de même on ne saurait exiger un acte utile pour interrompre la prescription. Les seules conditions à exiger sont que l'acte soit valable et

(1) V. sur ce point : D. *Rép.*, v° *Péremption*, n°ˢ 174 et suiv. *Sup.*, n°ˢ 56 et suiv.

(2) **Cass.**, 1ᵉʳ fév. 1882, D. 83.1.197.

qu'il dénote d'une façon très nette chez son auteur l'intention de poursuivre.

Ainsi, il a été jugé que tout acte de procédure valable par lequel la partie demanderesse interpelle son adversaire, en lui manifestant la volonté de continuer la poursuite entamée, était interruptif de la prescription (1). Il en est ainsi de la sommation faite, en cause d'appel, par l'avoué de la partie poursuivante intimée sur l'appel à l'avoué de l'appelant, d'avoir à lui signifier les griefs qu'il entend soulever à l'encontre du jugement (1) ; de l'avenir donné en première instance par l'avoué de la partie poursuivante à l'avoué du défendeur avec sommation de signifier ses conclusions et de comparaître à l'audience indiquée pour plaider la cause (1) ; des remises de causes intervenues par ordre du tribunal et avec le concours et le consentement des parties (1) ; de la signification de la quittance de l'amende consignée par l'appelant (2) et des conclusions de l'intimé ; de la demande à fin d'obtenir l'assistance judiciaire, malgré un arrêt contraire de Besançon (3); de la mise au rôle, bien qu'elle n'ait pas eu lieu contradictoirement (4) ; des jugements ou arrêts rendus soit sur des incidents, soit sur le fond, tant qu'ils n'ont pas acquis force de chose jugée (5) ; des recours contre les jugements ou arrêts, sans distinguer s'ils sont exercés par la partie demanderesse ou par son adversaire (6).

La chambre des requêtes (7) a jugé cependant que la

(1) Cass. civ., 25 juin 1888, D. 88.1.356 ; Cass. req., 1er mars 1893 et Riom, 10 août 1891, D. 93.1.381.

(2) Paris, 20 mars 1885, D. 85.2.264.

(3) Besançon, 31 août 1870, D. 71.2.48.

(4) Metz, 4 juillet 1865, D. 64.2.148 ; Bordeaux, 13 nov. 1855, D. 56.2.108.

(5) Riom, 10 août 1891, D. 93.1.381.

(6) Cass., 21 déc. 1885, D. 86.1.317 ; Trib. civ. Mortain, 16 avril 1886, D. 89.1.38.

(7) Req., 21 décembre 1885, D. 86.1.317. Dans le même sens : Cass. civ., 26 octobre 1887, D. 88.1.13.

constitution d'avoué par la partie poursuivante dans les trois mois de l'appel ne pouvait pas être considérée comme un acte interruptif de la prescription, cet acte laissant indécis le rôle que le constituant entend prendre dans l'instance, soit par des conclusions où il formulera des demandes, des exceptions ou des défenses, soit en restant dans la situation du défaillant faute de conclure. Un arrêt de la Cour de cassation (1) a décidé que la mise de la cause au rôle de la Cour ne pouvait non plus être invoquée par la partie poursuivante, intimée en appel, comme un acte interruptif, quand elle était l'œuvre non pas de l'intimé lui-même, mais de l'appelant.

Un arrêt de la Cour de Paris (2) a jugé que les bulletins de remise de cause délivrés par le greffier ne suffisaient pas à établir que la prescription avait été interrompue, ces bulletins n'établissant en aucune façon que le demandeur avait lui-même sollicité les renvois et fait aucune diligence pour hâter la solution du procès.

Ces trois décisions sont en contradiction avec la doctrine qui semble avoir prévalu en jurisprudence, qui ne distingue pas parmi les actes interruptifs entre les actes émanés du défendeur et les actes faits à la requête de la partie poursuivante, et donnent aux mots « actes de poursuite » un sens trop restreint. Du moment qu'on admet que les recours exercés par la partie poursuivie constituent des actes de poursuite interruptifs, il est logique d'attribuer le même caractère et le même effet aux actes de procédure valablement accomplis en cours d'instance par cette même partie.

Il faut entendre par les mots « acte de poursuite » tout acte de procédure valablement fait, ayant pour objet la mise en état du procès et attestant que l'instance conti-

<hr>

(1) Cass. civ., 26 octobre 1887, *loc. cit.*
(2) Paris, 27 mai 1891, D. 92.2.573.

nue. Comme le dit M. Barbier (1), « tout acte de procédure valable accompli en cours d'instance, tendant à préparer l'instruction de l'affaire ou à la mettre en état d'être jugée, devrait être considéré, alors même qu'il n'atteste pas par lui-même la volonté chez la partie poursuivante de continuer la poursuite commencée, comme un acte de poursuite ou d'instruction dans le sens de l'article 65 ».

En ce qui concerne les remises de causes, nous renvoyons aux explications que nous avons données sur ce sujet ; elles sont interruptives, d'après nous, sans que l'on doive distinguer entre les remises contradictoires et les remises par défaut. Remarquons en passant que la question de savoir si la remise demandée par l'avocat est contradictoire ne peut pas se poser en matière civile, où le ministère des avoués est obligatoire.

D'après M. Favrot (2), qui soutient comme nous que toute remise contradictoire ou par défaut est interruptive, les remises prononcées devant un tribunal civil par le président procédant à l'appel des causes ne constituent pas des actes interruptifs. D'après lui, le renvoi du juge au criminel est interruptif parce qu'il contient un ajournement, qui est un véritable acte de poursuite, tandis qu'au civil le juge ne saurait prétendre à un tel droit, l'action ne pouvant être exercée par lui et restant à la seule disposition des parties qui peuvent l'abandonner comme et quand bon leur semble.

Nous avons réfuté l'opinion de M. Favrot, qui consiste à dire qu'une remise est interruptive parce qu'elle contient un ajournement, la remise est interruptive par cela seul qu'elle constitue un acte de procédure nécessaire ayant pour objet la mise en état du procès ; qu'importe qu'elle ait été prononcée par le président seul ? elle consti-

(1) Barbier, II, 1018.
(2) Favrot, *Fr. jud.*, *loc. cit.*

tue toujours un acte de poursuite, dans le sens que l'on doit donner à ce mot.

Nous avons vu qu'il est généralement reconnu que la plainte de la partie lésée ne contenant pas la déclaration qu'elle se porte partie civile n'était pas interruptive de la prescription de l'action publique. D'après quelques auteurs (1), elle aurait au moins pour effet d'interrompre la prescription de l'action civile. « Si le ministère public, dit Mangin, se croit dispensé d'agir, à lui permis. Mais son inaction n'empêche pas que la partie civile n'ait fait ce que la loi lui indiquait de faire pour exercer son action, et conséquemment pour la conserver. Sur le refus du ministère public d'y donner suite, elle a le droit de s'adresser aux tribunaux civils, et de se prévaloir de sa plainte en l'invoquant comme un acte interruptif de la prescription. »

Cette opinion ne peut pas être admise, si l'on admet que la plainte est sans effet sur la prescription de l'action publique, car nous savons que la prescription de l'action civile ne peut être interrompue sans que celle de l'action publique le soit aussi. Le contraire a pu être jugé en matière de presse sous l'empire de la loi de 1819 (2) ; mais il est évident que sous l'empire de cette loi l'action civile pouvait survivre à l'action publique : l'article 29 le disait expressément. Aujourd'hui, en matière de presse comme en toute matière, tout acte interruptif d'une des deux prescriptions interrompt forcément la prescription de l'autre.

Quant aux effets des actes interruptifs posés devant la juridiction civile, nous renvoyons à ce que nous avons dit des effets de l'interruption de la prescription de l'action publique. Les effets sont les mêmes ; les textes ne font aucune distinction entre les deux cas (3).

---

(1) Mangin, 2.243 ; Legraverend, 1.78.— V. Cass., 20 mai 1842, D. *Rép.*, v° *Pr. outr.*, 1298.

(2) Chassan, II, 1263.

(3) Comp. Trib. civ. Seine, 21 mai 1886, *Gaz. Pal.*, 86.2, *Sup.*, 35.

CHAPITRE III

De même que la prescription de l'action civile ne peut être interrompue, sans que celle de l'action publique le soit en même temps, et réciproquement, de même l'une des deux ne saurait être suspendue seule.

Les mêmes causes qui suspendent l'exercice de l'action publique suspendent donc en même temps l'exercice de l'action civile : et quand bien même l'action civile serait exercée isolément devant la juridiction civile, il faut s'en référer, en ce qui concerne la suspension de la prescription, aux règles admises en matière criminelle, et non pas aux règles posées par la loi civile. La démence, la minorité, par exemple, qui ne sont point un obstacle à l'exercice de l'action publique ou de l'action civile devant les tribunaux répressifs, ne le seront point non plus à l'exercice de cette dernière devant les tribunaux civils (1).

C'est une conséquence forcée de l'indivisibilité des deux prescriptions, dont le sort est intimement lié.

On a cru pourtant trouver dans l'article 3 du Code d'instruction criminelle une cause de suspension qui ne serait pas commune aux deux actions. Cet article dispose que, lorsque l'action civile est portée devant les tribunaux civils, l'exercice en est suspendu tant qu'il n'a pas été prononcé définitivement sur l'action publique, intentée avant ou pendant la poursuite de l'action civile.

(1) Cass., 1ᵉʳ février 1882, S. 83.1.155 ; 4 août 1886, S. 87.1.169.

Il n'y a pas là, à proprement parler, une cause de suspension ; car il n'y a pas impossibilité absolue d'interrompre la prescription de l'action civile, qui est interrompue par l'exercice de l'action publique. Et même, au cas où le ministère public, après avoir commencé des poursuites, resterait dans l'inaction, de manière à laisser s'accomplir la prescription, ce qui entraînerait par voie de conséquence la prescription de l'action civile, la partie lésée ne peut pas dire qu'elle était dans un cas d'impossibilité absolue d'interrompre la prescription. La loi a simplement voulu dans l'article 3 consacrer la règle : « le criminel tient le civil en état », et faire réfléchir sur le débat civil les lumières qui auront jailli de l'instruction criminelle, le jugement sur l'action publique devant avoir, à l'égard de l'action civile, l'autorité de la chose jugée.

CHAPITRE IV

DE LA PRESCRIPTION DE L'ACTION CIVILE CONTRE LES PERSONNES CIVILEMENT RESPONSABLES.

L'action civile contre les personnes civilement responsables d'une infraction à la loi pénale, de même que l'action civile contre l'auteur de l'infraction, se prescrit par le même laps de temps que l'action publique, alors même qu'elle est exercée séparément devant la juridiction civile.

Cette solution est généralement admise en droit commun par la doctrine et la jurisprudence et doit être étendue aux délits de presse.

Elle à été toutefois contestée par quelques auteurs (1), qui soutiennent que l'action en dommages-intérêts, intentée contre les personnes civilement responsables, dure trente années, conformément au droit commun, au moins quand elle est portée directement devant un tribunal civil.

Ces auteurs se fondent sur ce que l'unité de prescription appliquée par la loi aux actions publique et civile, qui diffèrent autant d'origine que de but, présente de nombreux inconvénients et de choquantes anomalies ; elle ne saurait donc être étendue au delà des termes auxquels il est impossible de se soustraire.

Puis, disent-ils, l'action civile dirigée contre l'auteur du délit et l'action contre les personnes civilement responsables diffèrent complètement quant à leur origine ; aucune d'elles n'est subordonnée à l'autre, et l'une n'est pas

---

(1) D. *Rép.*, v° *Pr. crim.*, n° 103 ; Beudant, note sous les arrêts rapportés dans D. 69.1.217 ; Paul Collet, *Rev. crit.*, 1862, p. 1.

18

l'accessoire de l'autre. L'action civile, que visent les articles 637 et 638, est, ainsi que le portent ces textes, l'action résultant d'un crime ou d'un délit ; sa base fondamentale est donc un délit, c'est-à-dire un fait qualifié et puni par la loi pénale. Au contraire, l'action contre les personnes civilement responsables ne naît point d'un fait délictueux, mais d'un quasi-délit purement civil, d'un tort personnel, d'un défaut présumé de surveillance, d'une présomption de négligence ; c'est l'action prévue par l'article 1384 du Code civil. Comprise autrement, la responsabilité civile serait la négation d'un des principes essentiels du droit criminel, le principe de la personnalité des faits délictueux. Un quasi-délit ne peut faire naître qu'une action purement civile, qui doit être soumise aux règles ordinaires de la prescription civile.

Ces arguments ont certainement une grande valeur : il est parfaitement exact que l'action contre les personnes civilement responsables ne naît point du délit, mais de l'infraction au devoir de surveillance, imposé à ces personnes, infraction qui ne constitue qu'un quasi-délit civil. Ainsi, il a été formellement déclaré, dans la discussion de la loi de 1881 à la Chambre des députés et au Sénat, que la responsabilité civile des propriétaires de journaux prévue par l'article 44 était la responsabilité du droit commun, les gérants étant considérés comme les préposés des propriétaires de journaux dans le sens de l'article 1384 du Code civil.

Néanmoins, la jurisprudence a décidé, comme en matière de droit commun, que l'action contre les propriétaires civilement responsables était soumise à la même prescription que l'action publique.

Il est bien vrai aussi que les actions publique et civile diffèrent autant d'origine que de but, et que les raisons données pour arrêter une poursuite criminelle ne suffisent

pas toujours à justifier le rejet de l'action civile. L'unité
de prescription appliquée à ces deux actions ne serait donc
pas plus fondée que l'unité de prescription que la jurisprudence applique à l'action civile contre l'auteur du
délit et à l'action contre les personnes civilement responsables. L'objection est la même dans les deux cas ; et il
est bien certain que le législateur n'en a pas tenu compte
dans le premier ; pourquoi veut-on qu'il en ait tenu
compte dans le second ?

Par contre, l'examen des textes semble devoir dissiper
tous les doutes. Dans l'article 1er du Code d'instruction
criminelle, l'action civile est définie : l'action en réparation du dommage causé par une infraction ; et nulle part
il est dit qu'il faille distinguer entre le cas où la réparation du dommage est poursuivie directement contre l'auteur même du fait délictueux et le cas où elle est
poursuivie contre une personne étrangère à ce fait mais
soumise par le droit commun ou par une loi spéciale à
une responsabilité civile ; or il est bien évident que dans
les deux cas il s'agit de la même action, ayant pour objet
la réparation du préjudice causé. La règle générale des
articles 2, 637 et 638, d'après laquelle l'action publique et
l'action civile en dommages-intérêts sont soumises à la
même prescription, doit donc s'appliquer, contre quelque
personne que soit dirigée cette dernière action.

Nous ne croyons pas non plus que l'on puisse distinguer entre le cas où l'action en responsabilité civile est
portée devant la juridiction de répression, accessoirement
à l'action publique, et le cas où elle est portée devant
les tribunaux civils, pour ne la soumettre à la prescription
pénale que dans le premier cas. Cette distinction, qui aurait pour conséquence de permettre la poursuite des personnes civilement responsables, alors qu'elles ne pourraient plus exercer de recours contre l'auteur du fait

délictueux, serait injuste, et elle irait contre le but de la loi, qui ne permet plus la constatation judiciaire du délit après les délais de la prescription pénale, alors que la répression n'en est plus possible.

Spécialement en matière de presse, nous estimons que le texte de l'article 65, qui soumet à la prescription de trois mois les actions résultant de toutes les infractions prévues par la loi de 1881, doit nécessairement s'appliquer à l'action en responsabilité de l'article 44, bien que ce dernier article décide expressément que la responsabilité qu'il prévoit n'est autre que la responsabilité du droit commun découlant des articles 1382, 1383 et 1384 du Code civil. D'abord, pour les raisons que nous avons données, cette action en responsabilité de l'article 44 rentre dans l'expression d'action civile résultant d'une infraction. Au surplus, la pensée du législateur est certaine. Comme l'a décidé un arrêt de la Cour de Rennes (1), il a voulu soumettre sans aucune distinction à la prescription de trois mois les diverses actions auxquelles les délits de presse peuvent donner naissance. De quelque action qu'il s'agisse, les motifs qui ont fait admettre cette courte prescription conservent toute leur force (2).

De même, en nous inspirant de ces motifs, nous croyons que l'on doit décider que l'action récursoire qu'une personne, condamnée à des dommages-intérêts comme civilement responsable d'un délit, a le droit de former contre l'auteur de ce délit, se prescrit par trois mois, comme l'action civile elle-même ; ainsi qu'il a été jugé (3) pour un délit de droit commun, on prétendrait vainement que cette action récursoire doit être régie par les principes du

(1) Rennes, 5 février 1890, D. 91.2.269.
(2) Dans le sens que nous indiquons : Brun de Villeret, 340 et les auteurs et les arrêts cités dans D. Sup., v° Pr. crim., 55 ; spécialement en matière de presse : Chassan, II, 1268, Fabreguettes, II, 2144, Barbier, II, 1019.
(3) Bourges, 27 mars 1857, D. 57.2.164.

droit civil et n'est soumise qu'à la prescription trentenaire, en ce qu'elle procède de la gestion d'affaires ou du mandat.

En ce qui concerne l'interruption et la suspension de la prescription de l'action contre les personnes civilement responsables, nous donnons les mêmes solutions qu'en ce qui concerne la prescription de l'action civile. Les raisons de décider sont les mêmes.

Cela n'est pourtant pas admis par la jurisprudence. Elle décide bien que l'exercice de l'action publique interrompt la prescription de l'action en responsabilité civile (1); mais elle se refuse à admettre que les poursuites dirigées contre la partie civilement responsable, soit devant le tribunal de répression, soit devant le tribunal civil, puissent arrêter le cours de la prescription de l'action publique, car ces poursuites n'ont pour but qu'une réparation exclusivement pécuniaire. La Cour de cassation (2) admet toutefois que la citation donnée à la partie civilement responsable devant un tribunal répressif interrompt la prescription de l'action contre cette partie ; et d'après M. Barbier (3), qui suit l'opinion de la jurisprudence, elle interromprait aussi la prescription de l'action civile directe contre l'auteur du délit, celui-ci étant tenu solidairement avec la partie civilement responsable de la réparation du préjudice causé.

(1) Metz, 30 mars 1870, D. 70.2.111.
(2) Cass., 8 février 1883, D. 84.2.55.
(3) Barbier, II, 1019.

BIBLIOGRAPHIE

OUVRAGES (1)

— *Sur la prescription pénale en général* :

Dunod. — Traité des prescriptions (1753).

Vazeille. — Des prescriptions (1832).

Hoorebecke. — Traité des prescriptions en matière pénale (1847).

Cousturier. — Traité de la prescription en matière criminelle (1849).

Brun de Villeret. — Traité de la prescription en matière criminelle (1863).

— *Ouvrages sur la presse antérieurs à la loi de* 1881 :

Parant. — Lois de la presse (1834).

De Grattier. — Commentaire des lois sur la presse (1839).

Chassan. — Traité des délits et contraventions de la parole, de l'écriture et de la presse, 2e édition (1846).

Grellet-Dumazeau. — Traité de la diffamation, de l'injure et de l'outrage (1847).

Rousset. — Code général des lois sur la presse (1869).

    — *Revue critique*, 1863, t, XXIII, p. 1.

— *Sur la loi du 29 juillet* 1881 :

Celliez et Le Senne. — Loi de 1881 sur la presse (1882).

Bazille et Constant. — Code de la presse (1883).

Gustave Dutruc. — Explication pratique de la loi du 29 juillet 1881 sur la presse, 2e édition (1883).

P. Fabreguettes. — Traité des infractions de la parole, de l'écriture et de la presse (1884).

Georges Barbier. — Code expliqué de la presse (1887).

    — Complément du Code expliqué de la presse (1895).

---

(1) Nous n'indiquons pas ici les ouvrages généraux de droit pénal que nous avons eu à citer dans le cours de notre étude.

RECUEILS DE JURISPRUDENCE

Dalloz. — Jurisprudence générale. Répertoire alphabétique et Supplément au Répertoire, v^{is} *Prescription criminelle* et *Presse-Outrage-Publication* (1856 et 1893).
— Jurisprudence générale. Nouvelle table alphabétique dés dix années *(1877 à 1887)*, *eisd. v*^{is}.
— Jurisprudence générale. Troisième table alphabétique des dix années (1887 à 1897), *eisd. v*^{is}.
— Code pénal annoté. Appendice, v° *Presse* (1881).
— Nouveau Code pénal annoté, *eod. v°* (1899).
Labori. — Répertoire encyclopédique du droit français, v^{is} *Prescription criminelle* et *Presse-Outrage-Diffamation* (1894).

ARTICLES

— *France judiciaire.*
Favrot. 1884-85, 1re partie, p. 169.
— *Lois nouvelles.*
G. Barbier, 1883.3.105.
    —   1884.3.1.
Lisbonne, 1884.3.9.
— *Revue critique de législation et de jurisprudence.*
Armand Labroquère. 1861, t. XIX, p. 161.
Paul Collet, 1868, t. XXXIII, p. 1.
Edmond Villey, 1875, t. XLI, p. 81.
Albert Desjardins, 1884, t. L, p. 82.
    —   1885, t. LI, p. 104.
Fernand Chesney, 1893, t. LIX, p. 33.

NOTES

D. de L., D. 66.2.188.
Beudant, D. 69.1.217.
Sourdat, S. 73.2.1
Edmond Villey, P. 81.1.292.
X., S. 81.1.481.
Edmond Villey, S. 86.1.137.
X., D. 86.1.317.
X., D. 86.1.385.
Laborde, Loi, 30 juillet 1887.
Garraud, D. 88. 2. 98.
Villey, S. 88.1.41.
Villey, S. 88.2.161.
M. B., D. 91.1.185.

RAPPORTS

Georges Lemaire. — Req., 1ᵉʳ février 1882, D. 82.1.454.
Petit. — Cass., 14 mai 1884, Loi, 84, nᵒ 131.
La Rouverade. — Crim. cass., 31 décembre 1885, D. 86.1.385.
Falconnet. — Crim. cass., 4 décembre 1885, D. 86.1.343.
Cotelle. — Req., 27 décembre 1886, D. 87.1.314.
Vetelay. — Crim. cass., 26 avril 1888, D. 88.1.281.
Sallantin. — Crim. cass., 11 juillet 1889, D. 90.1.237.
Chambareaud. — Cass. crim., 2 avril 1898, D. 98.1.470.

Vu :

Le Président de la thèse,
R. GARRAUD.

Vu :

Lyon, le 6 août 1899,
Le doyen de la Faculté,
E. CAILLEMER.

Vu et permis d'imprimer,
Lyon, le 8 août 1899,
Le Recteur de l'Académie,
Président du Conseil de l'Université,
G. COMPAYRÉ.

TABLE DES MATIÉRES

PREMIÈRE PARTIE

Pages

CHAPITRE Ier. — Historique   1

CHAPITRE II. — Délai de la prescription   23

CHAPITRE III. — Délits soumis à la prescription de l'article 65   38

CHAPITRE IV. — Point de départ de la prescription et computation du délai.   46

CHAPITRE V. — Caractères et effets de la prescription. — Preuve de la prescription   63

DEUXIÈME PARTIE

INTERRUPTION ET SUSPENSION DE LA PRESCRIPTION

CHAPITRE Ier. — Interruption de la prescription.   71

CHAPITRE II. — Actes interruptifs   81

CHAPITRE III. — Effets de l'interruption de la prescription.   186

CHAPITRE IV. — Suspension de la prescription   210

TROISIÈME PARTIE

PRESCRIPTION DES ACTIONS CIVILES

CHAPITRE Ier. — Prescription de l'action civile.   237

CHAPITRE II. — Interruption de la prescription de l'action civile   262

CHAPITRE III. — Suspension de la prescription de l'action civile   271

CHAPITRE IV. — Prescription de l'action contre les personnes civilement responsables . . .   273

Imp. J. Thevenot, St-Dizier (Haute-Marne)

Imp. J. Thevenot, Saint-Dizier (Hte-Marne)

www.ingramcontent.com/pod-product-compliance
Lightning Source LLC
LaVergne TN
LVHW021641060726
842527LV00003B/750